La responsabilité des notaires

Guegang et Guegang Ghomo

La responsabilité des notaires

Pour un régime spécifique de responsabilité

Préface de Mustapha Mekki

L'Harmattan

5-7, rue de l'École-Polytechnique, 75005 Paris
http://www.editions-harmattan.fr
ISBN : 978-2-343-14112-1
EAN : 9782343141121

« S'il n'existe pas un régime de responsabilité propre aux notaires, il est peut-être temps de l'inventer »

L'auteur

« Quoi que j'aie fait, pour certains ce n'était jamais assez »

Mouammar KADHAFI

« Il est vrai qu'une étude de notaire c'est presque comme une église : on y médite, on se recueille... et on espère beaucoup »

Philippe SAIMBERT

LISTE DES ABRÉVIATIONS

A.U.D.C.G	: Acte uniforme relatif au droit commercial général
A.U.P.C.A.P	: Acte uniforme portant organisation des procédures collectives d'apurement du passif
A.U.S	: Acte uniforme portant organisation des sûretés
Adde	: Ajouter
ADSN	: Association pour le développement du service Notarial
AL.	: Alinéa
ANF	: Association du Notariat francophone
ANIF	: Agence Nationale d'Investigation Financière
Art	: Article
Bull.civ.	: Bulletin des arrêts de la Cour de cassation, chambres civiles
C. ou c	: Contre
C.A.	: Cour d'appel
C.O.N.A.C	: Commission nationale anticorruption
C.P	: Code pénal (Cameroun)
CAAF	: Commission chargée des Affaires Africaines
CEMAC	: communauté économique et monétaire de l'Afrique centrale
Cf.	: confère
Chr.	: Chronique
Civ.	: Cour de cassation, chambre civile
CNUE	: Conseil des Notariats de l'Union Européenne
Com.	: Cour de cassation, chambre commerciale
CPCC	: Code de procédure civile et commerciale (Cameroun)
CPP	: Code de procédure pénale
Crim.	: Cour de cassation, chambre criminelle

Cs	: Cour suprême du Cameroun
CSN	: Conseil Supérieur du Notariat français
Dir.	: sous la direction de
Infra	: plus bas
L.G.D.J	: Librairie Générale de Droit et de Jurisprudence
MERCOSUR	: Marché commun du Sud
MINJUSTICE	: Ministère de la Justice
O.H.A.D.A	: Organisation pour l'Harmonisation en Afrique du Droit des Affaires
O.P.J	: Officier de police judiciaire
Obs.	: Observations
OMC	: Organisation Mondiale du Commerce
ONU	: Organisation des Nations Unies
Ord.	: ordonnance
R.C.C.M	: registre du commerce et du crédit mobilier
R.R.J	: revue de la recherche juridique
S.A	: Société anonyme
SARL	: Société à responsabilité limitée
Somm.	: Sommaire
T.P.D.	: Tribunal de premier degré
T.P.I	: Tribunal de première instance
TA	: Tribunal administratif
TC	: Tribunal coutumier
TGI	: Tribunal de grande instance
UINL	: Union Internationale du Notariat Latin
UNA	: Université du Notariat d'Afrique
UNESCO	: Organisation des Nations Unies pour l'éducation, la science et la culture
V.	: voir
Vol.	: volume

« La vérité n'est pas toujours conforme à l'opinion de la majorité ».

Jean Paul II

PRÉFACE

Mustapha MEKKI
Agrégé des Facultés de droit
Professeur à l'Université de Paris 13 – Sorbonne, Paris-Cité.
Directeur de l'Institut de recherche pour un droit attractif (IRDA)

« De grands pouvoirs appellent de grandes responsabilités » !

La profession du notariat constitue une parfaite illustration du lien inextricable qui se tisse entre pouvoir et responsabilité. Le notariat se compose, tout d'abord, d'un ensemble de professionnels qui allient les qualités de profession libérale et d'officier public délégataire de la puissance publique. Le notaire est un relais de l'État, une interface entre l'intérêt général et les intérêts particuliers. Le notariat est surtout une profession, un corps de professionnels qui partagent les mêmes valeurs et supportent les mêmes devoirs. Cette culture notariale confère à la profession son identité, son ADN. Le devoir d'instrumenter, le devoir d'impartialité, le devoir de conseil, le devoir de garantir la validité et la pleine efficacité des actes en constituent les principales manifestations. Le résultat de l'intervention notariale est l'accomplissement d'un acte unique en son genre et offrant une grande sécurité juridique : l'acte authentique. Le notaire, lors du processus d'authentification, vérifie, dresse et conserve les actes auxquels il confère une date certaine, une force probante exceptionnelle et une force exécutoire.

Ce statut particulier du notaire, reconnu par la Cour de Justice de l'Union européenne, et les fonctions qui lui sont attribuées permettent de prendre la mesure de la confiance que l'État lui accorde et les attentes qu'il fait naître chez les parties. Ce statut et ses fonctions fondent alors une responsabilité professionnelle d'une exceptionnelle rigueur. Les responsabilités disciplinaire, civile et pénale sont en quelque sorte la contrepartie de son autorité.

Ce petit rappel permet d'apprécier l'importance de l'ouvrage réalisé par les sieurs GUEGUANG et GUEGUANG GHOMO. Si, en droit français, la responsabilité du notaire a fait et fait encore couler beaucoup d'encre, GUEGUANG et GUEGUANG GHOMO proposent une analyse très éclairante du cas camerounais. Si leur étude permet de mieux comprendre les singularités, les forces et faiblesses du droit camerounais, elle renseigne aussi sur la singularité du droit français. La comparaison permet ainsi un enrichissement réciproque.

C'est avec talent que cette étude sur la responsabilité des notaires est réalisée. L'idée centrale et fédératrice est une critique constructive du droit positif camerounais. Ce dernier applique aux notaires le régime de droit commun de la responsabilité que les auteurs jugent insuffisant pour appréhender de manière cohérente, et au plus grand profit à la fois de la profession et des victimes, la responsabilité de ces professionnels du droit. Leur démarche n'est pas seulement de déconstruire le droit de la responsabilité des notaires, déjà considéré comme une entreprise audacieuse, mais de reconstruire de manière prospective un nouveau droit de la responsabilité des notaires. C'est la démarche choisie par les auteurs qui expose dans une première partie, de manière rétrospective, le droit commun de la responsabilité appliqué aux notaires avec ses faiblesses. Elle propose, dans une deuxième partie, cette fois de manière prospective, un nouveau régime plus adapté à l'identité notariale.

Même si on ne partage pas les points de vue des auteurs et de trouver parfois la plume virulente, l'ensemble est un travail d'une grande honnêteté et d'une grande rigueur intellectuelle. Que l'on partage ou non leur point de vue, ils contribuent à enrichir le débat inépuisable de la responsabilité des notaires. Ce débat ne concerne pas seulement les amoureux du droit de la responsabilité. Le thème se rapporte plus globalement à des questions d'intérêt général. En effet, penser ou repenser la responsabilité des notaires, c'est s'interroger sur une profession qui est au cœur de l'activité économique et qui est le poumon de la sécurité juridique. Négliger la responsabilité des notaires c'est nuire à l'activité économique et au système juridique dans son intégralité.

En définitive, l'objectif n'est pas d'alourdir la responsabilité des notaires par une tendance victimiste au nom d'une certaine idéologie de la réparation — le notariat se présentant comme une assurance privée —, mais de trouver un juste équilibre entre l'intérêt des victimes, en renforçant la confiance qu'elles peuvent avoir dans l'intervention de ce professionnel qui assume ses actes et ses fautes, et une responsabilité modérée des notaires qui ne peuvent répondre de tout et être exposés aux actions abusives des clients qui pourraient menacer l'exercice plein et entier de leur mission d'intérêt général en qualité d'officiers publics. Les auteurs proposent ainsi un nouveau régime qui tente de combiner le juste et l'utile.

Cet ouvrage s'adresse à la fois aux interlocuteurs du notariat, parties au contrat, tiers, partenaires (administrations, diagnostiqueurs, services de publicité, autres rédacteurs...), aux enseignants et étudiants et surtout aux décideurs publics susceptibles, par une volonté politique très forte, de faire évoluer la question de la responsabilité par une réforme de grande envergure que les auteurs de cette étude appellent de leurs vœux.

Quel que soit le destin de cette étude, elle constitue une fenêtre sur le droit camerounais du notariat et enrichit notre connaissance de cette belle profession.

« Celui qui accepte le mal sans lutter contre lui coopère avec lui »

Martin Luther KING

AVANT-PROPOS

Au pareil mois d'octobre, de l'année 2010, se tenait pour la première fois en l'honneur de l'Afrique, dans sa partie nord-ouest, précisément sur le sol du Royaume du Maroc, à Marrakech, le 26e congrès de l'Union Internationale du Notariat latin, créée en Argentine – le 2 octobre 1948 – au lendemain de la Deuxième Guerre mondiale.

De 1948 à 2010, les pays membres de l'UINL ont tenu, tous les trois ans, leur congrès par rotation continentale uniquement entre Européens et Américains. Le premier congrès africain n'aura lieu en Côte d'Ivoire qu'en 1989. Il aura fallu aux Africains une bonne moitié de tout un siècle pour parfaire la construction et la consolidation de toutes leurs structures juridico-judiciaires et partant notariales (à la fois sur les plans internes et internationaux) l'obtention et l'organisation du premier congrès de l'Union sur le sol africain par les Africains eux-mêmes sans la tutelle des habituels « donneurs de leçons ».

Un long chemin aura été courageusement, voire héroïquement parcouru par les Africains avec des difficultés surmontées. Il faut dire que le notariat africain, de succès en succès, sur les plans interne et international a su démontrer ses compétences et aptitudes en toutes matières jusqu'à l'obtention de ses lettres de noblesse et d'autonomie certaine.

Il s'agit d'abord d'une victoire sur les préjugés injustement collés à l'Africain. Or, les Africains dans le domaine notarial - entre autres - et comme tous les peuples d'ailleurs, comme tout homme digne de ce nom aspirent à vivre et à construire leur propre histoire.

Comme les autres peuples du monde, l'Afrique embrassera cette profession qui facilite la gestion des États avec les missions assignées au notariat que nous pourrons résumer en quelques points :

- La magistrature volontaire ;
- Le pédagogue de la loi pour usagers du notariat ;
- Le collecteur des impôts et taxes pour l'État ;

- Le conseiller des parties ;
- L'authentificateur des volontés ou des conventions...

Mais, il convient de souligner que cette noble mission, comme on peut le relever dans quelques corps professionnels, est entachée d'imprévisions à plusieurs niveaux de son expression. Nos auteurs décrient cette situation. Ils estiment que le notaire, en raison de la responsabilité qui est la sienne, devrait bénéficier d'une protection particulière qui lui permettrait de mener son action sociale avec plus d'efficacité.

Et c'est précisément à l'étude du mécanisme subtil et complexe de la responsabilité pénale que se sont audacieusement attachés ces auteurs camerounais, maîtres GUEGUANG et GUEGUANG GHOMO, de l'illustre collège notarial de Yaoundé.

Ils l'ont fait en l'abordant dans ses sens les plus vastes, les plus complexes et certainement les plus illimités dans le temps, l'espace et les champs d'application.

Les auteurs ont su notamment se dégager – à juste raison — de la complexité de la sécheresse et de la stérilité des mauvaises compréhensions. Ils ont pu conférer à leur travail un grand intérêt qui leur vaudra d'être lus et appréciés par un nombre de lecteurs, qu'ils ne recruteront pas uniquement parmi les spécialistes de leur pays, la République du Cameroun, mais aussi parmi les spécialistes et les initiés des notariats et des milieux juridiques et judiciaires des autres continents du globe.

Et ils l'ont fait en toute connaissance et non sans conscience.

L'œuvre grandiose du notariat en général et de ses auteurs comme nos distingués et courageux confrères en cette matière de responsabilité en particulier, aura apporté l'une des centaines de contributions les plus généreuses et appréciables au développement et à l'essor de l'humanité entière

J'ajoute que l'action du notariat doit viser avec promptitude — à humble avis — trois objectifs principaux :

1/ conférer immédiatement au notariat le statut plein et entier de « magistrat » comparable au magistrat du siège.
2/ dépénaliser dans les multiples intérêts de l'économie et de l'ordre social le notariat (et remplacer les peines privatives de la liberté par de lourdes amendes pécuniaires selon la gravité de l'erreur ou de l'omission professionnelle, sans les criminaliser, ni les correctionnaliser pour certains besoins subjectifs), il n'y a nullement des intentions coupables dans les divers cas.

3/ informatiser le notariat le plus largement possible dans le temps et dans l'espace pour mettre ainsi fin à toutes les accusations fausses et infondées.

Sans intention de vouloir révéler le contenu de l'ouvrage en répétant quelques passages de son contenu, nous laissons le soin à tout lecteur, d'apprécier l'efficacité des analyses et des apports faits par ses éminents auteurs auxquels nous souhaitons plein succès.

Votre dévoué confrère
Houcine SEFRIOUI
www.notairesefrioui.com
Conseiller général
de l'Union Internationale du Notariat

SOMMAIRE

INTRODUCTION GÉNÉRALE

Depuis l'accession du Cameroun à l'indépendance et la création du notariat latin dans les années 1960, la question de « *la responsabilité des notaires*[1] » est demeurée un sujet controversé. Fort de ce constat, Me GUEGUANG notaire et Coauteur de ce livre, m'a confié lors d'un entretien à Yaoundé ces propos : « *Mon fils, tu fais très bien d'écrire sur ce thème en recherche, parce que la responsabilité des notaires est mal utilisée. Où commence-t-elle ? Où s'arrête telle ? Le notaire est-il responsable de tout ? De nos jours, le notaire est devenu le ventre mou des professions juridiques dans la mesure où n'importe qui peut traîner ces valeureux officiers publics devant les tribunaux, n'importe comment. Le notaire n'est-il plus protégé ? Malgré nos multiples plaintes devant les autorités compétentes, le silence fait office de réponse, comme si le législateur nous avait abandonnés.* » En réalité, la responsabilité des notaires est un sujet qui a déchaîné les passions et fait couler beaucoup d'encre et de salive chez les juristes. Depuis la *loi ventôse de l'An XI* en France[2], les juristes s'interrogent sur ce que doit être la responsabilité du notaire. Force est de constater que la doctrine et la jurisprudence[3] sont très divisées sur la question, au point où on ne sait plus que dire relativement à cette responsabilité. L'importance de ce sujet découle du fait que l'État a délégué à cet officier public,[4] une place économique, fiscale et sociale très importante. En effet, le notaire est un authentificateur des conventions auxquelles les parties veulent ou doivent donner le caractère d'authenticité. Ce caractère d'authenticité ayant pour effet d'octroyer la

[1] Voir, HARISSOU (A.), « Le notaire face aux exigences de l'État », *Lettre des notaires*, Éd. Chambre des notaires du Cameroun, n° 888, janvier, février, mars 1999, p.4-11. Dans le même sens voir, « la création du notariat » disponible en ligne sur le site *www.radiookapi.net* (Consulté en avril 2016).

[2] Loi créant et organisant le notariat français rédigée à la base par Napoléon Bonaparte.

[3] Voir, CORNU (G.) (dir.), *Vocabulaire juridique*, 9e éd., PUF, 2011, p.530.

[4] Cf. Le Ministère de la Justice en France, « définition officier public » in site du ministère de la justice en France disponible sur le site htpp://justice.gouv.fr ; qui définit l'officier public comme « *une personne titulaire d'un office conféré par l'État et nommée par décision de ministre de la Justice* » p.70-86. - *Adde*, MARQUIS (P-Y.), *La responsabilité civile du notaire, officier public, 01 cause principale,* Paris, Éd. Yvon Blais, 1977, p.322. Cet auteur appréhende l'officier public comme, « *une personne physique à qui l'État délègue une parcelle de sa puissance, notamment en lui confiant son sceau et en lui donnant un office non rattaché à l'administration, pour effectuer des tâches de service public ou pour ces missions, il sera rémunéré par sa clientèle* ». p.344.

force probante[5] et la force exécutoire[6] à la volonté de ses clients. De plus, le notaire est un collecteur d'impôts, collaborant ainsi avec l'administration fiscale. Pour cela, il doit veiller à la sincérité des déclarations de ses clients, et au paiement des impôts relatifs aux actes dressés par lui pour sa clientèle. Par ailleurs, le notaire est aussi l'interprète fiscal de ses clients dans la mesure où il doit les guider dans leurs choix et les interpeller sur les conséquences fiscales de leurs actes juridiques. Par conséquent, le notaire a l'obligation de s'assurer que ses clients ont saisi clairement le sens des engagements qu'ils prennent et des conséquences qui en découleront[7]. Cette grande responsabilité confiée à ces officiers publics ne s'accomplit pas sans difficulté. En effet, le manquement du notaire à une de ces obligations engage sa responsabilité.

À l'observation, la responsabilité de cet officier public est souvent invoquée en cas d'inadéquation de ses conseils ou des fautes commises dans l'exercice de ses fonctions. En fait, le notaire défaillant, imprudent peut faire perdre à l'État des sommes importantes et causer des dommages financiers considérables à ses clients. Aussi convient-il de nous demander quels sont l'étendue et le contenu de la responsabilité notariale ? De quoi sont-ils faits ? Quand nous savons d'une part que cette responsabilité se heurte au silence de la loi quant aux règles spécifiques devant s'appliquer en cas de faute ou de manquement du notaire. En outre, la qualité d'officier public, la

---

[5]Voir, « Les contours de la fonction notariale : missions *», programme d'appui au secteur de la justice (PAJ) projet 10 FED europeaid/127791/d ser/cm*, Limbé, 16 au 19 juillet 2012, p 30. Dans la même optique voir aussi, *Sécurité contractuelle et défis de développement*, rapport du 26e Congrès des notaires 2014, Rabat, 18 au 19 avril 2004, p.57. Rapport aussi disponible sur le site www.notaires.org (consulté en avril 2016). Dans le même sens voir, *La sécurité juridique un défi authentique*, le rapport et les 15 propositions du 111e congrès des notaires de France, Strasbourg du 17 au 20 septembre 2017. *-Adde,* Cour de cassation, chambre civile, 26 mai 1974, d19644.62, in solutions notaires, n°6, p.12. Ou encore, Cour de cassation chambre civile, du 4 mars 1981, in solutions notaires, n° 6 qui énonce qu'« *un acte notarié ne fait foi jusqu'à inscription de faux que des faits dont l'officier public y a énoncé comme les ayant accomplis lui-même ou comme étant passés en sa présence dans l'exercice de ses fonctions* » p. 12.

[6]Cf. Article 19, de la loi Ventôse de l'an XI, portant, organisation de la profession de notaire en France. Voir, dans le même sens, Arrêt de la chambre mixte de la Cour de cassation française, 16 décembre 2005, BICC n° 634, qui renvoi au fait que : *« toutes les conventions qui sont dans les actes notariés doivent être exécutées sans passer par un tribunal »*.

[7]Voir, Cass, 15 janvier 2015, n° 14-10256. Dans le même sens voir, Arrêt de la Cour de Cassation française, du 15 janvier 2015, n° 14-10256, qui rappelle que *« le notaire a l'obligation d'informer et de conseiller les parties à l'acte et notamment sur les conséquences fiscales de l'Opération »*. Dans la même optique voir, deux autres décisions françaises de la Cour de Cassation Chambre civile 1re, 14 juin 2007, et de la Chambre Civile 1re, 11 mars 2010, disponible sur le site www.actu.Dalloz etudiant.fr. Ou il est dit que, *« en matière de responsabilité notariale, la perte d'une chance pour le client résulte souvent du manquement par le notaire à son obligation de conseil, celle-ci lui imposant d'alerter les clients tant sur le contenu que sur les conséquences, notamment fiscales, des engagements qu'ils souscrivent ou qu'ils envisagent de souscrire »* (Consulté août 2016).

spécificité fonctionnelle, structurelle de la fonction notariale et les obligations professionnelles tendent à complexifier la responsabilité notariale et à promouvoir une responsabilité spécifique différente des autres responsabilités professionnelles. Quel peut donc être le régime qui encadre l'activité du notaire ?

Quoi qu'il en soit, force est de constater que les jurisprudences camerounaise et française sont de plus en plus sévères[8] à l'égard des notaires. La faute réside dans le fait que les juges camerounais et français apprécient « in abstracto », sans toutefois exiger une quelconque précision sur la normalité de la notion très vague de la diligence qui impose au notaire d'être avisé, compétent et méfiant[9]. On ne manquera pas de relever que ces critères sont très subjectifs, puisqu'ils peuvent s'interpréter très différemment en fonction du contexte. Par exemple, pour une même situation juridique impliquant un notaire, le juge peut l'exonérer ou le condamner sur des critères de droit commun inadaptés aux difficultés de la profession notariale. La difficulté vient du fait que les règles de droit commun utilisées pour juger les notaires, en l'absence d'un régime de responsabilité spécifique sont inadéquates et insuffisantes, au regard de l'amplification des litiges opposant les notaires.

Le régime de responsabilité, loin d'être une panacée lui évitera alors d'être assigné au tribunal n'importe comment et par n'importe qui pour des litiges fondés ou non. Ce régime propre à sa profession viendra éclairer la responsabilité des notaires et les personnes parties aux actes notariés. Il renforcera ainsi ses missions de garant de la sécurité juridique des actes qui

---

[8]Cf. Cour Suprême du Cameroun, Arrêt de la Chambre Civile, 5 novembre 2015, n° 386/civ, DIKOUME BECKOMBE C FONHOUE Jean Pierre. Voir aussi, Cour Suprême du Cameroun, Chambre Civile du 30 mai 2013, Arrêt n° 24/Civ, VUTUMU Aloysius contre ZIDJOU Pierre. Dans la même perspective voir, Cour d'Appel du Littoral, Chambre Civile, 15 octobre 2010, n° 128/ civ, archives de la Cour Suprême du Cameroun. Les décisions des juges français témoignent aussi d'une sévérité envers les notaires comme en témoignent les décisions suivantes : d'abord cette décision de la Cour de Cassation française, Chambre Civile 1re, 9 décembre 2010, n° 09-16.531, ensuite, cette décision de la Cour de Cassation, Chambre civile, 5 mars 2009, n° 08-11.3741, enfin, Cour de Cassation Chambre Civile 1re, 28 novembre 1995, n° 93-15.659.

[9] Voir, CA Lyon, 1re Chambre Civile, 31 mai 2001, Juris Data, n° 01-144758. Il est à noter que la jurisprudence camerounaise n'est pas en reste en ce qui concerne l'exigence de prudence imposée aux notaires. En effet, certains arrêts de la Cour Suprême viennent renforcer notre pensée. Nous pouvons citer : l'arrêt de la Chambre civile du Cameroun, affaire : MODJO Hilaire c/ FOZEU Emmanuel et KENMDE Jeannette où les juges de la Cour suprême ont annulé un acte notarié au motif que le vendeur de l'immeuble a produit deux cartes d'identité. Dans le même sens, nous pouvons encore citer un autre arrêt de la Cour Suprême du Cameroun, Chambre civile du 30 octobre 2014, Arrêt n° 188/civ, FOTSE KAMGA Jean Hubert et MOUSSINGA BAPES Jacqueline c/ ayants droits du feu DALLE et autres. Le juge dans cette décision condamne le notaire qui n'a pas fait des vérifications essentielles à un acte de vente tel que la mutation du titre foncier au nom du vendeur.

lui sont confiés et lui permettra d'avoir un régime de responsabilité spécifique à sa profession tout comme les Avocats, les Banquiers ou encore les Assureurs. L'édification d'un régime de responsabilité spécifique aux notaires est une contribution sérieuse à la sécurité et à la transparence dans les activités économiques les impliquant.

CADRE CONCEPTUEL

Il est essentiellement question de présenter successivement le contexte de l'étude (A) et la définition des termes ou concepts (B).

I- CONTEXTE DE L'ETUDE

L'article 2 du décret n° 95/034 du 24 février 1995[10] fait du notaire[11] « *un officier public institué pour recevoir tous les actes et contrats auxquels les parties doivent ou veulent faire donner le caractère d'authenticité attaché aux actes de l'autorité publique, et pour en assurer la date, en conserver le dépôt, délivrer les grosses et expéditions.* » Le notaire est ainsi un officier public qui détient une délégation de pouvoir de l'État. Celle-ci lui permet de conférer le caractère d'authenticité aux documents qu'il rédige, d'en assurer la conservation, et de leur donner la force probante et la force exécutoire. L'activité notariale est au centre d'importants flux financiers qui font du notaire un acteur majeur de la vie économique.

En raison de la difficulté du travail qui incombe au notaire, les occasions de fautes professionnelles ne sont pas rares quand bien même la compétence du notaire en question est avérée. De ce fait, la profession notariale s'avère

---

[10]Portant statut et organisation de la profession de notaire

[11]Voir, OMARJEE (I.), « Définition et genèse du notariat », *Personnes et familles*, janvier 2009, n° 1. Édition du JNA, p.20. Cet auteur parle dans cette revue juridique, de la définition et de la genèse du notariat, à propos de la genèse, il affirme que « *La création de la fonction notariale est le fait de Louis IX, plus communément appelé « Saint Louis* ». p.20. Il poursuit plus loin en disant que « *Saint Louis créa la fonction de notaire royal afin de prévenir les litiges et désencombrer ce que l'on appelle aujourd'hui le système judiciaire.* » p.20. Voir pour les besoins de définition, SEFRAOUI (H.), *L'acte privilégié la paix sociale et prêt hypothécaire*, collection des études juridiques p. 60. Cet auteur explique dans cette œuvre que, « *Le notaire est un officier nommé par la plus haute autorité judiciaire (le chef de l'État titulaire du sceau de l'État)* » p.33 ; il poursuit en affirmant que : « *Le notaire est incontestablement un magistrat de l'équilibre désintéressé, la magistrature volontaire choisie librement par les parties* » P.33. *Adde.* Le rapport de la Chambre interrégionale des notaires de l'Ouest et Nord-Ouest, le notaire, Journées portes ouvertes, Bafoussam le 1er et 3 avril 2012, p.7. Dans ce rapport il est considéré que « *Le notaire est un juriste investi d'une mission d'autorité publique, qui prépare des contrats sous la forme authentique pour le compte de ses clients. Il exerce ses fonctions dans un cadre libéral* » p.3 ; « *l'intervention des notaires est beaucoup plus large : c'est un généraliste du droit ayant une vision globale des problèmes juridiques. Il intervient dans l'ensemble du domaine juridique et fiscal ce qui le rend naturellement compétent pour sa fonction de conseil de client.* » p.4.

complexe et étendue d'une haute technicité, dotée d'un statut particulier qui la différencie des autres professions juridiques. Le notaire doit maîtriser plusieurs domaines du droit. Il doit aussi éviter la situation juridique et fiscale dans laquelle son manque de conseil ou ses mauvais conseils causent des préjudices énormes à sa clientèle. La responsabilité qui en découle en cas de défaillance ou de faute du notaire a donc suivi un développement atypique. En l'absence d'une réglementation, d'un encadrement de cette responsabilité, elle s'est construite autour de la jurisprudence, qui l'a affinée et alourdie au fur et à mesure que la profession s'organisait et se particularisait.

Cette absence de définition légale suscite des difficultés d'interprétation pour les officiers publics notamment en raison des évolutions jurisprudentielles qui ont supprimé au fil du temps tous les facteurs d'atténuation pour ne conserver que les facteurs d'aggravation[12]. Il s'ensuit que le nombre de recours engagés contre un notaire est de plus en plus grand et l'absence d'un encadrement juridique de cette responsabilité spécifique[13] contribue à créer un flou, une incompréhension juridique.

Prenons quelques exemples dans les situations juridiques suivantes pour étayer nos propos :

Le devoir de conseil[14] incombant au notaire consiste à éclairer les clients sur le contenu et les effets des engagements auxquels ils ont souscrit. Il

---

[12]Voir, Cour de cassation française, Chambre civile 1re, 28 novembre 1995, n° 93-15.659, disponible en ligne à l'adresse www.village-justice.com/articles (Consulté en avril 2016). En l'espèce, le juge précise que : « *Le notaire n'est pas déchargé de son devoir de conseil par les compétences personnelles de son client* ». Par ailleurs, la sévérité des juges envers les notaires, se vérifie aussi dans les décisions camerounaises comme dans cette décision de la Cour Suprême du Cameroun Chambre civile, 25 octobre 2012, Arrêt n°310, affaire SADEUH Eric Andre c/ HAPPI MESSACK et autres. Dans cette affaire, la responsabilité du notaire fut engagée par le juge de la Cour suprême au motif que l'acte de vente qu'il a dressé sur la base d'une procuration venue de l'étranger n'avait pas reçu exequatur de l'autorité compétente. Pourtant, les textes sur la question et dans la pratique notariale veulent que l'exequatur se fasse de facto quand elle ne porte sur des biens chers. Le notaire selon le juge aurait mal instrumenté l'acte malgré le fait que le bien n'est pas cher. Nous voyons ici un cas flagrant de sévérité envers les notaires.

[13]Cf. AUBERT (J.L.), *Responsabilité civile des notaires,* Defrénois, 2e édition, 1972, pp.34-40.

[14]Cf. Cour de Cassation, 17 juin 2010, n° 09-15.451. Dans le même sens voir, CULOT (A.), *droit fiscal et pratique notariale : l'influence du droit communautaire,* ou il affirme que, *« le notaire doit conseiller son client sur les conséquences fiscales d'un acte qu'il établit »*. pp.10-45. Voir aussi, HOUCINE (S.), *L'acte notarié privilégie la paix sociale, le prêt hypothécaire*, collection des études juridiques p.6-10. Ou encore, POULPIQUET (J.), *Responsabilité des notaires,* Éd. Dalloz, p.60. Dans le même sens, POULPIQUET (J.), BIGUENET-MAUREL (C.), *Devoir de conseil des notaires,* Éd. Répertoire Defrénois, du 26 août 2006, p.52. Adde, Cour de cassation Chambre Civile 1re, 19 décembre. 2006, disponible sur le site, www. Actu. Dalloz-etudiant.fr. Qui indique qu'en matière de devoir de conseil, « *le notaire pourra*

consiste en un avertissement donné aux parties sur la meilleure façon d'exercer leurs droits et sur les conséquences de cet exercice. Il est clair que la pratique de ce devoir de conseil essentiellement jurisprudentiel, présente des difficultés d'ordre pratique. Ainsi, la première difficulté réside dans le fait que le devoir de conseil du notaire, à la différence du devoir d'authentification[15], ne possède aucune définition légale. En fait, le devoir de conseil a été progressivement mis au point par la jurisprudence qui n'en a indiqué ni le contenu ni les limites. La preuve du conseil du notaire a fait l'objet de controverses doctrinales et jurisprudentielles et il se pose alors la question de savoir comment le notaire pourra prouver qu'il a donné des conseils à ses clients. Autrement dit, comment le notaire pourra-t-il prouver que le client n'a pas respecté ses consignes ou que le client est allé au-delà des consignes qu'il lui a indiquées, étant donné que la loi ne prévoit rien en ce qui concerne la preuve du conseil ? Le notaire n'est-il pas de ce fait à la merci des clients de mauvaise foi qui pourraient prospérer en traînant cet officier devant les tribunaux au seul motif qu'ils estiment n'avoir pas été bien conseillés ? De plus, quels sont les critères d'un bon conseil ?

Le devoir de conseil de cet officier public rencontre aussi des difficultés dans la situation où le notaire a face à lui un client compétent. La jurisprudence a pour habitude de condamner ou d'invoquer la responsabilité du notaire[16] malgré le fait que son client soit un professionnel avisé et

s'exonérer de toute responsabilité s'il rapporte la preuve qu'il a effectivement mis en garde le client sur les risques que comportait l'opération » (Consulté en avril 2017).

[15] Voir, « Les contours de la fonction notariale : missions », Programme d'appui au secteur de la justice (PAJ) projet 10 fed europeaid/127791/d ser/cm, Limbé, 16 au 19 juillet 2012, Ou il est indiqué que, « La mission d'authentification qui incombe au notaire consiste pour celui – ci à assurer la sécurité juridique des actes qu'il reçoit. Mais pour donner toute sa substance à l'authentification, ce devoir lui impose de recevoir des actes valables et qui répondent aux souhaits des usagers-clients » pp.10-20. Dans la même optique, voir, Rapport du notariat au Togo, congrès de la CAAF XXII, 1 et 4 décembre 2010. Ce rapport précise que, « L'acte authentique fait foi de son origine, de son contenu et de sa date jusqu'à inscription de faux » p.8 ; dans le même sens, HOUCINE (S.), L'acte privilégié de la paix sociale, le prêt hypothécaire, collection des études juridiques, ou l'auteur précise que, « L'acte authentique s'impose au respect du juge et la foi due à un tel acte, ne peut être détruite par les présomptions quelles que soient leurs natures et leurs forces » p.29 ; ibid., « Pas de preuve sur la preuve, car ce que dit le notaire, c'est la loi qui le dit » p.29 ; ibid. « Ce que nous écrivons, c'est la loi des parties » p.29. Inédit.

[16]Cf. LATINA (M.) et SAGAUT (F.), « La responsabilité du notaire en matière de sûretés », *Defrénois*, 10 du 30 mai 2011, ou ces auteurs indiquent que : « *La responsabilité du notaire peut être pénale, civile, et très récemment responsabilité en matière de sûreté* » p.976. Voir aussi, AUBERT (J-L), *Responsabilité professionnelle des notaires*, Paris, Répertoire Defrénois, 1972, pp.78-96. Cette responsabilité intervient selon cet auteur, *« en cas de manquement du notaire a une de ses obligations civile, pénale ou professionnelle* ». Dans la même optique, AUBERT (J-L.) in *Responsabilité professionnelle des notaires*, s'interroge sur la nature contractuelle ou délictuelle de la responsabilité des notaires et conclut que la responsabilité des notaires est délictuelle, du fait, de leur statut d'officier public. p.82 ; il poursuit plus loin que *« La clause de non-responsabilité ou limitative de responsabilité, est*

compétent. En effet, le notaire n'est plus déchargé de son devoir de conseil par les compétences personnelles de son client. Cela dit, lui qui passe un acte dans son étude pour un client qui est assisté par un avocat, un fiscaliste, un agent des impôts ou un autre notaire ne pourra pas décharger sa responsabilité de conseil au motif que le client était assisté d'un professionnel ou était un professionnel. Le client du notaire devient ainsi, malgré ses compétences, un profane pour la cause.

Il est aussi à noter le refus de la jurisprudence de permettre au notaire d'inclure des clauses exonératoires ou limitatives de responsabilité, car la jurisprudence n'admet pas la validité des clauses de non-responsabilité ou limitatives de responsabilité. La raison en est que l'activité notariale relève de l'ordre public et qu'elle ne peut de ce fait, être modelée par la convention des parties. Pourtant, nous savons que cela est une entrave au principe de la liberté contractuelle qui veut une totale liberté des parties à la conception de leur contrat. Une autre difficulté réside dans le fait que le notaire a l'obligation de vérifier les allégations de son client. Mais de quels moyens de vérification dispose-t-il pour mener à bien cette mission ? Le notaire peut-il et doit-il se transformer en enquêteur ? Quand nous savons à quel point la corruption gangrène notre pays avec la prolifération de faux documents, de fausses pièces d'identité obtenues par voie de corruption. Voilà présenté, le contexte dans lequel nous voulons mener notre étude.

II- DÉFINITION DES TERMES CLÉS

Nous convenons avec MBGALE MGBATOU que c'est à travers un éclairage de certains concepts que le sociologue accède à une meilleure compréhension du travail scientifique. Le juriste n'échappe pas à cette logique. Pour comprendre notre sujet, il est donc important de préciser les concepts, notions ou expressions qui le constituent. Ainsi, il est loisible de circonscrire les mots clés de la présente étude.

1- La responsabilité

La définition littéraire de responsabilité[17] l'appréhende comme le fait d'être responsable. C'est l'obligation de réparer le dommage qu'on a commis. Par ailleurs, la responsabilité[18] dérive du mot latin *respondere* qui veut dire se porter garant, répondre de. Au sens général, c'est l'obligation de répondre d'un dommage devant la justice et d'en assumer les conséquences civiles, pénales, disciplinaires, etc. (soit envers la victime, soit envers la

---

une clause par laquelle le débiteur d'une obligation de réparation issue d'un contrat, décide d'en limiter par avance le montant en prévoyant un plafond d'indemnité. » p.92.

[17]Voir, *Le Petit Robert*, Éd. Berengere Baucher, 2015, p.392.

[18] CORNU (G.), (dir) in association Henri Capitant, *Vocabulaire juridique*, Ed. Puf, 2007 p.530.

société...). De plus, la responsabilité serait l'obligation de répondre de certains de ses actes, d'être le garant de quelque chose, d'assumer ses promesses.

Elle implique le devoir de réparer le préjudice causé à quelqu'un par son fait ou par le fait de ceux dont on a la charge, la surveillance. Elle est aussi l'obligation de répondre d'un dommage devant la justice et d'en assumer les conséquences administratives, pénales, et civiles. La responsabilité est le devoir de répondre de ses actes en toutes circonstances, conséquences comprises, c'est-à-dire d'en assumer l'énonciation, l'effectuation et par suite, la réparation, voire la sanction lorsque l'obtenu n'est pas l'attendu.

2- Le notaire

Aux termes de l'article 2 du décret de 1995, [19]: *« le notaire est un officier public institué pour recevoir tous les actes et contrats auxquels les parties doivent ou veulent faire donner le caractère d'authenticité attaché aux actes de l'autorité publique, et pour en assurer la date, en conserver le dépôt, délivrer les grosses et expéditions »*

Le notaire selon Christian BASTARD DE CRISNAY[20] est un juriste de droit privé et officier public, nommé par l'autorité publique. Il est chargé d'instrumenter les actes juridiques civils, dits actes notariés de juridiction non contentieuse pour lesquels la forme authentique est prescrite par la loi ou requise par les parties (comparants). La profession de notaire remonte au haut Moyen Âge dans les pays de l'Empire byzantin.

Le notaire selon le Conseiller d'État Pierre François de Réal[21], *« à côté des fonctionnaires qui concilient et jugent les différends, la tranquillité appelle d'autres fonctionnaires qui, conseils désintéressés des parties aussi bien que rédacteurs impartiaux de leur volonté, leur faisant connaître toute l'étendue des obligations qu'elles contractent, rédigeant ces engagements avec clarté, leur donnant le caractère d'un acte authentique et la force d'un jugement en dernier ressort, perpétuant leur souvenir et conservant leur dépôt avec fidélité, empêchent les différends de naître entre les hommes de bonne foi, et enlèvent aux hommes cupides avec l'espoir du succès l'envie d'élever une injuste contestation »*.

[19]Voir, Décret n° 95/034 du 24 février 1995 portant statut et organisation de la profession de notaire.

[20]Voir, *Petits et grands secrets d'un notaire,* Paris, Ed, Archipel, 12, 09, 2012, p.18.

[21] Voir, GUEGUANG, « Le notaire, sa fonction la force de ses actes et sa responsabilité » *Lettres des notaires,* juillet août-septembre 2000, n° 10, pp.2-6.

« Que maudit soit le bec cornu de notaire qui m'a fait signer ma ruine »

Molière

PREMIÈRE PARTIE :

LE RÉGIME DE RESPONSABILITÉ DE DROIT COMMUN ET SES INSUFFISANCES

Depuis une vingtaine d'années, le constat de la sévérité du juge envers les notaires ne fait plus l'objet d'un doute[22]. La lecture de la jurisprudence nous démontre la rigidité du juge envers cet officier public. La raison est que le juge, en l'absence d'un régime de responsabilité spécifique aux notaires, se contente des règles de droit commun pour trancher les litiges relatifs aux actes notariés. Ce régime de droit commun est la tentative de solution trouvée par le juge camerounais pour résoudre les litiges mettant en cause ces officiers publics. L'utilisation de ce régime de responsabilité par le juge en l'absence d'un régime de responsabilité spécifique aux notaires, a essayé tant bien que mal de combler un vide juridique, dans une activité juridico-économique importante. Il faut souligner que ce régime de droit commun en matière de responsabilité des notaires a fait son chemin. Relevons également qu'au fur et à mesure que le temps passe, il commence à montrer des insuffisances. Comment comprendre que le régime de responsabilité de droit commun n'ait pas de spécificité pour une profession aussi délicate aue celle du notariat ? A tel point que le notaire, garant de la sécurité juridique des actes qui lui sont soumis,[23] peut être inquiété n'importe comment et par n'importe qui, au seul motif qu'il aurait commis une faute qui peut être subjectivement interprétée. Le régime de responsabilité de droit commun serait-il une passoire dans laquelle il n'y aurait aucune spécificité ? Une meilleure compréhension de notre sujet nous oblige à présenter dans la première partie de notre travail, la notion de régime de responsabilité de droit commun (chapitre I). La présentation des limites de ce régime de responsabilité fera l'objet de notre deuxième partie (chapitreII).

---

[22]Voir, Cour Suprême du Cameroun, 24 juillet 2014, Arrêt n° 128/civ, Affaire DJENGUE NSANKON Edouard, DJENGUE ENGOME Grace et autres contre KOMPE Rodolphe. Dans le même sens voir, l'Arrêt n° 72/ civ, affaire NGAHANE Isaac c/ EL HADJ SALI GOMI et la SCIP et MOUSSINGA. Voir aussi, l'arrêt, 10 avril 2014, n° 59/civ, succession EDIMO c/ KAMGNA Jean Pierre. Voir aussi, arrêt du 12 décembre 2013, n° 65/civ, l'affaire succession BASSAMA c/ Dame NGO MBONDO Fidèle.

[23] Voir, *Sécurité juridique un défi authentique*, 111e congrès de France, Strasbourg, 10 au 13 mai 2016, pp.1006 et s.

« Tout ce que j'ai appris, je l'ai appris dans les livres »

Abraham Lincoln

CHAPITRE I :

PRÉSENTATION DU RÉGIME DE RESPONSABILITÉ DE DROIT COMMUN

La responsabilité des notaires est l'un des secteurs du droit privé qui n'a pas de régime de responsabilité spécifique. Cette négligence ou du moins cette omission de réglementation quant à l'objet précité a conduit irrémédiablement le juge à faire recours aux règles du droit commun. Car dans un souci de sécurité et de stabilité juridique, il serait non seulement dérisoire, mais surtout dangereux de laisser cette ramification du droit privé au libre cours de ses acteurs sans un garde-fou. Toutefois, il faut se garder de dire que la lecture de la doctrine nous démontre sans une once de doute que l'application de ces règles du droit commun est un subterfuge et une adaptation d'un droit inadéquat dans un cadre présentant des structures qui diffèrent fondamentalement de celles du droit commun.

Il apparaît donc que pour comprendre dans toutes ses acceptions le sujet soumis à notre analyse, notre travail présentera deux articulations majeures. Nous nous attellerons, dans la première articulation, à donner un savoir immédiat sur le concept de droit commun en matière d'actes notariés (section1) et dans une deuxième articulation, nous présenterons les causes de déclenchement du régime de responsabilité de droit commun des notaires (section2).

SECTION I : SAVOIR IMMÉDIAT SUR LE RÉGIME DE RESPONSABILITÉ DE DROIT COMMUN

Le droit commun peut être défini comme l'ensemble des règles juridiques applicables à toutes les situations qui ne font pas l'objet de règles spéciales ou particulières. Autrement dit, *« une règle de droit qui joue à défaut de règle spécifique »*[24]. À quoi peut renvoyer la notion de droit commun en

[24] Cf. *Lexique des termes juridiques*, Paris, Éd. Dalloz, 2010, pp.270-273.

matière de responsabilité des notaires ? De quoi est-elle faite ? Comment est-elle mise en œuvre par le juge ? Dans un souci d'organisation et de clarté, nous présenterons dans une première phase, la notion et les fondements juridiques du régime de droit commun (paragraphe1) et dans une seconde phase, nous verrons les conditions de mise en action de ces règles de droit commun par le juge camerounais (paragraphe2).

PARAGRAPHE I : NOTION ET FONDEMENTS JURIDIQUES DU RÉGIME DE RESPONSABILITÉ DE DROIT COMMUN

Une organisation objective de cette partie nous amène, à proposer en première analyse, une définition proprement dite du régime de responsabilité de droit commun (A). Le deuxième temps de notre analyse nous permettra de recenser les fondements juridiques sur lesquels s'appuient les juges pour trancher les litiges liés aux obligations du notaire (B).

A- DÉFINITION ET CONTENANCE DU CONCEPT DE RESPONSABILITÉ DE DROIT COMMUN

La compréhension de cette notion de droit commun passe par une définition du régime de droit commun par la doctrine (1) et par une détermination du contenu de ce régime de droit tel qu'utilisé par le juge (2).

1- Définition du régime de droit commun applicable aux notaires

Selon François TERRE, le régime de droit commun fait référence aux règles générales[25], autrement dit, à l'ensemble des règles qui s'appliquent de façon générale à un territoire donné. Plus explicitement, le droit commun est défini comme un ensemble de règles non particulières, soumises à un domaine spécifique. Ou encore, le droit commun peut être compris comme un ensemble de règles juridiques applicables à toutes les situations qui ne font pas l'objet de règles spéciales ou particulières. Elle découlerait ainsi selon Moustafa MEKKI, « *de l'application du droit tel qu'il résulte tant des textes applicables, à l'instar des lois, décrets et règlements* ». Plus précisément, la doctrine parle des « *us communs* » pour désigner les règles de droit commun qui s'opposent ainsi aux « us *singulare* » qui désignent quant à eux un droit spécial pour certains groupes de populations, des biens ou des relations juridiques. Les « us *singulare* » proviennent souvent des conventions, des contrats entre particuliers, tandis que le droit commun vient des règles générales présentes dans plusieurs textes et lois en vigueur. Valérie de la DEGAILLERIE définit le droit commun comme *« l'ensemble des règles normalement applicables à un ensemble de rapports juridiques ;*

[25] Cf. TERRE (F.), SIMLER (P.), *Droit civil les régimes matrimoniaux,* 2e édition, Éd. Dalloz, p.670.

au sens restreint : règles normalement applicables en droit privé »[26]. Pour mieux cerner cette notion de droit commun, prenons l'exemple de cette affaire de la Cour suprême du Cameroun. Arrêt n° 128/Civ du 24 juillet 2014, affaire DJENGUE NSANKON Édouard, DJENGUE ENGOME Grâce et autres contre KOMPE Rodolphe.

En l'espèce, le juge en l'absence d'un texte spécifique réglant la responsabilité du notaire en cas de faute, s'est appuyé sur les règles générales susceptibles de s'appliquer en matière de faute. Plus précisément, le juge a fait référence aux articles et textes organisant la faute en général pour l'appliquer au cas du notaire fautif. Ainsi, il s'est appuyé sur les articles 1382 à 1384 du Code civil qui tranchent de la faute en général, et non de la faute spécifique du notaire. De ce fait, le notaire à qui il était reproché dans cette affaire, de n'avoir pas observé le consentement de la femme mariée a commis une faute professionnelle. Et le juge, pour établir cette faute du notaire, s'est appuyé en l'absence d'un texte précis relatif à la responsabilité des notaires sur les règles de droit commun notamment les articles du Code civil relatifs à la responsabilité civile. Le droit commun est donc un ensemble de règles susceptibles de s'appliquer à une situation juridique donnée.

Cet autre exemple est aussi assez illustratif.

Cour suprême du Cameroun, Arrêt n° 148/Civ du 12 décembre 2013, affaire pharmacie du Bénin c/ la Société Générale de Banques du Cameroun (SGBC)

Maître X, notaire, a passé une convention de crédit avec affectation hypothécaire entre la pharmacie du Bénin et la SGBC. La pharmacie du Bénin dans un premier acte a consenti à la convention hypothécaire d'un immeuble situé à Bafoussam. Mais dans un deuxième acte, elle a plutôt hypothéqué un immeuble situé à Fontenay-aux-Roses. La pharmacie du Bénin considère que la première convention n'était qu'un projet revêtu de la signature des parties et sans la signature du notaire et des parties, l'acte ne saurait être authentique. Et même que la deuxième hypothèque annulait la première. La banque s'accroche sur l'article 2093 du Code civil qui fait des biens du créancier le gage général de tous ses créanciers et même si la deuxième convention annulait la première, elle serait stipulée dans le premier acte. Le premier juge a donné gain de cause à la banque ainsi que le juge d'appel ; et la Cour suprême a rejeté le pourvoi formé par la pharmacie du Bénin.

Dans cette affaire, nous voyons clairement comment le juge utilise les règles de droit commun pour trancher un litige concernant les notaires. En

[26] Cf. Lexiques des termes juridiques, op.cit., p.62.

l'espèce, il s'est appuyé sur l'article 2093 du Code civil pour engager la responsabilité du notaire.

Si le rappel de cette définition du régime de responsabilité de droit commun était nécessaire, il n'en demeure pas moins vrai que, le contenu de ce régime de droit commun applicable aux notaires est d'une importance capitale.

2- Le contenu du régime de droit commun applicable aux notaires

Le contenu du régime de droit commun renvoie aux disciplines de droit qui sont en liens étroits avec les obligations du notaire. Il est certain que l'obligation du notaire « flirte » avec plusieurs branches du droit. Ce qui nous oblige dans cette partie, à montrer les domaines ou branches du droit qui constituent les règles de droit commun, telles qu'utilisées par le juge en matière de responsabilité des notaires. Autrement dit, nous verrons quel domaine du droit constitue pour le juge, les règles de droit commun. En revanche, nous tenons à préciser que la liste présentée ci-dessous n'est pas exhaustive. Il s'agira davantage pour nous de citer celles qui nous paraissent les plus utilisées comme régime de droit commun par le juge.

Pour illustrer nos propos, prenons le cas des décisions suivantes donc la première est au civil et la deuxième au pénal.

Jugement civil n 589/ civ du 6 août 2015, affaire MBARGA Eugène Marie Nicolas, MBARGA BINDZI Marie Alain Christian c/ Pierre Firmin ADDA et MANGA NGUELE Yves Mathieu et Autres.

Le notaire avait été accusé dans cette affaire d'avoir écarté du bénéfice de la succession les enfants légitimes du feu MBARGA MENGUE Thadée. La succession portant sur plus de 10 millions de francs (CFA) a amené les ayants droit à assigner le notaire au TGI du centre administratif de Yaoundé. Cette demande des ayants droit au TGI a été jugée recevable et le juge a tranché. Dans le même sens, mais plutôt au pénal, voir Arrêt, n° 88/CI/ADD du 21 août 2014, affaire n° 49/ RG/ 13 du 26 juin 2013 et n° 52/RG/13 du 10 juillet 2013. YOUKAP NGUEWO Daniel C/ TONLEU Bertin et HAPPI Julienne Suzane, et MEBU Suzanne. En l'espèce, les YOUKAP Daniel et autres ont assigné TONLEU Pierre et le notaire au tribunal pour faux et usage de faux et rétention sans droit de la chose d'autrui. Le juge du centre administratif et le juge d'appel se sont déclarés compétents pour trancher le litige. Ces affaires démontrent à suffisance la compétence des juridictions de droit commun en matière d'acte notarié.

Le notaire dans le cadre de sa fonction et de ses missions se retrouve en contact permanent avec le droit fiscal, le droit civil, le droit pénal et le droit OHADA. Ce qui nous pousse à dire que ces domaines du droit, sans être exhaustifs, constituent les règles de droit commun telles qu'utilisées par le juge en matière de responsabilité des notaires. Nul besoin de préciser ici que le droit fiscal interagit naturellement avec les obligations fiscales des notaires ; c'est pourquoi le juge camerounais s'inspire généralement du *Code général des impôts* pour trancher les litiges liés à ces officiers publics. Dans le même sens, le notaire interagit également avec le droit civil, c'est la raison pour laquelle, le juge s'appuie généralement sur les règles de droit civil, notamment les articles de *1382, 1383 et 1384* pour invoquer la responsabilité des notaires. Comment ne pas affirmer que, le droit civil fait partie des règles de droit commun utilisé par le juge pour trancher les litiges concernant ces officiers publics ? Dans la même optique, le droit pénal est en contact permanent avec le notariat[27] dans la mesure où les manquements des notaires dans certaines de leurs obligations constituent des infractions pénales. C'est le cas des manquements aux obligations fiscales qui aboutissent à des infractions pénales,[28] comme le cas du notaire qui dans le souci de se faire des avantages fiscaux, se rend coupable de l'incrimination de faux en écriture, qui est réprimé par notre Code pénal. Cet exemple nous permet d'affirmer avec force que le droit pénal fait partie des règles de droit commun utilisé par le juge pour trancher les litiges mettant en cause les notaires[29]. Le droit OHADA est aussi très utilisé par le juge pour sanctionner les actes notariés qui n'ont pas observé les règles prescrites par l'acte uniforme. Nous pouvons prendre pour exemple, l'obligation du notaire d'établir les statuts[30] et de respecter les mentions obligatoires[31] de constitution des sociétés dans les États membres de l'OHADA, de même que l'obligation d'observer des règles d'immatriculation ou de publicité sous peine de nullité des actes instrumentés par cet officier public[32].

---

[27] Voir, CRONE (R.), « Responsabilité pénale : le notaire ne saurait se voiler la face devant les risques de responsabilité pénale », *solution notaires,* juin 2014, n° 6 p.23. Cet auteur explique que *« La responsabilité pénale du notaire est précisément que les infractions susceptibles d'être commises par un officier public font l'objet d'incrimination dans le Code pénal et qu'elles nécessitent, pour être consommées et poursuivies, la réunion d'un élément matériel et d'un élément intentionnel* » p.22 et s. Plus loin dans le même article, cet auteur évoque la responsabilité pénale du notaire à raison des actes qu'il instrumente dans les termes suivants : « *L'authenticité est de l'essence même du notariat. Toute infraction aux règles d'établissement de ce type d'acte expose le notaire aux sanctions pénales du faux en écriture publique* » aussi il précise *que, « Cette responsabilité n'est pas entre les mains de la profession, mais du parquet »,* pp.25-26.

[28] CRONE (R.), *op.cit.,* p.23.

[29] CRONE (R.), *op. cit.,* p 24.

[30] Voir, Article 12 de l'Acte uniforme OHADA relatif aux droits des sociétés commerciales et du groupement d'intérêt économique, Loi 2014.

[31] Voir, Article 13, de l'Acte uniforme OHADA relatif aux droits des sociétés commerciales et du groupement d'intérêt économique, Loi 2014.

[32] Voir, Article 97, de l'Acte uniforme OHADA relatif aux droits des sociétés commerciales et du groupement d'intérêt économique, Loi 2014.

Voici présentés de manière sommaire la notion et le contenu du régime de responsabilité de droit commun. Toutefois, il sera logique, mais aussi convenable d'analyser les fondements juridiques du régime de responsabilité de droit commun applicable aux notaires.

B- LES FONDEMENTS TEXTUELS DU RÉGIME DE RESPONSABILITÉ DE DROIT COMMUN APPLICABLE AUX NOTAIRES

Il sera question pour nous de rappeler d'abord les fondements juridiques, en d'autres termes, les textes de loi sur lesquels s'appuient les juges pour invoquer la responsabilité des notaires (1), ensuite, la portée de ces fondements juridiques (2).

1- Fondements textuels de la responsabilité des notaires

Le juge camerounais, en cas d'absence de loi spécifique à un domaine, à une activité, à une profession, sous peine de déni de justice, [33]se fonde généralement sur le régime de droit commun pour statuer sur une situation juridique soumise à son appréciation. Parallèlement, l'absence de régime de responsabilité spécifique en matière de litige opposant le notaire à sa clientèle a amené le juge camerounais à utiliser les règles de droit commun pour trancher les litiges. Nous tenons à préciser qu'il ne sera pas question pour nous de rappeler toutes les règles de droit commun utilisées par le juge. Notre travail consistera à citer les domaines du droit les plus utilisés par le juge en matière de responsabilité des notaires. Le juge fait référence aux articles du *Code général des impôts*, notamment aux articles prévoyant des sanctions fiscales ou pécuniaires[34], à l'instar de *l'article 318 du Code général des impôts*, qui soumet « *les testaments non enregistrés dans les délais, au double du droit d'enregistrement.* »

Les sanctions administratives ne sont pas en reste, puisqu'il est prévu dans le même Code la fermeture des sociétés insolvables.[35] Dans la même perspective, des sanctions pénales[36] sont aussi prévues contre les notaires en cas de « *déclaration mensongère* » sur les actes qu'ils reçoivent. L'article162 alinéa 3 du nouveau Code pénal stipule qu'« *au cas où les déclarations mensongères sont faites sous serment, la peine d'emprisonnement est de 1 à 5 ans* ». De même, le législateur prévoit aussi des peines et amendes, si l'officier public commet « *la concussion au détriment des particuliers* » comme prévu à l'article 142 du nouveau Code

---

[33]Voir, Article 147 du Code pénal camerounais qui « punit de 3 mois à deux ans tout juge qui dénie, après en avoir été dûment requis, de rendre la décision ».
[34] Voir, Article 318, Code général des impôts, 2016, qui prévoit comme sanction pécuniaire la taxation d'office, amendes, pénalités et intérêts de retard.
[35] Voir, Article 560, Code général des impôts 2016.

pénal. Ou encore, *« le faux dans un acte »* prévu à l'article 144 du même Code. Le juge, en matière d'obligations fiscales du notaire en plus du *Code général des impôts,* utilise assez d'articles en matière civile, à l'instar de l'article 1382 alinéa (1) qui dispose que : *« tout fait quelconque de l'homme, qui cause à autrui un dommage, oblige celui par la faute duquel il est arrivé, à le réparer »*. Dans le même sens, le juge fait aussi beaucoup référence à l'article 1383 alinéas 2 qui stipule que, *« chacun est responsable du dommage qu'il a causé non seulement par son fait, mais encore par sa négligence ou par son imprudence. »* Dans la même optique, il utilise l'article 1384 qui stipule que : *« on est responsable non seulement du dommage que l'on cause par son propre fait, mais encore de celui qui est causé par le fait des personnes dont on doit répondre, ou des choses que l'on a sous sa garde. »*. En plus des règles civiles, le juge utilise aussi les articles du Code pénal comme règle de droit commun pour invoquer la responsabilité des notaires. Nous pouvons prendre pour exemple, l'hypothèse du faux dans un acte prévu dans les articles, 144 du Code pénal.[37] Ou encore le faux en écriture authentique qui énonce que : *« est puni d'un emprisonnement de dix (10) à vingt (20 ans), celui qui contrefait ou altère, soit dans sa substance, soit dans les signatures, dates et attestations, un acte émanant soit du pouvoir exécutif, y compris un passeport, soit du pouvoir judiciaire, ou un acte dressé par une personne seule habilitée à le faire »*. Et qui punit *« d'un emprisonnement de cinq (5) à dix (10) ans (...) celui qui fait usage d'un des actes susvisés ainsi contrefait ou altéré »*.

Voici ainsi présentés certains fondements juridiques qui composent les règles de droit commun telles qu'utilisées par le juge. Vu l'étendue des règles de droit commun en matière de responsabilité des notaires, nous tenons à préciser que nous nous sommes limités à énumérer celles qui sont les plus utilisées.

La pertinence de l'analyse des fondements juridiques de la responsabilité des notaires demeure incomplète dans notre esprit, si nous n'évoquons pas la portée de ces règles de droit commun applicables aux notaires.

2- Portée des règles de droit commun applicables aux notaires

Il apparaît que le régime de droit commun permet de pallier l'absence d'un régime de responsabilité spécifique au notaire. D'emblée, il nous paraît évident que sans régime de responsabilité de droit commun, l'insécurité juridique et les litiges non résolus seront le quotidien des notaires et de leurs clients. Il devient logique que le régime de droit commun, en l'absence d'un régime de responsabilité spécifique, soit d'une utilité indéniable. À ce

---

[37] Qui prévoit que l'infraction de faux punisse entre autres le notaire qui contrefait ou altère, soit dans sa substance, soit dans les signatures, dates et attestations, un acte ou un écrit qu'il a le devoir d'établir, de recevoir de concevoir ou de notifier.

propos, une notaire camerounaise a affirmé lors de notre entretien que, « *si le régime de droit commun n'avait pas existé, il aurait fallu le créer* »[38]. Dans la même perspective, nous n'osons pas imaginer le sentiment d'injustice, le désordre dans le trafic juridique, qu'occasionnerait l'absence de ce régime dérogatoire de droit commun utilisé par le juge. En revanche, il faut avouer que le régime de droit commun ne présente pas que des avantages dans la mesure où il n'est pas spécifiquement adapté à la fonction notariale. Il s'agit d'un régime d'emprunt en l'absence d'un régime de responsabilité spécifique à la fonction notariale. S'il est vrai que ce régime de droit commun est utile, nous nous posons la question de savoir s'il est efficace ou adapté à la responsabilité des notaires. Avant de répondre à cette question, nous allons chercher à savoir comment le juge met en œuvre ou adapte les règles de droit commun à la responsabilité des notaires.

PARAGRAPHE 2 : LA MISE EN ŒUVRE DES RÈGLES DE DROIT COMMUN EN MATIÈRE DE RESPONSABILITÉ DES NOTAIRES

L'énoncé qui va suivre n'a d'autre but que de rappeler un certain nombre de règles classiques que la responsabilité des notaires donne l'occasion d'appliquer. Il sera question dans cette partie de décrypter la mise en œuvre des règles de droit commun en matière de responsabilité des notaires. La tentative de réponse à cette question passera sans doute par un examen de l'action en responsabilité (A) ainsi que l'examen des règles gouvernant la preuve, le préjudice et la condamnation du notaire (B).

A- L'ACTION EN RESPONSABILITÉ

L'action en responsabilité du notaire comme dans la majorité des litiges en droit se fait au cours d'un procès. Ce procès mené par les parties dans les juridictions compétentes a pour but d'obtenir, soit la réparation du préjudice causé au notaire, soit la condamnation de ce dernier. Il devient évident que la grande préoccupation dans cette partie sera celle de s'intéresser aux juridictions compétentes ainsi qu'aux parties prenantes pouvant mettre en action la responsabilité des notaires. L'examen de cette partie mérite à l'évidence une première articulation centrée sur l'analyse profonde des juridictions compétentes en matière de responsabilité des notaires (1). Aussi, l'examen des parties pouvant invoquer la responsabilité des notaires constituera notre deuxième articulation (2).

---

[38] Entretien avec maître FOTSO MEKU notaire à Yaoundé, le 3 février 2016, 14 h 25, étude maître FOTSO MEKU, Immeuble situé en face du lieu-dit CAMAIR. Inédit.

1- Les juridictions compétentes en matière de responsabilité des notaires

La doctrine et le législateur camerounais nous indiquent que l'action en responsabilité peut être portée selon l'intérêt en jeu, devant les tribunaux de première ou de grande instance[39] statuant en matière civile et commerciale. Il est sans oublier que, malgré les compétences des tribunaux liées au montant, il existe des règles de territorialité et de compétence[40].

L'action en responsabilité des notaires se fait devant les juridictions de droit commun. Ces juridictions statuant en matière de responsabilité du notaire sont : le tribunal de première instance en matière civile et commerciale, quand la somme du litige est inférieure à 10 millions[41] et au tribunal de grande instance quand le litige est supérieur à 10 millions[42]. Plus encore, les litiges selon leurs natures peuvent être jugés au pénal, ou au civil, selon la nature de la faute commise par le notaire ou l'objectif à atteindre par le demandeur. Le notaire peut ainsi se voir assigner au pénal, si la nature de l'infraction commise par cet officier public touche à une infraction pénale. C'est le cas du notaire qui s'est rendu coupable de concussion ou de faux en écriture. Par contre, il peut aussi se voir assigner devant les juridictions civiles si le but poursuivi par le demandeur est d'obtenir « *des dommages et intérêts* ». De même, si la nature de l'infraction touche au civil, le notaire se verra assigner devant les juridictions civiles. L'exemple type est la faute du notaire lors de la cession d'un immeuble ou encore la faute du notaire lors de la constitution d'une société.

Nous constatons que l'action en responsabilité peut être civile ou pénale selon leur nature ou le but poursuivi par le demandeur. Que pouvons-nous dire de la compétence territoriale de ces juridictions ?

Territorialement, le tribunal compétent sera, soit celui du domicile du notaire, soit celui du lieu où le fait dommageable a été accompli[43]. Il est à noter que cette précision date de la promulgation du statut des notaires en 1995, notamment son article 5 qui stipule que : *« le notaire est tenu de résider dans le lieu déterminé par l'acte de nomination.* »[44]. Plus encore, l'alinéa 2 du même article sanctionne le notaire qui ne respecte pas cette

---

[39] Voir, Loi du 26 décembre 2006, portant organisation judiciaire au Cameroun.
[40] Ibid.
[41] Voir, Article 13, Loi n° 2006/015 du 26 décembre 2006, portant organisation judiciaire au Cameroun.
[42]Ibid.
[43] Cf. Cour de Cassation, Chambre Civile 1er, 15 février 1966, cite par KUHN (P.), *Le manuel de la responsabilité notariale : la jurisprudence en matière de responsabilité civile notariale a la lumière de nombreuses décisions récentes*, Paris, Éd. Dalloz, collection manuels Dalloz, de droit usuel, 1962, p.9.
[44] Voir, Décret n° 95/034 du 24 février 1995 portant statut et organisation de la profession de notaire.

disposition en ces termes : « *le notaire qui contrevient aux dispositions du présent article est considéré comme démissionnaire* ». Cette mise en garde du législateur vise à interdire au notaire d'instrumenter hors de son ressort territorial, autrement dit, de la zone géographique que lui impose sa charge. La zone géographique du notaire ou encore sa charge se retrouve dans les propos formulés dans l'article 4 alinéa 1 du statut par ces mots : « *les charges des notaires sont créées par décret du président de la République au siège de tribunaux de première instance ou dans toute autre localité* ». La loi limite ainsi la compétence territoriale des notaires au ressort des tribunaux de première instance. Ce qui implique le fait que les dommages liés aux actes notariés ne peuvent se faire en principe que dans cette zone de compétence instituée par le législateur. Concrètement à la lecture de la loi, tous les actes que le notaire reçoit hors de son ressort sont nuls et nuls d'effets, mais nous n'excluons pas le fait qu'il puisse poser des actes répréhensibles hors de son ressort territorial et qui pourraient entraîner sa responsabilité. Pour conclure, le notaire est généralement assigné au tribunal où il exerce sa charge, mais il peut arriver qu'il commette une faute dans un autre ressort territorial. Dans cette hypothèse, le demandeur a le choix entre sa zone de compétence et le lieu où le notaire a commis la faute. Pour étayer nos propos, attardons-nous sur le jugement civil n° 293 du 28 mars 2013. Affaire MBARGA Dieudonné, C/ Société Franco et succession ETOUNDI et MENYE ONDO Xavier.

Le notaire exerçant à Yaoundé a été accusé à tort par MBARGA Louis d'avoir passé un acte de vente sur un terrain querellé. Il lui reproche de n'avoir pas vérifié que le jugement n° 16611 de septembre 1982, du tribunal de premier degré de Yaoundé, attribuait 1 hectare à la succession ETOUNDI c'est-à-dire dix-mille m^2 au lieu de onze mille m^2. L'infraction, commise dans la zone de compétence du notaire notamment à Yaoundé, a amené sieur MBARGA Louis à engager la responsabilité du notaire au tribunal centre administratif de Yaoundé. Le juge a reçu MBARGA en son action puisqu'il a porté plainte au tribunal dans la zone de compétence du notaire. Par contre, le juge l'a débouté et condamné aux dépens parce qu'il n'a pas versé au dossier, le jugement n° 16611 de septembre 1982. Ainsi, cet exemple nous montre que le critère de la zone de compétence du notaire est déterminant pour engager sa responsabilité.

Ayant déjà évoqué dans notre première partie, les juridictions *rationae loci et rationae materie* en matière de responsabilité des notaires, nous rechercherons les parties pouvant invoquer la responsabilité des notaires.

2- Les parties pouvant invoquer la responsabilité des notaires

KERE KERE Gilbert [45] parlant des personnes au procès civil considère que, hormis les magistrats et les auxiliaires de justice qui permettent de rendre la justice, il existe une seconde catégorie de personnes au procès, appelées les *« parties »*, qui sont composées comme suit : d'une part, le *« demandeur »* qui désigne l'auteur d'une prétention adressée au juge afin qu'il dise le bien ou le mal fondé, et d'autre part, le *« défendeur »* qui désigne la personne contre laquelle la prétention est formulée. Le procès du notaire ne déroge pas à ce principe. En effet, le procès civil du notaire exige un « *demandeur »* et un « *défendeur »*. Le procès en responsabilité notariale sera le plus souvent engagé par le client de l'officier ministériel. Mais il peut aussi s'agir des tiers à l'exemple des parents d'un client qui ont subi un préjudice du fait de l'acte instrumenté par le notaire en concert frauduleux avec son client. Le « *demandeur »,* dans les litiges liés aux actes notariés, est le plus souvent le client du notaire ou une tierce personne qui est indirectement victime de la faute du notaire. Il ne serait pas faux de dire qu'il existe des circonstances où le notaire peut être assigné avec ses confrères. C'est le cas de la situation juridique où son acte a été fait avec le concours de ceux-ci. Donc parmi les parties au procès, peuvent figurer des confrères de l'officier ministériel[46].

L'exemple du notaire accusé avec ses confrères peut se vérifier dans l'hypothèse suivante :

Le notaire A fait un acte en concours avec le notaire B territorialement compétent. Seulement, le notaire B n'a pas observé son obligation de vérification et il s'avère plus tard que l'acte est truffé de vices. Le client qui a soumis l'acte au notaire A pourra invoquer au besoin la responsabilité des deux notaires étant intervenus dans l'acte. Ce qui démontre que le notaire et son confrère peuvent être poursuivis dans un même acte[47].

En plus des parties, nous devons aussi rappeler que le procureur de la République, en tant que dépositaire de cet imperium de « *l'opportunité des poursuites* », peut saisir ou invoquer la responsabilité du notaire. Le procureur de la République, dans ses prérogatives d'avocat de la société pour

[45] Cf. *Droit civil processuel : la pratique judiciaire au Cameroun et devant la cour commune de justice et d'arbitrage*, Yaoundé, Éd. SOPECAM, 2006, pp.21-22.

[46] Voir, Cour Suprême du Cameroun, Arrêt n° 153/Civ du 12 décembre 2013, affaire AYIDI MFOMA Jean C/ AYIDI née MBAH Elisabeth ANJEH.

[47] Voir, Cour Suprême Cameroun, Arrêt n° 148/Civ du 12 décembre 2013, affaire PHARMACIE DU BÉNIN c/ LA SOCIÉTÉ GÉNÉRALE DE BANQUES DU CAMEROUN (SGBC).

des motifs sérieux et légitimes, peut saisir le tribunal compétent pour engager la responsabilité de ces officiers publics[48].

Il reste à noter que, si le notaire est décédé, ses héritiers pourront être assignés en ses lieux et places. La solution parfaitement fondée sur le plan du droit successoral semble s'appliquer avec une certaine prudence en matière notariale. En effet, les juges tiennent compte de ce que le caractère éventuellement tardif de l'action risque de mettre les défendeurs dans l'impossibilité de se défendre, parce qu'ils n'étaient pas aux affaires à l'époque du fait dommageable. Prenons l'exemple du notaire x qui meurt en janvier 2012 et dont l'héritier est nommé à sa charge en 2016, il est évident que le successeur du notaire x n'aura pas assez d'éléments pour se défendre.

Quoi qu'il en soit, le notaire est généralement le défendeur dans les procès le mettant en cause, mais il arrive des situations juridiques ou le notaire est le demandeur. Cette situation juridique arrive fréquemment quand le notaire se constitue soit contre un confrère soit contre un client.

L'étude des juridictions compétentes, ainsi que celle des parties susceptibles d'invoquer la responsabilité des notaires, est capitale à la compréhension du régime de responsabilité de droit commun. Par contre, cette étude serait-elle véritablement complète si nous ne voyons pas d'une part, comment les parties au procès et les juridictions concernées observent les mécanismes de la preuve ? Et d'autre part, comment les parties et les juridictions compétentes prennent-elles en compte les règles relatives à la condamnation des notaires ?

B- LES RÈGLES RELATIVES À LA PREUVE AU PRÉJUDICE ET À LA CONDAMNATION DES NOTAIRES

Au cours d'un procès, chaque partie a des prétentions sur lesquelles elle s'appuie pour défendre sa cause. Ainsi, le juge se base sur les preuves les plus pertinentes pour fonder sa décision. Nul besoin de préciser ici qu'au cours d'un procès, la preuve a une place centrale et capitale. C'est pourquoi les règles qui gouvernent la preuve et les condamnations sont prises au sérieux par le législateur camerounais. Parallèlement, la preuve à elle seule ne suffit pas pour condamner un notaire. En effet, il faudrait que la victime d'un acte notarié puisse démontrer que le dommage lié à l'acte notarié lui a causé un préjudice pour que soit condamné le notaire. Autrement dit, la victime d'un acte notarié devra au cours d'un procès, rapporter la preuve d'un dommage et démontrer que ce dommage lui a causé un préjudice pour

[48] Voir, Arrêt, n° 88/CI/ADD du 21 août 2014 affaire n° 49/ RG/ 13 du 26 juin 2013 et n° 52/RG/13 du 10 juillet 2013. YOUKAP NGUEWO Daniel c/ TONLEU Bertin et HAPPI Julienne Suzanne, et MEBU Suzanne. En l'espèce, les YOUKAP Daniel et autres ont assigné TONLEU pierre et le notaire au tribunal pour faux et usage de faux et rétention sans droit de la chose d'autrui.

pouvoir obtenir du juge la condamnation du notaire. La question qui s'invite à notre esprit est celle de savoir quelles sont les règles qui gouvernent la preuve ? Quelles sont celles qui gouvernent le préjudice et les condamnations des notaires ? Ces interrogations peuvent se comprendre selon deux axes. D'un côté, il s'agira pour nous de parler des règles relatives à la preuve (1) et de l'autre, des règles relatives au préjudice et à la condamnation des notaires (2).

1- La preuve

AUBERT Jean Luc au sujet de la responsabilité des notaires, précise que *« C'est encore le droit commun qu'il convient d'appliquer à la responsabilité notariale*[49] » ou encore *« la faute du notaire doit être prouvée, par tous les moyens »*. Pour cet auteur, les faits juridiques peuvent être prouvés par tous moyens, notamment par témoignages. Cette règle concerne tant la preuve de la faute et celle du dommage que la preuve du lien de causalité. Depuis un renversement de la charge de la preuve opéré en 1997, « *celui qui est légalement ou contractuellement tenu d'une obligation particulière d'information doit rapporter la preuve de l'exécution de cette obligation* ».[50] Dans ce cas, ce n'est donc plus au demandeur de prouver la faute, mais au notaire de rapporter la preuve de l'accomplissement de ses devoirs professionnels. Toutes les fautes notariales étant sanctionnées au titre d'un manquement au devoir de conseil, le renversement de la charge de la preuve, ainsi opéré, s'applique à toutes les obligations notariales.

En ce qui concerne les règles de fond applicables à la preuve, SEIGNALET Gabriel affirme que : « *la clarté des renseignements délivrés par le notaire constitue une condition déterminante, mais pas nécessairement suffisante* »[51]. En outre, certaines circonstances de faits peuvent venir conforter le caractère insuffisant de la reconnaissance de conseil donné. Il peut alors être considéré que le document n'est pas suffisamment probant en raison du rôle actif joué par le notaire dans l'opération et de l'apparence de sécurité créée par l'acte notarié. Une bonne compréhension de la preuve passera par la compréhension de la preuve du dommage, et une analyse profonde de la preuve du lien de causalité.

La preuve du dommage du notaire suppose non seulement que celui-ci a commis une faute, mais encore qu'il en résulte un dommage[52]. Et c'est au demandeur qu'incombe la responsabilité de trouver tous les éléments du préjudice qu'il invoque tant pour son appréciation que pour sa qualité de

---

[49] Cf. AUBERT (J-L), *Responsabilité professionnelle des notaires*. Paris, Éd. Defrénois, p.61 et s.

[50] Voir, Cass. 1re Chambre Civile, 25 février 1997, n° 94-19.685 : Bull. civ. I n° 75.

[51] Cf. Cass. Com. 9 avril 2002, n° 99-11.066.

[52] Voir, MALINVAUD (P.), FENOUILLET (D.), MEKKI (M), *Manuel droit des obligations*, Éd. Lexis Nexis, 462 et s. Dans le même sens, voir, AUBERT (J-L.), *op. cit.*, p.61.

dommage réparable. Il conviendrait de veiller plus strictement à la preuve rapportée par le demandeur sur le terrain du dommage et de rechercher systématiquement si le dommage invoqué ne peut s'analyser en une simple perte de chance. En effet, tous les caractères généraux requis par le droit commun sont ici nécessaires. En particulier, le dommage doit être certain, peu importe qu'il soit actuel, ou futur. Au contraire, le dommage éventuel, celui dont on n'est pas sûr qu'il se réalisera, n'est pas réparable[53]. À cela, il faut ajouter que le dommage doit être direct, mais ce caractère est, en réalité, la conséquence du nécessaire lien de causalité qui doit unir le dommage à la faute. La preuve de la faute du notaire peut se voir dans cet exemple :

Le notaire A, lors d'une cession de vente, omet de contrôler l'identité des parties et il s'avère après la signature que le vendeur n'était pas le véritable propriétaire. Dans ce cas, le notaire a commis une faute qui consiste à ne pas vérifier l'identité des parties. Mais, que de ce manque de vérification du notaire, découle un dommage qui est la non-possibilité pour l'acheteur de rentrer en possession d'un bien donc il a versé le prix : ce qui constitue un préjudice. En plus, le client doit pouvoir prouver la causalité entre le manquement, qui est l'absence de vérification et le dommage qui est la non-possibilité pour l'acheteur d'accéder à sa propriété. Ainsi, le client peut prouver la faute du notaire.

Si la preuve en matière d'obligations des notaires impose une faute et un dommage qui peuvent être prouvés par tout moyen, qu'en est-il de la preuve du lien de causalité ?

La question de la causalité est certainement l'une des plus épineuses de la responsabilité civile. Nous savons très bien qu'en droit civil, la faute et le dommage ne suffisent pas : il y doit avoir un lien de causalité. Le préjudice subi doit être en lien direct avec la faute. Le domaine de la responsabilité des notaires ne déroge pas à ce grand principe du droit civil. En effet, une fois la faute et le préjudice établis, le demandeur doit prouver que la première est bien à l'origine du second. La responsabilité du notaire sera écartée si son manquement professionnel n'est pas à l'origine du préjudice subi par la victime ou s'il est constaté que l'accomplissement de son obligation n'aurait de toute façon pas suffi à décourager le client de réaliser l'opération dommageable. En principe, toute incertitude du rapport causal implique un rejet de l'action en responsabilité, ou un accueil minoré, au titre de la perte d'une chance. Cependant, autant il est aisé de constater la causalité entre le préjudice subi et le manquement à une obligation substantielle de réaliser une formalité, autant il est au contraire difficile d'établir ce lien lorsque la faute du notaire est un manquement au devoir de conseil[54]. Lorsque la faute est constituée par la méconnaissance d'une obligation d'information ou de

---

[53] Idem.
[54] Voir, Cour de Cassation, 1re chambre Civile, 28 novembre 1995, n° 93-15.659.

conseil, « *une incertitude affecte presque congénitalement le lien de causalité* ». La jurisprudence s'est donc trouvée obligée de retenir l'existence du lien de causalité, non pas par une constatation formelle de celui-ci, mais par l'importance des risques pris par le client. Pour les juges, l'ampleur des risques pris prouve en effet que le client aurait adopté une attitude différente s'il avait été dûment informé.

Nous allons donner ici quelques cas illustratifs pour mieux expliciter certaines hypothèses de preuve du lien de causalité. En premier lieu, nous évoquerons la situation du notaire qui fait l'objet d'une action en responsabilité et qui peut, conformément au droit commun, se défendre en objectant que le dommage invoqué n'est pas le pur produit de sa faute, mais résulte, en tout ou partie, d'une cause étrangère : force majeure, faute d'un tiers, faute de la victime. En second lieu, il n'est pas rare qu'à l'origine du dommage, on découvre une faute commise par la victime elle-même et l'on ne retrouve alors les mêmes éventualités que dans les hypothèses de la faute d'un tiers. Si la faute de la victime peut être considérée comme cause exclusive du dommage, le notaire doit bénéficier d'une exonération totale[55]. Sinon, il y aura place du moins pour une exonération partielle. C'est notamment la solution qui devrait s'imposer dans les cas où la responsabilité du notaire est recherchée par son client alors que celui-ci, seul, avait constitué les éléments de la situation dommageable avant même de requérir les services de l'officier ministériel. En résumé, c'est avec plus de rigueur que les juges fixent l'étendue du dommage réparable. Ne doit être réparé, que ce qui apparaît comme une conséquence de la faute commise. C'est ce qu'a clairement rappelé un *arrêt de la Cour de cassation* précisant que : « *l'obligation de réparer le dommage que supporte le notaire ne saurait s'étendre à d'autres négociations que celles à l'occasion desquelles la faute de ce notaire a été constatée* ».

Ayant porté les règles relatives à la preuve et au lien de causalité, il nous paraît nécessaire de nous intéresser aux règles relatives à la condamnation des notaires.

2- Les règles relatives au préjudice et à la condamnation des notaires

En ce qui concerne le préjudice, l'existence d'une faute ne suffit pas pour engager la responsabilité civile professionnelle du notaire. Conformément aux règles de droit commun s'appliquant à la responsabilité délictuelle, le demandeur devra apporter la preuve de l'existence d'un préjudice en rapport causal avec la faute invoquée. Le préjudice, pour ouvrir droit à indemnisation complète ou partielle, doit être certain et actuel. En principe, un préjudice futur ne sera indemnisable que si sa réalisation, certes différée,

---

[55] Voir, Cass. Civ. 3e, 24 mai 1976, bull. civ. III, n° 220, p.169 ; rep. Defrenois, 1977, art. 31343, n° 18, p. 406, obs. AUBERT.

est inéluctable. De même, un préjudice seulement éventuel ne serait pas susceptible d'être réparé, à moins que l'éventualité ne revête les caractères de la perte d'une chance, longtemps admise en tant que préjudice indemnisable[56]. Un préjudice peut aussi découler du paiement d'un impôt auquel le contribuable est légalement tenu, lorsqu'il est établi que le manquement du notaire à son obligation de conseil l'a privé de la possibilité de renoncer à l'opération et de rechercher une solution lui permettant d'obtenir un régime fiscal plus avantageux. Autrement dit, le notaire qui est responsable d'un mauvais conseil engage sa responsabilité civile. La décision française qui va suivre ne nous démentira pas, car, deux jurisprudences viendront confirmer notre affirmation. La première est une jurisprudence civile. *1er 5 mars 2009, n° 08-11.374* qui considérait qu'il *« est possible dans certains cas que constitue ainsi un préjudice indemnisable la perte d'une chance qu'avait un contribuable de bénéficier d'un régime fiscal avantageux suite à une carence d'information de son conseil.* ». De même, dans la deuxième décision, du *28 mars 2006, n° 04-16.659* il a été jugé que : *« le rappel fiscal constitue un préjudice intégralement indemnisable quand il pouvait facilement être évité, sans incertitude, dans le respect de la réglementation fiscale et donc sans risque de rappel ultérieur* »

La condamnation se fait dans la majorité des domaines du droit sur la base de preuves régulièrement établies. Les litiges nés des actes notariés ne dérogent pas à cette règle. À partir du moment où la preuve de la faute du notaire est établie, le juge se trouve dans l'obligation de le condamner. La condamnation des notaires a pour conséquence le principe de la réparation intégrale et dans une certaine hypothèse, l'obligation in solidium. Il est sans oublier qu'il existe des sanctions pénales prévues à l'encontre des notaires indélicats[57]. La compréhension de cette partie passe par l'analyse du principe de la réparation intégrale, par une analyse profonde de l'obligation in solidium et un passage rapide sur les condamnations pénales que peuvent encourir les notaires.

Il n'est pas inutile de préciser que, conformément au droit commun, le notaire dont la faute a été constatée doit réparer l'ensemble des conséquences dommageables de cette faute. Pourtant, il n'est pas question pour la victime de réaliser un bénéfice[58] sur la condamnation du notaire. Ce principe de la réparation intégrale, qui reste l'un des piliers de notre système de responsabilité civile peut apparaître bien sévère dans la mesure où une négligence relativement bénigne peut lourdement engager la responsabilité de son auteur[59]. Cela confère une importance accrue à la prise en

---

[56] Voir, Cass.1ère civ. 27 janvier 1970. Ou encore, Cass. 1re Civ., 16 janvier 2013.

[57] Voir, CRONE, *op.cit.*, p.21.

[58] Cf. Cass.civ. 2e, 5 mai 1976, bull. civ. II, ne 143, p.112.

[59] Voir, Cour de Cassation, 3e Chambre Civile, 30 janvier 2013, n° 11-26074, 11-26648 et 11-27970.

considération de la notion de perte de chance,[60] laquelle autorise une réparation susceptible de nuances en raison de la nature particulière de ce type de dommage. Il est clair que la condamnation prononcée contre le notaire est soumise au principe de réparation intégrale.

L'obligation *in solidium* voudrait que chacun des coresponsables soit tenu à l'intégralité de la réparation envers la victime. Laquelle peut à son choix demander la réparation totale à l'un ou l'autre des responsables et bénéficier, pour le cas où il a réparé la totalité du dommage, d'un recours à l'encontre de son coresponsable. Le but étant de lui réclamer le remboursement de la part de dommage qui incombe à ce dernier[61]. Un bon exemple d'une telle condamnation *in solidium* se trouve dans un arrêt de la cour d'appel de Douai.[62] En l'espèce, le notaire, instrumentant une vente d'immeuble, s'était contenté de reprendre l'origine de la propriété telle qu'elle était établie par son confrère. Or, il s'avéra que cette origine de propriété était erronée. La cour de Douai condamna les deux notaires in solidium à réparer le dommage causé à l'acquéreur.

Le notaire qui ne respecte pas les règles pénales s'expose à des peines privatives de liberté ou à des sanctions disciplinaires. Nous avons cité plus haut les situations juridiques pouvant entraîner la responsabilité de ces officiers publics et pour des raisons de cohérence, nous éviterons de nous répéter.

Ce tableau sommaire des règles générales qui gouvernent la mise en œuvre de la responsabilité du notaire achève la description de la règle d'application des principes fondamentaux. Nous tenons à souligner ici qu'il s'agit, dans notre première section, de rappeler la définition de droit commun. Mais nous demeurerons insatisfait si nous ne voyons pas les causes du déclenchement du régime de droit commun aux obligations des notaires.

SECTION II : LES CAUSES DU DÉCLENCHEMENT DU RÉGIME DE DROIT COMMUN EN MATIÈRE DE RESPONSABILITÉ DES NOTAIRES

Les obligations du notaire sont régies par les règles de droit commun comme nous l'avons signalée plus haut. Mais un certain nombre de questions continuent de nous rendre perplexe dans la mesure où, si ces

---

[60] Cf. AUBERT (J-L), *Responsabilité professionnelle des notaires*, éd. Defrénois, « La perte de chance est la disparition certaine d'une éventualité favorable », p.65.

[61] Voir, AUBERT, *op.cit.,* p.65. Dans le même sens, voir Cour de Cassation. civ. 2e, 5 mai 1976, *Bull.civ.*II, n° 143, p.112.

[62] Voir, Douai, 22 mai 1973, gaz, pal.1974, i 15 ; rep. Defrénois 1974, art, 30547, n° 9, p.297, obs. AUBERT.

questions demeurent sans réponses, on ne comprendrait pas ce que signifie le régime de responsabilité de droit commun. La compréhension complète de ce régime passe, par une description des causes de déclenchement du régime de droit commun aux obligations des notaires. À la lumière du *statut portant organisation des notaires au Cameroun de 1995*, nous avons recensé un certain nombre de faits générateurs de la responsabilité de ces officiers publics. Il serait donc judicieux de tenir compte de la réciprocité de la responsabilité en matière notariale. D'où les faits générateurs consacrés par notre droit, à savoir le fait personnel du notaire (paragraphe 1) et le fait d'autrui (paragraphe 2).

PARAGRAPHE 1 : LE FAIT PERSONNEL DU NOTAIRE

La responsabilité des notaires est généralement évoquée dans les situations où le notaire a personnellement commis une faute. Cette faute peut être due à son propre fait ou encore au fait des personnes dont il a la charge. La spécificité de la fonction notariale ne permet pas l'hypothèse de la responsabilité du fait des choses,[63] dans la mesure où la responsabilité du fait des choses n'est pas liée à l'activité notariale. Le champ d'application de l'activité notariale, pour ce qui concerne les actes notariés, n'a rien à voir avec la responsabilité du fait des choses. Il est à noter que le client porte souvent plainte contre le notaire sur les actes qu'il instrumentalise, et même sur les choses dont il peut avoir la garde. Nonobstant l'idée évoquée supra, il faut reconnaître que la responsabilité du fait des choses peut être évoquée contre un notaire, mais cette hypothèse demeure très rare. Généralement, les clients des notaires évoquent la responsabilité de ces officiers publics sur la base du fait personnel du notaire. En d'autres termes, le fait personnel du notaire renvoie à la situation juridique où la faute, dans l'accomplissement d'un acte notarié, découle du fait propre du notaire. La doctrine spécialisée dans les activités notariales a souvent évoqué le fait que la faute du notaire peut provenir soit d'une maladresse non intentionnelle, soit par une faute intentionnelle. Mais la compréhension du fait personnel du notaire, passe par une explication de la notion générale de faute en matière de responsabilité des notaires (A) et par une détermination des types de fautes en matière de responsabilité du notaire (B).

---

[63] Voir, Cour de Cassation 3e Chambre Civile, 3 décembre 2008, n° 07-1445 ; dans la même perspective, lire NEU-JANICKI, « Garantie d'éviction et responsabilité du notaire » en ligne, publication NEU- JANICKI, in site www.neujanicki.com publié le mardi 13 janvier 2009 (Consulté en avril 2017).

A- LA NOTION GÉNÉRALE DE FAUTE EN MATIÈRE DE RESPONSABILITÉ DES NOTAIRES

Il n'est pas aisé de donner une définition générale et satisfaisante au concept de faute. Nul n'ignore particulièrement en théorie générale de la faute, le caractère contestable de la référence faite à *« l'obligation de préexistence ou au devoir »*, pour formuler une telle définition.[64] Pourtant, la faute en matière d'acte notarié est généralement comprise, comme une action volontaire ou non, qui porte atteinte au droit d'autrui en lui causant un dommage[65]. Une telle référence apparaît beaucoup moins discutable, parce que nécessairement moins floue, dans le cas d'une responsabilité professionnelle que dans celui de la théorie générale de la faute[66]. Il est à préciser qu'en matière d'obligations du notaire, la faute suppose d'abord, une obligation professionnelle de cet officier public. Ensuite, c'est la méconnaissance de cette obligation professionnelle et la gravité de celle-ci qui pousse le juge camerounais à retenir la « faute » du notaire. Il conviendra de prime abord, de développer les notions de faute et d'obligations professionnelles (1) ensuite de préciser que la faute est une méconnaissance de l'obligation professionnelle et enfin que c'est la gravité de la méconnaissance qui constitue la faute des notaires (2).

1- La notion de faute et d'obligations professionnelles

La faute notariale réside dans la méconnaissance d'une obligation professionnelle du notaire. Elle formule tout de même une conduite plus précise que celle qui se réfère à une conduite anormale, comme le cas de la faute en droit civil. *« La faute du notaire suppose donc l'existence d'une obligation lui incombant, et la méconnaissance de cette obligation »*[67]. En d'autres termes, la faute du notaire doit être en lien direct avec sa fonction ou être dans le cadre de ses missions, de ses activités. La faute du notaire en matière d'obligations fiscales exclut les actes civils ou pénaux posés par cet officier public en dehors des fonctions et des missions qui lui sont assignées par l'État.

En ce qui concerne la manière d'apprécier la faute, Gabriel Signalet[68] et Gildas Neger affirment que l'appréciation de la faute notariale s'effectue in abstracto, par comparaison avec ce que les juges considèrent être un *« bon*

---

[64] Cf. MARTY et RAYNAUD, *Droit civil,* t . II, vol.1, n° 398, p.387.

[65]Voir GUEGUANG, « Le notaire, sa fonction, la force de ses actes et sa responsabilité » *Lettres des notaires,* juillet août-septembre, 2000 n° 10, pp.10-14. Dans le même sens lire, JEAN YAIGRE (J.), *Droit professionnel notarial, op.cit.,* p.16.

[66] MAINVAUD (P.), FENOUILLET (D.), MEKKI (M.), *Manuel droit des obligations*, Éd. Lexis Nexis.p.481-490.

[67] Ibid.

[68] Ibid.

notaire », c'est-à-dire un « *officier public normalement diligent* ».[69] Celui-ci devra par conséquent se conduire « *en notaire avisé et en juriste compétent et méfiant* ». Tout comportement professionnel qui témoignerait de l'absence de ces qualités pourra donc être considéré comme fautif. Il est à souligner que l'appréciation de la faute du notaire est pluridimensionnelle. Toutefois, dans un souci d'une configuration scientifique, on les classera dans une triple catégorie : la première est relative aux considérations liées à l'importance de l'intervention du notaire, la seconde est liée aux considérations relatives aux enjeux financiers de l'acte établi par le notaire et la dernière est liée aux considérations relatives au client du notaire.

Quant aux considérations relatives au client du notaire, la jurisprudence à ce propos indique que « *Le notaire n'est pas déchargé de son devoir de conseil par les compétences personnelles de son client* ». Par exemple, a été reconnu comme fautif, le notaire qui omet de conseiller son client sur les conséquences fiscales d'un acte qu'il établit[70], celui qui n'avertit pas un marchand de biens des risques à ne pas insérer une condition suspensive d'obtention d'un prêt dans un contrat de vente[71]. Ou encore, d'avertir un avocat des conséquences qui résulteraient d'une absence de transfert des hypothèques inscrites sur un immeuble[72].

Pour des considérations relatives aux enjeux financiers de l'acte établi par le notaire. Signalons à ce propos que, peu importe les enjeux financiers procurés par l'acte aux clients aussi bien qu'au notaire, ce dernier est toujours soumis au même devoir de conseil et d'impartialité. Ce devoir de conseil est tel que la gratuité d'un acte ne l'exonère pas de sa responsabilité et il devra aux parties une même diligence, quand bien même il n'aurait fait qu'accepter de corriger le texte d'une convention à laquelle il n'aurait pas concouru[73].

Enfin, concernant les considérations relatives à l'importance de l'intervention du notaire, la jurisprudence affirme depuis que les notaires ne peuvent « *décliner le principe de leur responsabilité en alléguant qu'ils se sont bornés à donner la forme authentique aux conventions des parties* »[74]. Le notaire ne peut donc valablement invoquer le moyen selon lequel il serait le simple scribe de ses clients comme le dit cette décision de la Cour de cassation française, *Cass. 1 e civ. 22 janvier 2002 n° 99-16.875 : Juris-Data n° 2002-012739*. De même, le notaire en conférant à un acte sous seing privé, la valeur d'un acte authentique, il ne fait pas qu'apposer son sceau

---

[69]Voir, Cass. 1re civ. 4 mars 2003, n° 99-18.259 : Bull. civ. I, n° 62.
[70] Cf. Cass. 1er civ. 3 avril 2007, n° 06-12.831.
[71] Cf. Cass. 1er civ. 9 juin 1998 n° 1013 P : Bull. civ. I, n° 205.
[72] Cf. Cass. 1er civ. 30 janvier 1996 : Juris-Data, n° 1996-000330.
[73] Cf. Cass. 1er civ. 16 février 1994, n° 91-20.463 : Bull. civ. I, n° 69.
[74] Cf. Cass. 1er civ. 21 juillet 1921 : D. 1925 1 p. 29.

moyennant le versement d'une rémunération. Au contraire, en conférant à un acte la valeur d'un acte authentique, le notaire atteste que les clients ont parfaitement conscience de l'étendue de l'acte qui les engage mutuellement. À défaut, il engage tout naturellement sa responsabilité. Ce n'est que si le préjudice s'est réalisé avant l'authentification par le notaire de l'accord des parties qu'il pourra être exonéré de sa responsabilité. [75]

La faute du notaire suppose donc l'existence constatée d'un devoir préalable, à défaut, aucune responsabilité de cet officier ministériel ne saurait être recherchée. En l'absence de toute réglementation, les juges estimèrent qu'il n'était pas possible d'imposer au notaire dépositaire du testament un devoir de vérification de l'éventuelle survenance du décès du testateur[76]. De même, le juge estime qu'on ne pouvait pas engager la responsabilité des notaires sur le fondement d'un accident matériel des participants d'une vente aux enchères en précisant à cet effet que : « *la qualité d'officier ministériel ne lui confère aucune compétence technique dans un tel domaine*. »[77]

Notre travail ne peut prétendre à l'effectivité d'une analyse et pourrait être désuet s'il ne balaie pas la méconnaissance de l'obligation professionnelle et la gravité de la faute.

2- La méconnaissance de l'obligation professionnelle et la gravité de la faute

La méconnaissance du notaire ne voudrait pas dire que le notaire ne connaît pas sa profession ou ses obligations, mais elle renvoie plutôt au fait que le notaire a mal exécuté ses obligations. C'est la méconnaissance par l'officier public de son obligation professionnelle qui constitue la faute susceptible d'engager sa responsabilité. Mais pour qu'il y ait faute sanctionnable, il faut non seulement contester objectivement que l'obligation du notaire n'a pas été exécutée correctement,[78] mais encore que, dans la circonstance, ledit notaire était en mesure de l'exécuter effectivement. La faute notariale prend l'aspect d'une faute par omission parce que le statut impose le plus souvent au notaire l'action plutôt que l'abstention. En matière d'obligations fiscales du notaire, il s'agit plus de fautes par commission, telles celles du notaire qui se rend coupable d'une escroquerie ou d'un abus

[75] Voir, Cass. 1er civ. 24 octobre 2006, n° 05-12.636.

[76] Voir, Cass, 1re civ. 12 mars 1962, D.1962, 445 ; dans le même sens voir, DOUET (F.), « Conséquences fiscales d'une faute commise par le notaire », *Répertoire du notariat Defrénois,* 28 février 2004, n° 4, pp. 45 et s.

[77] Cf. Cass, 1er civ. Orléans, 17 février 1965, D.1965, 420.

[78] Voir, Cour Suprême du Cameroun, 30 octobre 2014, Arrêt n° 188/civ, FOTSE KAMGA Jean Hubert et maître MOUSSINGA BAPES Jacqueline c/ ayants droit du feu DALLE et autres. Aussi voir, Cour Suprême du Cameroun, chambre civile, 4 juin 2015, Arrêt n° 114, succession KAME NGANGUE Robert représentée par EDIMO KAME Joseph C/ NAGANTCHA SITCHET Albert, MBAIALEU et MBOKA TONGO MPONGO.

de confiance au détriment de son client. Nous ne disons pas que les fautes par omission n'existent pas, mais qu'elles sont rares.

S'agissant de la gravité de la faute, il convient à ce propos de poser un principe très strict. « *Le notaire est tenu de toutes ses fautes, même légères* ». C'est ce qu'affirme la jurisprudence,[79] autrement dit, le notaire est responsable de toutes les fautes relatives à ses missions, même si elles sont « *légères* ». La compréhension de cette partie nous oblige à bien cerner la notion de gravité de la faute. La gravité de la faute du notaire signifie que la faute commise par le notaire est effectuée lors de la réalisation de ses missions principales telles que : sa mission d'authentification et de conseil. Il est aussi à noter que pour la jurisprudence y relative notamment, une décision de justice française citée par jean Luc AUBERT constate que : « *La responsabilité des notaires, normalement engagés par les actes de leur ministère et par les fautes commises dans l'exercice de leur activité professionnelle, ne s'étend pas de plein droit au cas où le notaire aurait agi à titre bénévole sans dresser aucun acte authentique* ». La cour notait en l'espèce, ce que les juges du fond avaient relevé, que le notaire avait agi, non en qualité de notaire, mais comme mandataire purement bénévole[80]. Mais cette solution suppose que soit rapportée, non pas tant la preuve du mandat que celle de la gratuité absolue de l'intervention du notaire. En pratique, cette solution restera exceptionnelle ; d'une part, parce que le notaire qui a la charge économique de son étude agira difficilement à titre gratuit, d'autre part parce qu'il existe une tarification de tous les actes notariés auquel le notaire a l'obligation de se soumettre. La doctrine va même plus loin, en insistant sur le fait que, même si le notaire a agi en tant que mandataire, sa prestation ne saurait être considérée comme gratuite. C'est ce que souligne Savatier en ces termes : « le *mandat qui procure au notaire l'occasion de passer un acte ne saurait être considéré comme désintéressé*[81] ». Si l'on excepte donc l'hypothèse rarissime de l'absolue gratuité de l'intervention du notaire, la responsabilité de celui-ci pourra être engagée aussi bien par ses imprudences ou négligences, même légères, que par ses fautes volontaires ou intentionnelles. Mais s'il en est ainsi de l'engagement de sa responsabilité, ne serait-il pas judicieux d'opérer une qualification des types de fautes du notaire ?

---

[79] Voir, décisions françaises, Cass. 1er civ. 6 février 1979 n° 77-15.232 : Bull. civ. I n° 45 ; Cass. 1er civ. 3 mai 2006 n° 05-15.487 ; civ. 3e, 30 janv. 2013, nos 11-26.074, 11-26.648 et 11-27.970 ; Cass. civ. 1re novembre 2000, n° 96-21.732 : Bull. civ. I n° 282. Dans le même sens, décision de la Cour Suprême du Cameroun du 5 Nov. 2015, Arrêt n° 373/civ, MODJO Hilaire c/ FOZEU Emmanuel et MADAME née KENMDE Jeannette.

[80] Cf. Cass, civ, 1re, 7 juillet 1964, D.1965, 711.

[81] SAVATIER (R.), « Le devoir de conseil des notaires dans la jurisprudence contemporaine », *le répertoire Defrénois,* 1927, art, 21347, n° 4, p.197.

B- LES TYPES DE FAUTES ENGAGEANT LA RESPONSABILITÉ DU NOTAIRE

Relevons d'entrée de jeu que la faute est d'abord liée à une certaine conduite, un type de comportements de l'auteur du dommage qui a un effet nuisible. Ce comportement répréhensible au vu de la loi est sanctionné par une exceptionnelle sévérité de notre législateur. Il apprécie la faute du notaire par rapport au comportement idéal et abstrait du bon père de famille, du citoyen honnête et diligent. Cette partie de notre travail nous interpelle, à identifier les types de fautes pouvant engager la responsabilité d'un notaire. Dans un souci d'effectuer une analyse basée sur une clarté absolue, cette partie sera divisée en deux articulations. La première sera consacrée à la notion de la faute intentionnelle (1) et la seconde, la notion de faute non intentionnelle (2) du notaire.

1- La faute intentionnelle du notaire

La faute intentionnelle est une faute d'une gravité exceptionnelle que l'on distingue traditionnellement, tant en responsabilité délictuelle qu'en responsabilité contractuelle, parce qu'elle implique une volonté nuisible de son auteur. Sur le plan pratique, cette faute intentionnelle fait l'objet de nombreuses discussions. Pour certains, elle se caractériserait par la volonté délibérée de produire le dommage. Pour les autres, une telle intention de nuire ne serait pas strictement nécessaire : il suffirait que le sujet de droit agisse avec certitude de produire le dommage, peu importe qu'il y ait eu ou non une véritable intention nuisible.[82] La doctrine propose que la certitude du dommage devienne ainsi le critère de la volonté du dommage[83]. Selon l'analyse classique, doit être qualifiée de faute intentionnelle toute faute volontaire qui doit certainement entraîner un dommage.

La doctrine considère la faute intentionnelle du notaire comme un dommage causé intentionnellement par ce professionnel du droit dans le cadre de ses fonctions. Ainsi, l'intention de nuire serait un critère important. La doctrine considère à cet effet qu'à partir du moment où il y a intention de nuire, la responsabilité du notaire doit être invoquée. La certitude du dommage par l'officier public serait le fondement de la responsabilité du notaire. L'exemple qui nous vient à l'esprit est la situation dans laquelle le notaire ne reverse pas pour quelques raisons que ce soit, les impôts collectés auprès des clients à l'administration fiscale. La doctrine suppose dans ce genre d'hypothèse, la volonté du notaire de causer un dommage et déduit de

---

[82] Voir, Cour de Cassation. civ. 1re, 11 janvier 2017, n° 15-22.776. En l'espèce, la faute intentionnelle du notaire a été retenue malgré le fait que le vendeur ait aussi commis une faute intentionnelle. Voir, aussi, Cour de cassation. Cass 1re civ., 9 juin 2011, n° 10-15933. Dans la même optique voir, MARTY et RAYNAUD, « Droit civil », *Revue internationale de droit comparé,* t. II, vol. I, n° 411, p.403.

[83] Idem.

ce fait une faute intentionnelle du notaire. L'absence d'un régime de responsabilité spécifique aux notaires poussera le juge à invoquer la responsabilité de cet officier public sur la base du droit commun, notamment les *articles1382, 1383 et1384 du Code civil.*

Lors de la survenance d'un litige, le juge camerounais ne considère pas l'intention du notaire de nuire ou pas, liée à un acte notarié. Le juge ne considère le fait qu'à partir du moment où il y a dommage lié à un acte que le notaire instrumente, de ce fait il est tenu de le réparer. Le juge camerounais se soucie davantage de la sécurité juridique des actes notariés. Pour cela, il ne tolère point une quelconque légèreté lors de son édification. Le juge a sûrement à l'esprit que le notaire est un professionnel du droit qui doit agir avec célérité et prudence lors de l'instrumentation des actes qui lui sont confiés. Cette sévérité du juge se manifeste par le fait qu'il ne tient pas compte de l'intention de nuire du notaire lors de la survenance d'un dommage pour invoquer sa responsabilité. Cet officier est responsable à partir du moment où il y a eu dommage lié à un acte qu'il instrumente ou qu'il a instrumenté. Mais soulignons que, nonobstant toute convention contraire, des pertes et dommages provenant d'une faute intentionnelle ou dolosive du client engagent la responsabilité de ce client, et non celle du notaire.

Il est clair que le notaire intervient généralement comme expert en matière d'acte notarié. C'est pourquoi le juge pense très souvent que les fautes commises par cet officier public, dans le cadre de son activité, sont à quelques exceptions près, des fautes intentionnelles. C'est le cas de la décision de la Cour suprême du Cameroun, arrêt N° 59/Civ du 10 avril 2014, affaire succession EDIMO C/ KAMGA Jean Pierre.

Ou il a été estimé que le notaire devait intervenir comme un expert dans son acte notamment en se conformant à toutes les vérifications utiles à la confection d'un acte notarié. Que le notaire ne pouvait pas valablement se réfugier sur l'omission pour se désengager d'un devoir professionnel impératif.

Mais la sévérité du juge camerounais nous laisse perplexes, dans la mesure où la connaissance de l'activité notariale démontre, à n'en point douter, une place importante des fautes non intentionnelles du notaire ayant des conséquences dommageables sur ces clients[84]. La suite de cette partie nous amène à présenter la faute non intentionnelle du notaire.

---

[84] DEWA, La garantie collective de la responsabilité professionnelle des notaires, Thèse, Paris-II, 1973, p.70 et s.

2- La faute non intentionnelle du notaire

Il s'agira dans cette partie de donner notre appréhension de la notion de faute non intentionnelle et d'indiquer que cette faute non intentionnelle est difficile à appliquer dans la mission de conseil du notaire.

Le concept de faute non intentionnelle dans notre système juridique vise à réprimer les violations non intentionnelles de règles normales de conduite humaine. C'est pourquoi l'encadrement juridique de cette notion de *faute non intentionnelle* est capital. Le juge et la doctrine essayent tant bien que mal d'encadrer cette notion, mais à l'heure des résultats, nous demeurons toujours perplexe. La faute non intentionnelle est prévue à l'*article 1383 du Code civil*[85] in fine et peut être comprise, comme une imprévoyance qui cause un dommage qui n'était pas prévu par son auteur. L'imprévisibilité du résultat du dommage et l'absence de volonté de nuire à la hauteur du dommage peuvent être considérées comme les éléments constitutifs de la faute non intentionnelle. En d'autres termes, la faute non intentionnelle est aussi le fait de prendre un risque pour aboutir à un résultat non espéré. En matière d'actes notariés, l'imprudence, la négligence, la légèreté et l'inadvertance dans le cadre d'un acte obligatoire ou interdit par la loi peuvent constituer les éléments fondateurs d'une faute non intentionnelle. Mieux dit, il peut donc s'agir du manquement à une obligation, ou une simple conduite peu prudente. On dit généralement que la faute non intentionnelle est indirecte, justement parce qu'elle est causée par un dommage qui n'était pas prévu.

Illustrons nos propos par l'exemple suivant. Cour suprême du Cameroun, arrêt n 252/civ du 3 septembre 2015, affaire OBOUH FEGUE Clément C/NGONO Antoinette.

Dans cette affaire, OBOUH FEGUE estimait que le notaire avait mal liquidé la communauté des biens qui existaient entre lui et son ex-épouse NGONO Antoinette. Que la faute du notaire n'était pas une faute d'omission, mais était bien une faute intentionnelle. Ainsi, il demanda au tribunal de réparer le préjudice que l'acte du notaire lui a causé. Le juge rejeta malheureusement son pourvoi et reconnut implicitement la faute non intentionnelle du notaire. Au terme de cette décision, nous pouvons dire que le juge camerounais a implicitement reconnu la faute non intentionnelle du notaire.

L'efficacité de l'encadrement juridique de la faute non intentionnelle du notaire est certes satisfaisante sur certains points, mais demeure injuste sur d'autres. Ces résultats mitigés se vérifient par des questions qui demeurent sans réponses. Il est à préciser ici que la faute non intentionnelle du notaire

[85] Chacun est responsable du dommage qu'il a causé non seulement par son fait, mais encore par sa négligence ou son imprudence, Code Civil, p. 226.

fait l'objet de controverses doctrinales surtout en matière d'actes notariés. Le notaire a l'obligation de conseiller ou d'éclairer ses clients sur les conséquences juridiques des actes qui lui sont soumis[86]. Seulement, comment savoir si le conseil du notaire ou l'abstention du conseil ont pour ambition de nuire ? Comment identifier l'intention nuisible du notaire ? Comment mettre en adéquation cette notion plastique de devoir de conseil, qui comporte tout et n'importe quoi, avec la faute non intentionnelle du notaire ? Le cas de survenance d'un litige entre un notaire et son client est un exemple parlant. Force est de constater que chaque fois qu'il existe un litige entre un notaire et son client, le notaire s'abrite très souvent sous le fondement de la faute non intentionnelle pour se défendre, même si la faute était intentionnelle[87]. Ou encore, l'exemple du notaire qui a donné des conseils juridiques à ses clients qui n'ont pas abouti à l'efficacité économique attendue. Dans ces situations juridiques, comment identifier la faute intentionnelle et non intentionnelle ?

La mission que nous venons d'achever était d'expliciter la faute personnelle du notaire. Nous avons vu à cette occasion que la faute personnelle du notaire prend naissance par une faute intentionnelle ou non intentionnelle de cet officier public. À la suite de cette affirmation, il devient clair que la suite de notre travail s'attardera sur le fait des personnes dont le notaire a la charge.

PARAGRAPHE 2 : LE FAIT D'AUTRUI

En droit civil, on considère la responsabilité du fait d'autrui comme l'obligation de réparer le dommage causé à autrui par les personnes dont on répond, telles que : les enfants mineurs ou les préposés[88]. En d'autres termes, la responsabilité du fait d'autrui est évoquée lorsqu'une personne est juridiquement responsable d'une autre personne et engage sa responsabilité délictuelle lorsque celle-ci a causé un dommage. Ce type de responsabilité est régi par l'article 1384 du Code civil, notamment en son premier article qui dispose qu'« *on est responsable non seulement du dommage que l'on cause par son propre fait, mais encore de celui qui est causé par le fait des personnes dont on doit répondre, ou des choses que l'on a sous sa garde.* » Ainsi, cinq hypothèses ont été envisagées par le législateur à savoir : celle

---

[86] Voir, Cass. Civ. 1re, 28 novembre 1995, n° 93-15.659 : « Le notaire n'est pas déchargé de son devoir de conseil par les compétences de son client ». Voir aussi, Cass. Civ. 1ère 6 février 1979, n° 77-15.232 : Bull. Civ. I n° 45, sur « le risque de non-remboursement d'un prêt ». Voir dans le même sens, Cass. civ. 1re novembre 2000, n° 96-21.732 : Bull. civ. I, n° 282. Voir, aussi voir, Cass. Civ. 1re 26 novembre 2002 : Bull. civ. I, n° 286.

[87] Voir, Cour de Cassation, Chambre civile, 8 septembre 2010, n° 09-15.467. *Revue Lamy droit civil* novembre 2005, n° 21, « Le notaire : un conseil, non un détective », p.16-27. Dans le même sens voir aussi, Cass. 3e civ. 6 juillet 2005, n° 01-03.590.

[88] Voir, Article 1384 du Code civil camerounais.

des parents, du fait de leurs enfants, celle des maîtres du fait de leurs domestiques, celle des commettants du fait de leurs préposés et celle des artisans du fait de leurs apprentis. Il est à noter que comme nous parlons de la faute d'autrui, c'est l'hypothèse des commettants du fait de leurs préposés qui nous intéressera dans cette partie. La suite de notre travail oblige de parler en première analyse, des conditions et du fondement juridique de la responsabilité du fait d'autrui (A). La seconde analyse consistera à exposer les cas d'exonérations du notaire du fait d'autrui (B).

A- FONDEMENT JURIDIQUE ET CONDITION DE DÉCLENCHEMENT DE LA RESPONSABILITÉ DU NOTAIRE DU FAIT D'AUTRUI

Les développements qui vont suivre ont pour objectif la compréhension de la responsabilité du notaire, du fait des personnes dont il a la charge. La compréhension de cette partie nous amène d'une part à nous interroger sur les fondements et conditions juridiques de la responsabilité du fait d'autrui (1), et d'autre part, sur les conditions qui permettent d'invoquer la responsabilité du notaire du fait d'autrui (2).

1- Fondements juridiques de la responsabilité du fait d'autrui

Un regard rétrospectif au sein de nos précédentes analyses nous permet de constater que la responsabilité du fait d'autrui en matière notariale est soumise aux règles de droit commun, à défaut d'un régime de responsabilité spécifique aux notaires. Le juge fait appel aux règles de droit commun pour trancher les litiges mettant en cause ces officiers publics. Le cas de la responsabilité du fait d'autrui ne déroge pas à cette règle, en effet, le juge fait appel à l'application de l'article 1384 alinéa 4 du Code civil qui soumet le notaire à une responsabilité de plein droit que supportent les commettants pour les dommages causés par ses clercs et employés[89]. Le juge sait qu'en vertu de l'article 1384, alinéa 4, du *Code civil*, dès l'instant qu'il existe une relation de préposition plus souvent instituée par un contrat de travail, la faute dommageable commise par le préposé dans l'exercice de ses fonctions engage la responsabilité de son commettant. Dans le cas d'espèce, il s'agit du notaire. Il s'agit en principe d'une responsabilité de plein droit qui ne comporte aucune faculté d'exonération. Il est vrai que le fondement juridique de la responsabilité du notaire du fait d'autrui se trouve dans l'article 1384 alinéa 5 du Code civil. Mais qu'en est-il des conditions à réunir pour que la responsabilité du fait d'autrui soit engagée contre un notaire ?

[89] Voir, AUBERT (J-L.), *La responsabilité civile des notaires*, Éd. Defrénois, 4e édition, n° 85, p.112.

2- Les conditions à remplir pour engager la responsabilité du notaire du fait d'autrui

Il est au terme de la pensée de KUHN, une notion fondamentale, capitale qui voudrait que parmi les premières conditions permettant d'incriminer un notaire pour le fait de son préposé ou de son clerc, il faille qu'il y ait un lien de préposition et un dommage. Cette affirmation, loin d'être fortuite, est un fondement essentiel consacré par la doctrine et la jurisprudence en ce qui concerne la responsabilité du fait d'autrui du notaire. Un jugement *du tribunal de Poitiers de 1976,* très repris dans les tribunaux camerounais, définit le cadre de la responsabilité du notaire du fait de ses clercs, en ces mots : « *le commettant est responsable du dommage causé par son préposé lorsque celui-ci a agi dans l'exercice de ses fonctions ou même à l'occasion de ses fonctions, s'il y a eu abus de fonction, si la victime a pu croire que le préposé agissait dans les limites de ses fonctions*[90] ». De cet attendu, il résulte clairement que la responsabilité du notaire peut être engagée dans deux circonstances.

La première, lorsque le clerc a commis une faute dans l'exercice des fonctions qui lui sont confiées, ce qui ne soulève pas le problème de principe. La deuxième, lorsque le clerc a abusé de ses fonctions, mais que la victime a pu croire qu'il se bornait à accomplir des obligations professionnelles. Il est à signaler que la jurisprudence a toujours admis que la responsabilité du commettant ne pouvait rester engagée dès lors que la victime était consciente de l'abus. La doctrine n'est pas en reste en matière de responsabilité du fait d'autrui. En effet, Savatier énonce la règle d'or en matière de responsabilité notariale du fait d'autrui en ces termes : *« le notaire répond seul de sa charge, même des actes de sa charge réalisés par les clercs »* en d'autres termes, tout ce qui est accompli dans le cadre d'une étude relève naturellement de la responsabilité du notaire[91].

La deuxième condition, comme nous l'avons signalé plus haut, est le principe juridique qui voudrait que la faute du notaire ait causé un dommage certain. L'exclusion du dommage éventuel et futur a été écartée par la jurisprudence et la doctrine[92]. Le dommage causé par le notaire est soumis aux règles de droit commun, notamment aux articles 1382, 1383, 1384 et à ses alinéas du Code civil.

---

[90]Voir, Cour de Cassation, Arrêt 1re Chambre Civile, 8 janvier 2009, n° 07-18.780. Dans le même sens voir, Tri. Gr. Inst. Poitiers, 9 décembre 1959.

[91]Voir, GREUZARD, JACQUET, LORILOU, MORNET, RICARD ET RIMET, « Responsabilité notariale », disponible sur le site www.village-notaire.com (Consulté en juin 2017).

[92]Voir, CORNELIS, BEERENS, « Réflexions sur l'obligation d'information, d'avertissement de conseil et d'assistance du notaire » *Revue not belge,* 2003, p.8.

Notre approche des fondements juridiques de la responsabilité du fait d'autrui nous a amené à voir les textes et les conditions à remplir pour déclencher la responsabilité du fait d'autrui. Quid alors des hypothèses d'exonérations du notaire ?

B- LES HYPOTHÈSES D'EXONÉRATIONS DU NOTAIRE

Au terme de la lecture du livre de Marty et Raynaud, *droit civil, tome II*, nous avons une idée claire de la responsabilité du fait d'autrui. À proprement parler, ces auteurs soumettent le notaire à la responsabilité de plein droit comme celle-ci est supportée par les commettants pour les dommages causés par leurs employés.[93] Nous sommes en mesure de dire à la lumière des développements qui vont suivre, qu'il existe des limites ou des hypothèses qui exonèrent le notaire, malgré la responsabilité de plein droit qui pèse sur lui. Comme hypothèse, nous allons prendre les situations juridiques qui excluent la responsabilité du notaire telle que consacrée par la jurisprudence ou la doctrine. La première situation est celle où les actes du clerc ou du préposé n'avaient rien à voir avec ses fonctions (1) et la deuxième situation que nous allons souligner, est celle où la victime a exclu le notaire de leurs opérations (2).

1- L'hypothèse du clerc ayant agi hors de ses fonctions

La première hypothèse exclut la responsabilité du notaire du fait de son clerc ou de son préposé ayant agi hors de ses fonctions. À ce propos, Jean Luc Aubert précise dans son livre [94] que *« la responsabilité du notaire n'existe pas pour les opérations sortant indubitablement des fonctions dévolues au clerc par le notaire »*. Prenons l'exemple du clerc de notaire qui s'est fait consentir personnellement un prêt par un client de l'étude. Il devient évident à ce moment que la responsabilité du notaire est exclue, dans la mesure où le prêt n'a rien à voir avec les missions de l'étude. Ce qui rend le clerc ou le préposé du notaire personnellement responsable du dommage qu'il a causé au client de l'étude. Une autre situation juridique qui nous vient à l'esprit est celle du clerc ou du préposé qui est allé au-delà des missions qui lui sont confiées par le notaire. Nous pouvons prendre l'exemple du clerc de notaire qui se fait octroyer des privilèges, des dons, des pots-de-vin pour l'exercice anormal d'un acte qui lui est soumis. Le clerc va au-delà de ses fonctions, si dans le cadre de celles-ci, il surfacture les émoluments du notaire, falsifie les actes qui lui sont soumis, réalise des faux sur les actes authentiques. À travers ces multiples exemples, nous ne prétendons pas avoir dressé une liste exhaustive des situations de droit, pouvant être considérées comme « hors de fonction » du clerc ou du préposé. Nous n'avons pris que quelques hypothèses pour illustrer ce que nous entendons par « hors de

---

[93]Voir, Cour de Cassation, 1re Chambre Civile, 16 septembre 2010, n° 09-69.157.

[94] Cf. *Responsabilité professionnelle des notaires*, op.cit., p. 40.

fonction » du clerc ou du préposé. Nous venons d'évoquer l'hypothèse du notaire ayant agi hors de ses fonctions, qu'en est-il du cas où la victime a exclu le notaire de ses opérations ?

2- L'hypothèse où la victime a exclu le notaire des opérations

La responsabilité du notaire doit être écartée lorsque les parties, et notamment la victime, ont entendu exclure l'officier ministériel de leurs opérations. Ainsi, dans le cas où une opération hypothécaire a été entièrement négociée par un tiers, agissant avec l'assistance d'un clerc de l'étude, lequel selon la constatation des juges avait utilisé *« dans le but lucratif en dehors de l'étude, les renseignements qu'il avait pu se procurer par sa fonction »*, la responsabilité du notaire ne saurait se trouver engagée. C'est d'ailleurs le cas lorsqu'il est établi que le client « *négligeant* » les garanties *d'honorabilité, et de savoir que l'officier public lui présentait, a préféré n'avoir à faire qu'au clerc dont il a imprudemment suivi la foi.* L'exemple phare au Cameroun, et très discuté en doctrine est l'hypothèse du testament mystique. La loi prévoit l'hypothèse du dépôt du testament mystique selon laquelle le client peut, sans consulter le notaire, déposer un testament dit mystique qui peut ne pas respecter le droit des successibles. Dans le cas où le testament est contesté par les ayants droit, la responsabilité du notaire est souvent invoquée, mais heureusement que la jurisprudence camerounaise a estimé que le notaire est exonéré de toute responsabilité, non seulement parce que la loi autorise le notaire à recevoir ce type d'actes dans ces formes, mais que l'on considère aussi le fait que la victime ait agi hors des fonctions du notaire[95].

Il faut relever qu'ici, tout dépend des situations de fait et que la mise à l'écart de la responsabilité du notaire suppose dans tous les cas que soit surmonté un problème de preuve, c'est assez délicat sur le plan pratique : le notaire doit en effet, sauf lorsque le clerc est « indubitablement » sorti de ses fonctions, démontrer le caractère personnel de cette intervention et, si possible, la volonté des parties de le tenir à l'écart de leurs opérations.

Au terme de ce chapitre où nous avons analysé en profondeur le régime de droit commun applicable à la responsabilité des notaires, nous pouvons dire qu'après l'analyse de la notion de responsabilité de droit commun et l'étude du déclenchement de la responsabilité des notaires, le régime de droit commun nous paraît inadapté à la responsabilité de cet officier public. Ce régime est précisément une source d'injustice pour ces officiers publics. Dans la mesure où, il est d'abord apparu pour combler un vide juridique,

---

[95]Cf. Cour d'Appel de l'Ouest, 20 octobre 2003, Affaire TAYOU Isaac/YEPMO TCHIENDJOU David, Me HAPPI MESSACK. Dans le même sens voir, TGI centre administratif, Yaoundé, 22 novembre 2012, n° 1148/civ, EFFA Henri / NKOUDOU Helene et FOTSO MEKU.

mais par la suite, a échoué à encadrer la responsabilité des notaires. La suite de notre travail consistera à montrer les limites ou encore les insuffisances de ce régime de droit commun applicable à la responsabilité des notaires.

La présentation du régime de responsabilité de droit commun du notaire passait par une compréhension de la notion de droit commun et par une identification des modes ou causes de déclenchement de ce régime de responsabilité par le juge. Maintenant, nous nous demandons si la commission de cet ouvrage aurait revêtu la même pertinence si ce régime de responsabilité de droit commun était parfait.

« Si vous ne connaissez pas la critique, vous n'aurez probablement pas de succès »

Malcom X

CHAPITRE II :

LES LIMITES DU RÉGIME DE RESPONSABILITÉ DE DROIT COMMUN APPLICABLE À LA FONCTION DE NOTAIRE

L'adaptation du régime de responsabilité de droit commun est comme nous l'avons rappelé plus haut, due à l'absence d'un régime de responsabilité spécifique aux notaires. Cette adaptation par le juge, bien que salutaire dans une certaine mesure, nous amène à nous interroger sur l'efficacité du régime de responsabilité de droit commun. La raison est que le régime de responsabilité de droit commun utilisé par le juge fait l'objet de vives critiques dans la doctrine, dans la jurisprudence et chez les notaires.[96] Le régime de responsabilité de droit commun présente des faiblesses, des insuffisances[97] et les ravages de ce régime de responsabilité de droit commun ne sont plus à démontrer. Il suffit de regarder les injustices que ce régime de droit commun crée par rapport à l'exercice des missions principales du notaire, telles que : sa mission de conseil, et d'authentification[98]. Ou encore, la mauvaise influence de ce régime de responsabilité sur le statut de notaire et sur ses obligations accessoires[99]. Le problème de l'identification de la véritable nature de la responsabilité

[96] Voir, NEU-JANICKI (G.), « Responsabilité du notaire et vices cachés », en ligne, in site responsabilité des notaires, disponible sur le site, www.neujanicki.com, publié le mercredi 27 mai 2009 (Visité en avril 2016). Dans le même sens, voir aussi DUSSAUD (L.), GALLINE (A.), SOLANGE (G.), ÉLÉONORE (G) ET JIRSA (L.) *« Responsabilité notariale »*, en ligne, publications, villages notaires, disponible sur www.village-notaires.com (Consulté en avril 2016).

[97]Voir, SIGNALET (G.), « La responsabilité civile du notaire », en ligne publications, responsabilité civile du notaire, disponible sur le site www.droit civil.com (Consulté en avril 2016). Dans le même sens voir, Cour Suprême du Cameroun, Arrêt 4 juin 2015, n°114/civ, succession KAME NGANGUE Robert représentée par EDIMO KAME Joseph c/ NAGANTCHA SITCHET Albert, MBAIALEU et MBOKA TONGO MPONGO.

[98] Voir YAIGRE (J.), *Droit professionnel notarial*, Paris, Éd. Librairies techniques, p.52.

[99] Voir, ROY (L.), « Notaires, banquiers, etc., quelle responsabilité ? » Paris, en ligne, in site Laurence ROY le particulier, disponible sur le site : www.leparticulier.fr, publié en janvier 2010 (Consulté en mars 2016).

notariale n'est pas en reste, dans la mesure où, jusqu'à nos jours, la doctrine et la jurisprudence n'ont pas pu s'entendre sur la nature délictuelle ou contractuelle de la responsabilité notariale[100]. Tout se passe comme si le régime de responsabilité de droit commun utilisé par le juge n'a pas su apporter des réponses appropriées aux questions de la nature de la responsabilité notariale et au respect du statut d'officier public du notaire. Les arguments que nous venons d'exposer nous amènent à nous interroger sur les insuffisances de ce régime de responsabilité de droit commun tant décrié par la doctrine que par les notaires.[101] C'est pourquoi l'étude des limites de ce régime de responsabilité fera l'objet de notre attention dans ce chapitre. Dans un souci d'organisation et de logique, la compréhension des limites de ce régime de responsabilité de droit commun passera par une double affirmation : la première sera la suivante : le régime de droit commun n'a pas su apporter des solutions adéquates aux questions liées à la nature de responsabilité notariale et au respect du statut d'officier public du notaire.[102] (section1) La deuxième affirmation nous amènera à affirmer que le régime de responsabilité de droit commun présente des insuffisances face à la gestion des obligations principales et accessoires des notaires (section2).

SECTION I : LES LIMITES LIÉES À LA NATURE DE LA RESPONSABILITÉ NOTARIALE ET AU STATUT D'OFFICIER PUBLIC DU NOTAIRE

La nature de responsabilité des notaires est un sujet controversé qui a fait couler beaucoup d'encre et de salive chez les juristes. Ceci, parce que la majorité des auteurs et des juges ne s'entendent pas sur la nature de la responsabilité des notaires. « *Doit-elle être délictuelle ou contractuelle* ? »

---

[100] Cf. ESTIENNE (N.), « Responsabilité des notaires en droit belge », Bruxelles, en ligne, in site responsabilité du notaire en droit belge, disponible sur le site www.responsabilité du notaire en droit belge (visité en avril 2016). Dans le même sens voir, GOEMAERE (J.), « *La responsabilité du notaire est-elle contractuelle ou acquilienne ? » Revue not belge*, 2009, pp.144-145. Aussi voir, BOURSEAU (R.), *Les sources et la nature de la responsabilité des notaires en droit belge de 1830 à 1962,* liège, 1964, pp. 50 et s.

[101] Voir, HARISSOU (A.), « Pour une modernisation du droit immobilier » *Lettres des notaires* Éd. Chambre Nationale des Notaires du Cameroun, n° 003-mai-juin-juillet 1997, p.4. Dans le même sens voir, HARISSOU (A.), « L'enjeu immobilier » *Lettres des notaires* Éd. Chambre Nationale des Notaires du Cameroun, n° 002, mars-avril 1997, p.4.

[102] Cf. GOEMAERE (J.), *Responsabilité notariale*, Paris, Ed. Chroniques notariales, vol 58, p.306. Dans le même sens voir, Cour d'appel de Colmar, Chambre Civile 2, section A, 13 janvier 2017, RG N° 12/2017. En clair, la jurisprudence et la doctrine sont pour que la nature de la responsabilité du notaire renforce le respect de cet officier public. Cependant, l'utilisation du régime de droit commun, qui ne tranche pas entre la nature contractuelle et la nature délictuelle du régime de responsabilité des notaires, ne contribue pas de ce fait, à faciliter les choses, mais légitime plutôt une certaine insécurité juridique envers cet officier public et tous ceux qui gravitent autour de son acte.

La division des auteurs sur ce sujet nous amène à les classer en deux écoles de pensées, selon la formule de Jean Luc AUBERT dans son ouvrage « *la responsabilité professionnelle des notaires* »[103]. Selon cet auteur, la première école, serait celle de la théorie unitaire qui contient elle-même deux courants : le premier courant est celui de la pensée contractuelle du régime de responsabilité des notaires et le deuxième, celui de la pensée délictuelle du régime de responsabilité des notaires. La deuxième école selon Jean Luc Aubert est celle de la théorie dualiste qui cumule les natures délictuelle et contractuelle du régime de responsabilité de droit commun en matière de responsabilité des notaires. Ce courant de pensée unitaire du régime de responsabilité des notaires admet une application alternative des règles de la responsabilité délictuelle ou contractuelle de ces officiers publics. Selon les circonstances et les modalités de l'intervention du notaire, devraient s'appliquer, soit les règles de la responsabilité délictuelle, soit celles de la responsabilité contractuelle. Dès lors, que penser de la nature de la responsabilité du notaire ? Mieux, le régime de responsabilité de droit commun appliqué au notaire n'a-t-il pas omis de donner une nature à la responsabilité des notaires ? Cette tergiversation doctrinale et jurisprudentielle ne constitue-t-elle pas un obstacle, une limite à laquelle le régime de droit commun n'a pas su apporter des solutions ? Dans le même sens, l'usage du régime de responsabilité de droit commun par le juge ne traîne-t-il pas un peu le statut d'officier public du notaire dans « la boue » ? Nous sommes tenté de répondre par l'affirmative, sinon comment expliquer que n'importe qui puisse facilement et aisément assigner un notaire au tribunal ? Ce régime de responsabilité de droit commun tient-il compte du statut d'officier public du notaire ? Faut-il conclure que le statut d'officier public du notaire, en cas de survenance de litige avec son client, ne lui donne aucune protection, aucun privilège ? Ces questions sont les raisons pour lesquelles, ce régime de responsabilité de droit commun constitue une limite ou une insuffisance à la responsabilité notariale. La suite de notre travail consistera en une présentation des limites liées à la nature de la responsabilité notariale auxquelles le régime de droit commun n'a pas su répondre (Paragraphe 1). La deuxième articulation s'appesantira sur les limites liées au non-respect, par le droit commun, du statut d'officier public du notaire (Paragraphe 2).

PARAGRAPHE 1 : PRÉSENTATION DES LIMITES LIÉES À LA NATURE DE LA RESPONSABILITÉ NOTARIALE

L'objet de cette partie consiste à démontrer que l'absence de définition par le droit commun de la nature de la responsabilité notariale est une preuve manifeste des insuffisances du régime de droit commun à gérer la

[103] Jean Luc AUBERT, *la responsabilité professionnelle des notaires,* pages 37, 38 et 39.

responsabilité des notaires. Cette absence de définition légale par le régime de droit commun a amené la doctrine spécialisée sur les questions notariales à tenter de trouver une nature à cette responsabilité des notaires. Comme nous l'avons signalé plus haut, plusieurs écoles se sont essayées sur la question. Pour ceux de la théorie unitaire[104] composée de deux courants de pensée, le premier est celui qui opte pour une nature délictuelle de ceux-ci, tandis que le deuxième opte pour une responsabilité contractuelle de la responsabilité des notaires. En clair, dans cette théorie unitaire, la nature de la responsabilité des notaires est soit délictuelle, soit contractuelle. Elle n'intègre qu'une nature conciliant les deux responsabilités. D'un autre côté, les auteurs de la théorie dualiste ont conceptualisé une application alternative de la responsabilité des notaires. La nature de la responsabilité notariale est contractuelle ou délictuelle, dépendamment des situations juridiques auxquelles est soumis le notaire. Mieux encore, le préjudice causé par un notaire à son client peut être contractuel dans certaines hypothèses et délictuel dans d'autres. La suite de notre travail nous amène à voir, dans une première articulation, la théorie unitaire du régime de responsabilité de droit commun. (A) La deuxième articulation consistera à présenter la théorie dualiste qui cumule la conception contractuelle et délictuelle du régime de responsabilité de droit commun. (B)

A- PRÉSENTATION DE LA THÉORIE UNITAIRE DE LA RESPONSABILITÉ DES NOTAIRES

Comme nous l'avons rappelé plus haut, la théorie unitaire du régime de responsabilité de droit commun du notaire se divise en deux grands courants : le courant de la nature contractuelle du régime de responsabilité de droit commun et la conception délictuelle de ce régime de responsabilité de droit commun. Nous tenons à rappeler ici que la théorie unitaire, malgré sa conceptualisation par la doctrine, n'a pas pu être retenue par le droit commun comme la véritable nature de la responsabilité des notaires. Il faut avouer que la doctrine et les juges sont très divisés sur la question, au point où nous ne pouvons pas réellement déterminer la nature exacte de la responsabilité des notaires. Ce constat a le mérite au moins de nous conforter sur le fait que le droit commun ne serait pas précis en ce qui concerne la nature et la responsabilité des notaires. Cette théorie unitaire, qui comporte deux écoles, invite à choisir entre la nature délictuelle et la nature contractuelle de la responsabilité des notaires. La non-consécration de cette théorie par le droit commun est assurément un échec du régime de droit commun à trouver une nature à la responsabilité des notaires. La compréhension de cette partie passe par une présentation de cette théorie à travers ces deux courants. Ce qui permet de constater que sa non-

[104] Voir, AUBERT (J-L.), Responsabilité professionnelle des notaires, op.cit., p.37.

concrétisation est une limite du droit commun, à donner une nature à la responsabilité des notaires. C'est dans ce sillage que sera présentée, dans un premier temps, la conception contractuelle du régime de responsabilité de droit commun (1) et dans un deuxième temps, la conception délictuelle du régime de responsabilité de droit commun (2).

1- La conception contractuelle de la responsabilité des notaires

La responsabilité contractuelle est, avec la responsabilité délictuelle, une des deux parties de la responsabilité civile. Elle est engagée en cas de mauvaise exécution ou d'inexécution totale ou partielle des obligations nées d'un contrat. Ce régime de responsabilité est prévu à l'article 1147 du Code civil qui dispose que : « *Le débiteur est condamné, s'il y a lieu, au paiement des dommages et intérêts soit à raison de l'inexécution de l'obligation, soit à raison du retard dans l'exécution, toutes les fois qu'il ne justifie pas que l'inexécution provient d'une cause étrangère qui ne peut lui être imputée, encore qu'il n'y ait aucune mauvaise foi de sa part.* » La responsabilité contractuelle est donc engagée en cas de mauvaise exécution ou d'inexécution totale ou partielle des obligations nées d'un contrat. Cette mauvaise exécution ou cette inexécution peut porter sur des obligations de faire ou celles de ne pas faire. Le dommage causé par la résolution relève aussi de la responsabilité contractuelle.

Ces principes de droit commun s'appliquent à quelques exceptions près à la responsabilité contractuelle des notaires. Seulement, en matière d'actes notariés, le contrat n'est pas toujours écrit. On suppose l'existence du contrat du fait que le notaire, en sa qualité d'officier public, est tenu par une obligation d'efficacité et de résultat. Au point où, s'il n'atteint pas le résultat, sa responsabilité peut être invoquée par son client. Il suffit, pour confirmer notre affirmation, de prêter attention à ces propos d'AUBERT Jean Luc : « *Le notaire est pris... en qualité d'officier public... il reste vrai que les parties font, avec lui, un contrat consistant précisément dans l'exercice correct de ses fonctions* »[105]. En outre, la responsabilité contractuelle du notaire est fondée sur l'existence d'un contrat préalable entre cet officier public et son client qui a été mal exécuté ou inexécuté. Cette responsabilité contractuelle émane donc de la méconnaissance par cet officier public, de ses obligations professionnelles. Il est à noter ici que certains spécialistes de la question de la responsabilité contractuelle des notaires, tels que LOT, ne voient qu'une responsabilité contractuelle en matière d'actes notariés. Il affirme à ce propos que : *« si, dans la généralité des cas, le notaire instrumente, c'est qu'il en est chargé par ses clients. De ce fait, il existe parallèlement des relations contractuelles entre le notaire et ses clients qui peuvent servir de règles professionnelles dans une certaine mesure. Il*

---

[105] Voir, *Responsabilité professionnelle des notaires*, op.cit., p.37.

faudrait donc appliquer les principes de la responsabilité contractuelle, car dans les rapports entre le notaire et ses clients ce sont eux qui priment »[106]. En plus de la doctrine, la jurisprudence s'est souvent illustrée à travers certaines décisions en faveur de la nature contractuelle de la responsabilité des notaires[107]. Nous pouvons prendre l'exemple des décisions de la Chambre civile de la Cour de cassation française[108]. En effet, la nature de la responsabilité des notaires peut se comprendre par l'exemple suivant.

Un notaire X, lors de la cession d'un fonds de commerce, manque à plusieurs de ces obligations professionnelles. Entre autres, il manque à son obligation de vérifier l'identité des parties, mais aussi à son obligation de conseiller les parties sur la portée juridique de l'acte auquel ils souscrivent. Ce qui amène les parties à assigner ce dernier au tribunal pour manquement à un devoir impératif ; mais aussi, pour le préjudice causé par le manquement de cet officier public. Le juge auquel sera soumis ce litige aura le choix entre la considération contractuelle et la considération délictuelle de la nature de la responsabilité des notaires. Ce choix sera déterminant pour l'issue du procès dans la mesure où, si le juge estime que la responsabilité du notaire est contractuelle, il ne fera pas du devoir de conseil du notaire un devoir impératif et l'efficacité de l'acte sera reléguée au second plan. Ainsi, le juge limitera la responsabilité du notaire au respect par ce dernier de ses obligations professionnelles. Concrètement, l'appréciation contractuelle par le juge l'amènera à ne pas regarder si l'acte du notaire a réussi ou a eu l'efficacité escomptée, mais à observer plutôt si le notaire a rempli sa part du contrat. En d'autres termes, la réussite de l'acte du notaire a peu d'importance pour le juge, il devrait juste se contenter de savoir si le notaire a rempli ses obligations. Par contre, si le juge estime que la nature de son acte est délictuelle, cela renvoie à dire que le notaire est non seulement responsable de ses obligations contractuelles, mais aussi responsable de l'efficacité de l'acte. Autrement dit, la responsabilité du notaire peut être invoquée à partir du moment où l'acte a échoué. Il serait dans ces cas responsable de l'efficacité juridique et souvent même économique de l'acte[109].

---

[106] Ibid., p. 38.

[107] Voir, Cour de Cassation. Chambre Civile, 1er, 13 juin 1972, bull. civ. I, n 150, p.132. Dans le même sens voir, PIEDELIEVRE (S.), « Chronique de la jurisprudence civile générale publicité foncière », *Le répertoire du notariat Defrénois*, 28 février 2004, n° 4, p 229. Ou encore, Cass. Civ. 1ere, 24 juin 1963, D.1963, 717.

[108] 13 juin 1972, bull. civ. I, n 150, p.132. Dans le même sens, voir le répertoire Déferions, 1973 art.30293, n 5, p.449. Ou encore, civ. 1ere, 24 juin 1963, D.1963, 717 où le juge a tranché en faveur de la nature contractuelle de la responsabilité des notaires.

[109] Voir, LATINA (M.), SAGAUT (J-F.), « La responsabilité du notaire en matière de sûretés », Éd. Defrénois, n° 10, 30 mai 2011, p.985.

La conceptualisation et l'application de la nature contractuelle de la responsabilité des notaires par le juge et par la doctrine sont une évidence. Toutefois, au-delà de cette évidence, qu'en est-il de la conception délictuelle de la responsabilité des notaires ?

2- La conception délictuelle du régime de responsabilité des notaires

Dans les traditions civilistes, la responsabilité délictuelle est souvent appelée responsabilité extracontractuelle puisqu'elle constitue une branche distincte du droit de la responsabilité contractuelle. Elle vise à permettre à une personne qui a subi un préjudice d'obtenir une indemnisation de celui qui a causé le préjudice. La responsabilité extracontractuelle est souvent codifiée et s'apparente à une branche du droit plus général de la responsabilité civile. De plus, la responsabilité civile délictuelle correspond à l'obligation de réparer le préjudice causé à une personne par la commission d'un délit civil, voire d'un délit pénal. La responsabilité délictuelle ou responsabilité extracontractuelle vise à régir les situations où une personne cause injustement un préjudice à autrui.

S'agissant de la responsabilité civile des notaires, elle est étroitement liée à leur statut, très spécifique. C'est probablement pour cette raison que dans une grande partie des décisions, la jurisprudence retient la responsabilité du notaire sur le fondement de la responsabilité civile délictuelle[110]. C'est sous-entendre que le notaire n'engage pas sa responsabilité parce qu'il est tenu par un contrat, mais bien parce qu'il est tenu à des obligations en raison de son statut[111]. Il faut aussi remarquer que c'est en fonction des articles 1382 et 1383 du Code civil que les notaires sont responsables envers leurs clients, des fautes commises comme officiers publics dans l'exercice de leurs fonctions[112]. Pour étayer notre affirmation sur la nature délictuelle de la responsabilité des notaires, nous allons nous appuyer sur les déclarations de CORNELIS L. et M. BEERENS dans leur ouvrage relatif aux « Réflexions sur l'obligation d'information, d'avertissement de conseil et d'assistance du notaire »[113], qui disait à ce propos que « *Dès que le notaire intervient en sa qualité d'officier public, seule la responsabilité extra contractuelle est retenue. (...) Sa mission de réception d'acte authentique étant une mission*

[110]Cf., Cassation française, 1re Chambre Civile, 3 avril 2007, n° 06-12.831. Ou encore, Cour de Cassation 1re Chambre civile, 17 juin 2010, n° 09-15.451.

[111] Cf. Cour de Cassation Chambre Civile, 30 septembre 2008, n° 06-21.183. Ou encore, Cour de Cassation Civile. 1re, 5 mars 2009, n° 08-11.374.cité par SIGNALET (G.), « la responsabilité civile du notaire » disponible sur le site www.conseil-droitcivil.com (consulté en janvier 2016).

[112] Voir, Cour de Cassation. Civ.1ère, 26 janvier 2012, n° 10-25741. Dans le même sens, Cour Cassation 1re, 9 décembre 2010, n° 09-16.531. Cité par YADAN PESAH (C.), « Le notaire échappe à sa responsabilité bien qu'il ait mal informé ses clients », disponible sur le site www.juritravail.com, modifié le 16-05-2014 (consulté en avril 2017).

[113] Revue du Notariat Belge, 2003.

légale exclurait tout fondement contractuel ». Dans la même logique, Jean Luc AUBERT citant Jeanne POULPIQUET déclarait à ce propos : « *se décider en faveur d'une responsabilité de nature délictuelle (...) c'est souligner la nécessité de la dépendance légale des notaires à leur statut, c'est prendre position contre la tendance à la commercialisation incluse dans leur profession, c'est insister sur le rôle légal du notaire, authentificateur, conseiller et conciliateur impartial* ». Jeanne POULPIQUET poursuit ses propos en remarquant par la suite que l'essentiel de la fonction notariale est constitué *par leur mission de service public et par l'ensemble des obligations auxquelles ils sont tenus en tant que rédacteurs d'actes et conseillers impartiaux des parties.* L'auteur voudrait dire en d'autres termes que les notaires, du fait qu'ils soient tenus par leur statut et non par un contrat, exigent que leur responsabilité soit de nature délictuelle. Les brillants propos de ces auteurs qui ont opté pour une nature délictuelle du régime de responsabilité des notaires ont aussi influencé le juge qui a également pris des décisions dans le sens de la nature contractuelle du régime de responsabilité du notaire. La jurisprudence s'est souvent illustrée à travers certaines décisions en faveur de la nature délictuelle du droit commun[114]. À l'instar des décisions suivantes, *Cassation française, n° 06-12.831 de la 1ère chambre civile du 3 avril 2007.* Ou encore, *la Cour de cassation n° 09-15.451 Première chambre civile du, 17 juin 2010*[115]. Les décisions que nous venons de citer montrent que le juge tranche souvent pour une nature délictuelle du régime de responsabilité des notaires.

Au demeurant, notre préoccupation dans cette partie a été de présenter la théorie unitaire de la responsabilité des notaires, en passant par la présentation de ces deux courants principaux. Si nous avons malheureusement constaté un échec de cette théorie qui entraîne inéluctablement celui du droit commun à donner une nature à la responsabilité des notaires, qu'en est-il de la théorie dualiste ?

B- LA THÉORIE DUALISTE DU RÉGIME DE RESPONSABILITÉ DE DROIT COMMUN DU NOTAIRE

La théorie dualiste, contrairement à la théorie unitaire, tient compte du caractère protéiforme de l'intervention du notaire. C'est pourquoi les auteurs de cette théorie ont conceptualisé un principe d'application alternatif des règles de la responsabilité délictuelle ou contractuelle. Selon les circonstances et les modalités d'intervention de l'officier public, devraient s'appliquer, tantôt les règles de la responsabilité délictuelle, tantôt celles de

---

[114] Voir, Cour de Cassation, civile 3e, 27 juin 1973, bull. civ. III, n° 452, p. 328 ; voir aussi, Cour de Cassation. civ. 1re, 12 mai 1976, bull. civ. I, n° 168, p.134.

[115] Mais également Première chambre civile de la Cour de cassation, 14 octobre 2010, n° 09-14.446 ; Cassation. Civ.1, 26 janvier 2012, n° 10-25741 ; Civile. 1ère, 9 décembre 2010, n° 09-16.531.

la responsabilité contractuelle qui impliquent le fait que le notaire agisse soit comme mandataire[116], soit comme gérant d'affaires[117]. Ainsi, les notaires encourent les responsabilités de différentes natures ; la solution implique une analyse au cas par cas de l'intervention du notaire. Cette théorie a été influencée par les auteurs tels qu'AUBERT, SAVATIER, Nicolas ESTIENNE qui avaient pour souci une utilisation cumulative des nature contractuelle et délictuelle de la responsabilité des notaires.

Allant dans le même sens, le doyen SAVATIER a préconisé la théorie de *l'application non pas alternative, mais bien cumulative des principes de la responsabilité délictuelle et contractuelle*[118]. Autrement dit, dans certains domaines ou types de fautes posées par le notaire, on peut donner une qualification contractuelle et pour d'autres types de fautes du notaire, on peut donner la nature délictuelle. Dans une première articulation, notre analyse présentera les situations ou hypothèses de fautes du notaire qui entraînent la qualification de nature contractuelle de sa responsabilité (1) ; dans la deuxième articulation, l'accent sera mis sur les fautes qui entraînent la nature délictuelle de la responsabilité du notaire (2).

1- Présentation des types de fautes du notaire entraînant la qualification contractuelle de la responsabilité de cet officier public

Nous tenons à préciser avant tout développement que la classification des types de fautes entraînant la nature délictuelle ou contractuelle de la responsabilité des notaires ne fait pas l'unanimité dans la doctrine. En réalité, la classification des fautes entraînant la qualification contractuelle ou délictuelle de la responsabilité des notaires est acceptée par une partie de la doctrine. La conséquence est la suivante : tous les auteurs ne sont pas d'accord avec la classification que nous opérons ici. Nous avons procédé ainsi parce que la majorité de la jurisprudence et de la doctrine est en phase avec cette classification.

Relativement à la classification des fautes entraînant la qualification contractuelle du régime de responsabilité des notaires, le principe établit que cette faute est reconnue dans « *le cadre des fonctions conseillères du notaire* »[119]. Autrement dit, toutes les fautes du notaire, dans le cadre de son obligation de conseil, constituent une faute de nature contractuelle. Selon Nicolas ESTIENNE, les actes que peuvent poser les notaires dans le cadre de leurs fonctions sont classés en catégories, soit contractuelle soit délictuelle.

---

[116] Voir, YAIGRE (J.), *Droit professionnel notarial,* Paris, Éd. Librairies techniques, 2e édition, p.140.
[117] Ibid.
[118] Cf. SAVATIER (R.), « Traité de la responsabilité civile », t. II ed.1951, n° 803, p.409.
[119]Cf. ESTIENNE (N.), « Responsabilité des notaires en droit belge », in site, notaire-Estienne, disponible sur le site www.notaire-estienne.be (Consulté en mars 2017).

En réalité, dans son article « responsabilité des notaires en droit belge », l'auteur penche pour une responsabilité contractuelle du notaire quand la faute intervient dans le cadre de sa fonction de conseil. En l'espèce, il déclare que : « *la doctrine et la jurisprudence s'accordent sur le fait que la responsabilité professionnelle du notaire à l'égard de ses clients est de nature contractuelle lorsqu'elle résulte d'une faute commise dans le cadre de sa fonction conseillère* ». Pour cet auteur, si le notaire commet des fautes liées à une absence de conseil, un mauvais conseil ou encore un conseil insuffisant, cette méconnaissance de cette obligation d'éclairer les parties doit entraîner la nature contractuelle de la responsabilité de cet officier public. Les concepteurs de cette théorie n'ont sans doute pas oublié que, le devoir de conseil du notaire est un devoir qui est lié à son statut. Ce qui l'oblige, dans le cadre d'un meilleur exercice de sa profession, à éclairer les clients sur la portée des actes auxquels ils souscrivent. La doctrine suppose un contrat entre le notaire et son client. Ce contrat consisterait, pour le notaire, à conduire efficacement l'acte de son client et pour son client à payer les droits y relatifs. Pour la doctrine, il n'est pas besoin d'un contrat écrit dans la mesure où les obligations préalables du notaire à conduire efficacement les actes supposent un contrat basé sur des obligations préalables à son endroit. De manière à ce que l'inobservation de ces obligations préalables pourrait engager sa responsabilité. En clair, le contrat entre le notaire et son client est formé parce que le notaire a des obligations préalables envers son client et que le non-respect de ces obligations préalables engage sa responsabilité.

La doctrine a opté pour le seul critère du manquement au devoir de conseil du notaire, pour qualifier de nature contractuelle la responsabilité de ce dernier. Que dire, du critère ou des critères de qualification de la nature délictuelle de la responsabilité des notaires ? En d'autres termes, quelles sont les fautes du notaire qui entraînent une qualification de nature délictuelle de responsabilité ? Qu'en est-il, si la faute du notaire touche plutôt à sa fonction instrumentaire ?

2- Présentation des types de fautes entraînant une qualification délictuelle de la responsabilité des notaires.

Nicolas ESTIENNE, dans son article « responsabilité des notaires en droit belge », précise que les fautes commises dans le cadre de sa fonction instrumentaire sont celles qui qualifient de délictuelle la responsabilité de cet officier public. Pour Nicolas ESTIENNE, les actes que peuvent poser les notaires dans le cadre de leurs fonctions sont classés en catégories soit contractuelle, soit délictuelle. Mais en réalité, dans son article, il est pour une responsabilité délictuelle du notaire quand sa faute touche à sa fonction instrumentaire. À ce propos, il déclare que *dès que le notaire intervient en qualité d'officier public, seule sa responsabilité extra contractuelle (...) est susceptible d'être engagée.* D'autres auteurs éminents vont lui emboîter le pas, c'est le cas de Jean Luc AUBERT, qui déclare : « *Il semble que l'on doit admettre la règle que la responsabilité du notaire est en principe délictuelle surtout quand elle touche à la fonction instrumentaire de cet officier public* »[120]. La fonction instrumentaire du notaire, telle qu'évoquée par AUBERT, renvoie à tous les actes de l'activité notariale dans lesquels la présence de ce dernier est obligatoire. C'est le cas des actes qui impliquent nécessairement sa présence à l'instar des actes d'achats, de vente d'immeuble, qui sous peine de nullité doivent être faits sous forme notariée. Jean François TAYSMAN indique à ce sujet que *la fonction instrumentaire du notaire renvoie à son obligation de diligenter les contrats auxquels les parties veulent et doivent donner le caractère d'authenticité attaché aux actes de la puissance publique.* En d'autres termes, la fonction instrumentaire du notaire vise les fautes commises sur son devoir légal d'authentification. Mieux dit, chaque fois que l'authentification n'aura pas pu être faite par le notaire, il aura failli à sa mission d'instrumentation des actes qui lui sont soumis. Le statut organisant la profession des notaires au Cameroun est aussi éloquent à ce sujet, notamment en son *article 3* qui oblige le notaire *à prêter son ministère lorsqu'il est légalement requis.* Cet article oblige le notaire à diligenter les actes qui lui sont soumis par ses clients, précisément en les authentifiant.

À titre d'exemple, nous pouvons évoquer la situation suivante.

Un notaire A reçoit un acte de ses clients B et C. malheureusement, l'acte n'atteint pas l'effet souhaité par les parties ce qui les amène à invoquer la responsabilité du notaire. La théorie dualiste voudrait dans ce type de situation que l'on identifie le domaine de la faute du notaire c'est-à-dire si la faute porte sur sa fonction conseillère ou sur sa fonction instrumentaire. Dans le cas où elle porte sur sa fonction conseillère, on attribue la nature contractuelle au manquement du notaire, mais si elle porte sur sa fonction d'instrumentation, on attribue la nature délictuelle à la responsabilité du notaire. Cette conception est pour une application alternée de la nature de la responsabilité des notaires.

Nous avons constaté à l'occasion des analyses précédentes que le droit commun n'a pas pu donner une nature à la responsabilité des notaires. L'échec sur l'attribution d'une nature à la responsabilité des notaires n'en cache-t-il pas d'autres ? En réalité, quelle est l'influence de ce droit commun sur le statut du notaire ? Le statut d'officier public du notaire est -il respecté par le droit commun ou encore, le droit commun n'a-t-il pas encore réussi à faire respecter le statut d'officier public du notaire ?

---

[120] AUBERT (Jean Luc.), La responsabilité civile des notaires, Paris, Répertoire du notariat Defrénois, 3e Édition, 1998, p. 40.

PARAGRAPHE 2 : LES LIMITES DU DROIT COMMUN À FAIRE RESPECTER LE STATUT D'OFFICIER PUBLIC DU NOTAIRE

Le juge camerounais, en l'absence d'un régime de responsabilité spécifique aux notaires, s'inspire des règles de droit commun pour juger ces officiers publics. Cette solution du juge peut être salutaire dans une certaine mesure, mais demeure une source de frustration pour le notaire. L'actualité des tribunaux camerounais ne nous démentira pas, au contraire, elle est assez éloquente sur les frustrations ou les injustices que subissent les notaires concernant les litiges les opposant à leur clientèle. Il suffit, pour comprendre cela, de regarder les décisions qui condamnent les notaires pour des fautes qui ne relèvent pas de leurs compétences ou encore pour celles dont ils n'ont ni la ressource matérielle ni la ressource intellectuelle permettant de les résoudre. En réponse à ces dysfonctionnements du régime de droit commun, certains auteurs affirment que c'est la non maitrise de l'activité notariale qui est la cause de certaines mauvaises décisions des magistrats. Si une telle affirmation est vraie, à qui incombe la faute ? Le notaire devrait-il être victime de certains juges qui connaissent très peu, ou mal leurs activités ? N'est-ce pas là, une injustice flagrante faite à cet officier public ? Les exemples et les hypothèses de frustrations sont tellement nombreux dans le quotidien des notaires qu'ils empiètent sur la quiétude et le bon fonctionnement de leur ministère. Le notaire, malgré son statut d'officier public et de délégataire d'une parcelle de la puissance publique, ne doit-il pas être protégé par le législateur ?

La compréhension de cette partie passe par une explicitation de la fonction d'officier public (A) et par une présentation des limites du droit commun à respecter le statut d'officier public du notaire (B).

A- LA FONCTION D'OFFICIER PUBLIC DU NOTAIRE

Le notaire selon la loi camerounaise est un professionnel et généraliste du droit qui intervient dans plusieurs sphères de la société et domaine du droit. Son domaine de prédilection étant le droit fiscal, il est aussi spécialiste du droit civil, le droit pénal ou encore le droit des affaires. Mais avant toutes ces spécialisations, le notaire est d'abord un officier public institué pour authentifier les contrats et conventions de ses clients. Ce qui lui donne un statut économique, social et fiscal important[121]. Cependant, les décisions de justice rendues par les juges en matière d'actes notariés nous interrogent sur le traitement par la loi et le juge du statut d'officier public du notaire. En réalité, on a comme l'impression que les juges en conformité avec la loi ne tiennent pas compte du statut d'officier public du notaire. Les questions que

[121] Voir, 111ᵉ congrès des notaires de France, *La sécurité juridique un défi authentique*, Éd. Lexis Nexis, Strasbourg, 10 au 13 mai 2015, p.1160 et s.

nous sommes amenés à nous poser après avoir fait ces constats sont les suivantes : à quoi renvoie la fonction d'officier public du notaire ? Quels sont les privilèges liés à ce statut et surtout comment la loi et le juge traitent-ils de ce statut d'officier public du notaire ? Les questions précédentes orienteront notre réflexion sur la notion et les privilèges du statut d'officier public du notaire (1) sur le traitement par la loi camerounaise et le juge du statut d'officier public du notaire (2).

1- Présentation de la fonction et des privilèges liés au statut d'officier public du notaire

La fonction d'officier public est une qualité que l'on confère aux personnes qui ont le pouvoir d'authentifier des actes, à l'instar des notaires, des huissiers et des greffiers[122]. Le texte qui institue le notaire comme officier public au Cameroun est le *statut portant organisation du notariat au Cameroun*[123]. L'*article 3* de ce statut stipule que : « *le notaire est un officier public* ». Ce même texte précise plus loin que le rôle de cet officier public est de « *recevoir les actes auxquels les parties veulent ou doivent donner le caractère d'authenticité* ». En d'autres termes, c'est un officier public, à qui l'état a délégué une parcelle de sa puissance : celle *« d'authentifier les conventions auxquelles les parties veulent ou doivent donner le caractère d'authenticité »*. Dans la même optique, Paul-Yvan MARQUIS [124]définit le concept d'officier public « *comme une personne physique à qui l'État délègue une parcelle de sa puissance, notamment en lui confiant son sceau et en lui donnant un office non rattaché à l'administration, pour effectuer des tâches de service public où pour ces missions, il sera rémunéré par sa clientèle* »[125]. Assurément, le notaire est une personne qui en exécution d'une décision des autorités de l'État, dispose d'un privilège pour exercer une activité qui, en général, constitue une tache de service public. Ainsi, le statut d'officier public du notaire lui permet d'attribuer un caractère d'authenticité aux documents qu'il confectionne, rédige ou reçoit sous sa signature. Ce statut, d'officier public du notaire, lui donne le monopole de l'authenticité des actes *auxquels les parties veulent ou doivent donner le caractère d'authenticité*. Le notaire détient une parcelle de la puissance publique, ce qui fait de lui un acteur important de l'économie et de la vie sociale. La gravité des actes qu'il dirige et les domaines du droit dans lesquels il intervient font de lui un acteur majeur de notre vie sociale et économique.

---

[122] Cf. Vocabulaire juridique, op.cit., p.634.

[123] Cf. Décret n° 95/ 034 du 24 février 1995, portant statut et organisation de la profession de notaire au Cameroun.

[124] Voir, *La responsabilité civile du notaire, officier public, 01 causes principales*, Paris, Éd. Yvon BLAIS, pp.634 et s. Voir dans le même sens, 111e Congrès des Notaires de France, *La sécurité juridique un défi authentique,* Éd. Lexis Nexis, Strasbourg, 10 au 13 mai 2015, pp.90 et s.

[125] Ibid.

S'agissant des privilèges des notaires liés à leur statut d'officier public, nous commencerons par préciser que le notaire est un justiciable de droit commun comme tout autre citoyen camerounais et n'est nullement au-dessus de la loi. Cela implique que les règles de droit commun qui s'appliquent à tous les justiciables s'appliquent également aux actes notariés et aux notaires. Le notaire ne bénéficie donc d'aucun privilège de juridiction lié à son statut d'officier public ni aucune immunité prévue par la loi en vigueur. Cependant, dans certaines hypothèses, l'assignation du notaire au tribunal passe par une procédure bien particulière. D'ailleurs, certaines situations de droit impliquent le fait que, pendant la procédure mettant en cause un notaire, on puisse recueillir l'avis de la chambre des notaires du Cameroun avant de statuer, même si cet avis de la chambre ne lie pas le juge. Cet avis demandé à la chambre a pour avantage de permettre, dans la majorité des cas, une tentative de conciliation entre le notaire et son client avant ou pendant le procès, ce qui n'est pas négligeable et est aussi une protection de cet officier public.

La véritable protection du notaire est l'acte notarié, dans la mesure où il a pour effet la force probante et la force exécutoire[126]. En d'autres termes, c'est un acte authentique, une sorte de preuve irréfutable qui ne peut être rejetée que par une procédure d'inscription en faux. Car, celui qui dispose d'un acte notarié n'a plus à démontrer la véracité de cet acte, mais c'est celui qui la conteste qui doit la démontrer par une procédure d'inscription en faux. Cet acte notarié authentique revêt aussi une force exécutoire qui renvoie au fait que l'acte dressé par le notaire s'exécute comme une décision de justice rendue en dernier ressort. Et ceci, au point où celui qui la dispose n'a plus besoin de passer par un tribunal pour faire exécuter sa décision. En résumé, si le notaire a bien dressé son acte, les vertus de cet acte ne protègent pas seulement l'acte, mais aussi celui qui l'a dressé.

Au demeurant, le notaire est un officier public qui a le monopole de l'authenticité des conventions. Les actes qu'il établit dans le cadre de son ministère revêtent certains privilèges. Mais à la lecture des décisions de justice et de la procédure pour assigner le notaire au tribunal, nous sommes en droit de nous demander si le traitement du statut d'officier public du notaire est respecté ?

2- Le traitement par la loi camerounaise et le juge du statut d'officier public du notaire

À la publication de *la loi 25 ventôse de l'an XI* en France[127], le notaire était un fonctionnaire[128] à qui l'État avait délégué une parcelle de sa

---

[126]Voir, 111e Congrès des Notaires de France, *La sécurité juridique un défi authentique,* Éd. Lexis Nexis, Strasbourg, 10 au 13 mai 2015, pp.263et s.

[127] Loi instituant le notariat en France.

puissance publique. La suite des évènements et l'avenue de nouveaux textes[129] vont retirer ce statut de fonctionnaire au notaire pour lui attribuer le statut d'officier public[130]. Ce changement de statut du notaire était sans doute effectué dans le but de reconnaître la place importante qu'occupe le notaire dans notre société. Ces modifications successives ont uniquement consacré la position privilégiée du notaire sur le plan juridique ; position qu'il occupait déjà dans notre corps social. La preuve : le constat fait sur la réelle évolution du notaire en France et au Cameroun nous a permis de comprendre que le notaire a toujours eu une place privilégiée dans notre société[131]. Malheureusement, nous avons l'impression aujourd'hui que ce statut d'officier public du notaire, jadis respecté par le juge, n'est plus considéré avec autant de délicatesse par les parties collaboratrices. Cette hypothèse résulte des constats opérés dans le cadre de notre recherche. Selon ceux-ci, certaines procédures de droit commun sont préjudiciables aux notaires. De plus, certains comportements et décisions de magistrats sont hostiles envers cet officier public[132]. Devrions-nous conclure que le privilège des notaires lié à leur statut d'officier public est négligé par le juge, au vu des décisions rendues par les tribunaux ?

Afin que nul n'en ignore, la loi camerounaise ne prévoit rien d'exceptionnel ou de particulier au statut d'officier public du notaire. En réalité, le notaire, comme toute personne de droit commun, peut être assigné au tribunal n'importe comment et par n'importe qui, parce que la loi considère cet officier public comme un sujet de droit commun. Dans la mesure où le statut d'officier public du notaire ne lui donne aucune immunité ni aucun privilège de juridiction, nous tenons à préciser aussi que certaines procédures mettant en cause les notaires passent par un avis de la chambre des notaires, mais le juge n'est pas lié ou tenu par cet avis de la chambre.

Aimé CESAIRE disait « *à force de scruter le lait frais de très près, on finit par y voir des poils noirs*[133] ». Cette parole de sage s'applique aussi en matière d'actes notariés. Puisqu'à regarder de très près comment on assigne un notaire dans la procédure de droit commun, on finit par y découvrir des poils noirs d'injustices. Ces injustices procédurales, nous les trouvons généralement à deux étapes de la procédure. La première étape se situe au

---

[128]Voir, extrait du le discours du conseil de Réal devant le corps législatif lors des débats pour la présentation de la loi 25 ventôse de l'an XI.

[129] Cf. Article 2, ordonnance du 2 novembre 1945, n° 45-2590, organisant la profession de notaire en France.

[130] Idem.

[131] Voir, DJILA, SOPDONG, TCHINDA et GUEGUANG, « Genèse du notariat », *La lettre des notaires*, septembre 2000, pp.2-5.

[132] Cf. Cour Suprême du Cameroun, 12 décembre 2013, Arrêt N° 65/ Civ, *op.cit.*, p.66.

[133] Voir, *La tragédie du roi Christophe*. Paris, Éd. Présence africaine p.115.

niveau de la phase préliminaire des poursuites du notaire et la deuxième au niveau du parquet.

La phase préliminaire se fait devant un officier de police ou de gendarmerie, chargé de diligenter l'enquête. Sauf que cet officier de police n'a pas, dans la plupart du temps, le niveau intellectuel requis ou encore l'expertise juridique adéquate pour comprendre d'abord et ensuite diligenter une enquête en matière d'obligations du notaire. La conséquence de cette méconnaissance de l'enquêteur est une perte de temps et un préjudice moral et financier énorme au notaire. Étant donné que les conclusions faites par l'officier de police judiciaire ne lient pas le parquet. Quel gâchis ! Autrement dit, le notaire est trimbalé dans certains cas par l'officier de police judiciaire, pourtant la procédure envoyée au niveau du parquet sera reprise à zéro sans la prise en compte des conclusions de l'officier de police. N'existe-t-il pas là, un préjudice énorme et une perte considérable de temps pour les notaires pris dans des litiges ? Pour étayer cette idée, prenons l'exemple fréquent du notaire qui serait perturbé dans l'exercice de ses fonctions par les convocations répétitives et incessantes de l'officier de police judiciaire. La déduction serait qu'au lieu d'exercer ses missions dans son lieu de service, le notaire se retrouverait dans les services de police à expliquer et à justifier le fonctionnement des actes qu'il a régulièrement établis. Seulement, ces explications et justifications ne sont pas toujours comprises par l'officier de police judiciaire, dans la mesure où il ne dispose pas des capacités intellectuelles et techniques en matière d'actes notariés.

B- LES DÉFAILLANCES DU DROIT COMMUN À RESPECTER LE STATUT D'OFFICIER PUBLIC DU NOTAIRE

La deuxième observation que nous allons faire est celle de dire qu'à la faveur de l'enquête préliminaire, l'enquêteur envoie le dossier au parquet. Mais ce dernier n'est pas lié par les conclusions de l'officier de police. Par conséquent, le notaire subit des pertes de temps à s'expliquer et à se justifier doublement pour des actes qu'il a souvent régulièrement établis. À ce moment, l'injustice réside dans le fait que le notaire a perdu du temps à se justifier auprès d'une personne qui n'a pas les aptitudes techniques et intellectuelles pour comprendre. De surcroît, l'envoi du dossier au niveau du parquet peut déboucher sur une remise à plat des conclusions de l'officier de police judiciaire.

1- La maltraitance du statut d'officier public à la phase préliminaire

Pour remédier à cette injustice, la question serait de se demander pourquoi on ne commencerait pas directement les litiges mettant en cause les notaires au parquet. Cela aurait l'avantage de donner carte blanche au parquet, en raison de ses compétences, pour mieux gérer les litiges mettant en cause les notaires. Cette option éviterait des pertes de temps à l'officier de police judiciaire et contribuerait à la respectabilité du statut d'officier public du notaire.

2- La maltraitance du statut d'officier public au niveau du parquet

La première observation à faire est celle de la situation constatée depuis 1995 en France et les années 2000 au Cameroun, dans lesquelles le juge et le parquet sont sévères envers ces officiers publics. Nous en voulons pour preuve la multiplicité des décisions qui démontrent que chaque fois qu'un notaire se retrouve dans un litige, les parties et souvent le juge rendent celui-ci responsable de tout en oubliant qu'il est officier public assermenté. Il voit généralement en lui, la personne solvable qui doit payer les frais des fautes qu'il a commises et celles des autres parce qu'il bénéficie de la garantie individuelle.

Les observations que nous avons menées au cours de ce travail sont passées par une présentation des privilèges que le notaire dispose du fait de son statut d'officier public, tout en remarquant que ce statut n'est pas très souvent respecté par le juge. S'il est vrai que le juge ne respecte que très peu le statut d'officier public du notaire, qu'en est-il de ses obligations principales et accessoires ?

SECTION II : LES LIMITES LIÉES AUX OBLIGATIONS PRINCIPALES ET ACCESSOIRES DU NOTAIRE

Dans le souci d'assurer la sécurité juridique et l'efficacité des contrats à ses concitoyens, le droit commun a assigné au notaire des obligations que nous classerons en obligations principales et en obligations accessoires[134]. La première catégorie appelée « *obligations principales du notaire* » est composée de son devoir d'authentification et de son devoir de conseil. La deuxième catégorie, celle des *« obligations accessoires du notaire »* est composée de son devoir de vérification et de son devoir de secret professionnel et d'information ; sans oublier les autres insuffisances du droit commun à encadrer les autres obligations ou devoirs du notaire. Tous ces devoirs assignés au notaire par la loi et la jurisprudence présentent des difficultés d'application d'ordre pratique. Le notaire s'est vu attribuer ses devoirs par la jurisprudence sans que ses obligations ne soient encadrées par le législateur. Sinon, comment expliquer que la notion de conseil du notaire n'ait pas de définition légale ? Ou encore que l'obligation de vérification du notaire en matière fiscale ne soit pas encadrée ? Est-ce que le non-encadrement par le législateur des obligations principales et secondaires du notaire n'est pas une grande porte ouverte à l'arbitraire ? Ces questions nous amènent à nous demander si le régime de droit commun n'a pas échoué une

[134] Voir, AUBERT (J.), Responsabilité professionnelle des notaires, op.cit., pp. 67 et s.

fois de plus à encadrer les obligations principales et accessoires du notaire. La suite de notre travail nous impose de présenter les défaillances du droit commun à encadrer les obligations principales du notaire (paragraphe1) et les défaillances de ce droit commun à encadrer les obligations accessoires du notaire (paragraphe 2).

PARAGRAPHE 1 : LES DÉFAILLANCES DU DROIT COMMUN À ENCADRER LES OBLIGATIONS PRINCIPALES DU NOTAIRE

Au Cameroun, le notaire a des missions pour lesquelles il a été institué, il s'agit d'abord d'authentifier les actes[135] et ensuite de conseiller[136] les parties sur les conséquences juridiques et fiscales des actes auxquels ils souscrivent. Ces missions principales des notaires ont pour objectif de conduire à la sécurité du trafic juridique ainsi qu'à l'efficacité des actes notariés. Malheureusement, ces concepts nobles dans la théorie n'ont pas trouvé la même noblesse en pratique. En effet, les multiples jurisprudences et productions doctrinales sur le sujet, témoignent des défaillances du droit commun à encadrer les obligations principales d'authentification et de conseil du notaire. La suite de cette partie passera par une présentation des défaillances du droit commun à encadrer l'obligation d'authentification du notaire (A) et par une dénonciation des insuffisances du droit commun à encadrer son obligation de conseil. (B)

A- LES DÉFAILLANCES DU DROIT COMMUN À ENCADRER SON OBLIGATION D'AUTHENTIFICATION

Le rôle principal du notaire, à la lumière de notre droit est d'*« authentifier les actes et conventions auxquels les parties veulent ou doivent donner le caractère d'authenticité »*[137]. En réalité, la loi donne le pouvoir à ce professionnel du droit « *de dire le vrai* [138]» par la confection d'actes appelés actes authentiques, lesquels ont la même force juridique qu'une loi ou qu'une décision de justice. Le notaire devient ainsi le garant de la sécurité, de la transparence et de l'efficacité des conventions et volontés des parties ; puisqu'il a le pouvoir de transformer un simple acte sous seing

---

[135] Voir, Décret 95/034 du 24 fevrier1995, portant statut et organisation de la profession de notaire au Cameroun.

[136] Voir, AUBERT (J.), *op.cit.,* 81 et s. Voir aussi, Cour de Cassation, chambre Civile 3e, 6 juillet 2005, n° 01-03.590, P+B. Voir aussi, ROUZET (G.), *Précis de déontologie notariale,* 3e éd. Presses Universitaires de Bordeaux, 1999, pp.329 et s. ; BIGUENET-MAUREL (C.), *Le devoir de conseil des notaires*, Répertoire Defrénois, août 2006, pp.3 et s.

[137] Voir, Article 2, Décret 95/034 du 24 février 1995 portant statut et organisation de la profession de notaire au Cameroun.

[138] Cf. Rapport du 111e congrès des notaires de France, *Sécurité juridique un défi authentique*, Strasbourg, 10 au 13 mai 2015, pp.167-170.

privé en acte authentique du seul fait de sa signature et de son sceau[139]. Cependant, ce devoir d'authentification présente des défaillances d'ordre pratique. En réalité, le législateur n'a pas suffisamment encadré ce devoir d'authentification du notaire, sinon, quelles sont les règles qui gouvernent cette authentification ? Quel en est le contenu ? Quelles en sont les limites ? Quel type d'actes le notaire ne doit-il pas authentifier ? L'organisation de la suite de cette partie passera par une compréhension de la notion d'authentification des actes notariés (1) et une présentation des insuffisances de cette notion d'authentification. (2)

1- La notion d'authentification des actes notariés

L'article 1317 du Code civil stipule que « *l'acte authentique est celui qui a été reçu par les officiers publics ayant le droit d'instrumenter dans le lieu où l'acte a été rédigé, et avec les solennités requises* ».[140] L'article 1319 du même Code civil parlant des caractéristiques de l'acte authentique dispose à ce propos que « *l'acte authentique fait pleine foi de la convention qu'il renferme entre les parties contractantes et leurs héritiers ou ayants cause* ». Autrement dit, tout ce qui est contenu dans un acte authentique est supposé être vrai. Il devient ainsi clair que l'acte authentique devient en quelque sorte une preuve par excellence, au point où « *celui qui le conteste doit avoir recours à la procédure d'inscription en faux* »[141].

L'exemple de l'arrêt de la cour d'appel du centre arrêt n° 49/CI du 20 juin 2013 affaire BEKOLO OWONA C/ YIMKWA Marceline de la cour d'appel du centre est illustratif à cet effet. En l'espèce, il était reproché au notaire de n'avoir pas respecté toutes les règles impératives en matière d'authentification. La procédure d'inscription en faux a uniquement pour but de faire reconnaître la fausseté du document. Elle est une procédure diligentée contre l'acte et non contre l'auteur du faux[142]. Le délai de prescription de l'action est de 5 ans à partir du jour où le titulaire du droit aurait eu connaissance de la fausseté du document.[143] L'authenticité constitue l'essence même du notariat dans la mesure où toute infraction liée aux règles d'établissement de ce type d'acte expose le notaire aux sanctions

---

139 Cf. Rapport général du 27e congrès des notaires d'Afrique, *Pratique notariale et développement économique*, Oran, 11- 14 decembre 2015, pp.3-8.

140 Voir, Décret 95/034 du 24 février 1995, portant statut et organisation de la profession de notaire au Cameroun.

140Cf. Rapport du 111e congrès des notaires de France, *op.cit.*, pp.143 et s.

141 Cf. Cour de Cassation, 2e Chambre Civile, 9 mai 1974, Bull. civ.1974. II, n° 160. Voir aussi, CAMUS (E.), « Inscription en faux-acte authentique-acte notarié- annulation », Paris, disponible sur le site www.avocatcamus.com (Consulté en septembre 2016).

142 CAMUS (E.), « Inscription en faux-acte authentique-acte notarié- annulation », en ligne, Paris, disponible sur le site www.avocat-camus.com (Consulté en septembre 2016).

143 Ibidem.

pénales de « *faux en écriture publique* »[144]. RIPERT et BOULANGER cités par SEFROUI HOUCINE déclaraient en ce qui concerne les actes authentiques notariés que le notaire est « *Le témoin privilégié dont l'attestation a, aux yeux de la loi, une valeur exceptionnelle* ». En réalité, cet auteur voudrait dire que la loi privilégie ce que le notaire a vu et donne une valeur particulière à ce qu'il dit. SEFROUI HOUCINE, montrant le caractère particulier de l'acte authentique, poursuit plus loin en déclarant que « *l'acte authentique s'impose au respect du juge et la foi due à un tel acte ne peut être détruite par les présomptions, quelles que soient leurs natures et leurs forces* ». Aussi, il précise qu'il n'y a « *Pas de preuve sur la preuve, car ce que dit le notaire, c'est la loi qui le dit* » ; ou encore, « *Ce que nous écrivons, c'est la loi des parties* ». En définitive, pour cet auteur, « *La mission d'authentification qui incombe au notaire consiste pour celui – ci à assurer la sécurité juridique des actes qu'il reçoit* ». C'est pourquoi il dit que « *L'acte notarié prévient indiscutablement les litiges et constitue l'incontestable preuve* ».

Voici ainsi présentée la notion d'authentification. Qu'en est-il des insuffisances de cette notion dans la pratique notariale ?

2- Les insuffisances de cette notion d'authentification

Le notaire « *juge de paix* »[145] doit assurer une fonction publique et prévenir les contentieux. Cependant, il n'a pas le pouvoir de contester ou de refuser un document signé par un agent assermenté ou habileté, qui aurait une apparence normale et véridique. Il ne saurait vérifier la véracité d'une pièce d'identité dûment signée par un commissaire de police ni rejeter un certificat de propriété délivré par le chef régional des services des domaines ; il en est de même des plans de masse fournis par les services du cadastre[146]. Le notaire ne peut de ce fait que s'en tenir à la forme des documents. Ainsi donc, ses actes pourraient être contestés pour des fautes commises par les services administratifs avec lesquels il est obligé de travailler.

Le notaire est parfois contraint de prendre en considération certaines déclarations des clients, parce que dépourvu de tous pouvoirs et moyens de contrôle. C'est le cas notamment des déclarations de prix et de valeur lors des transactions immobilières[147]. Ces actes sont très souvent rejetés par les services de l'enregistrement pour fausse déclaration. Dans le cas présent, le

---

[144] Ibidem.

[145] Cf. Rapport général du 27e congrès des notaires d'Afrique, *Pratique notariale et développement économique*, *op.cit.*, p.79. Inédit.

[146] Voir, HARRISOU (A.), « Le notaire face aux exigences de l'État », *Lettre des notaires*, Éd. Chambre des Notaires du Cameroun, n° 008, janvier- février- mars 1999, p.4.

[147] Voir, DÉCARRE (O.), « Transactions immobilières : combien touche réellement le notaire ? » en ligne Paris, publications de Olivier Décarre, disponible sur www.argent boursier.com publié le 28.07.2014 (Consulté avril 2015).

notaire peut-il refuser, pour une raison quelconque, de formaliser un acte conçu par un spécialiste agréé ? Qui serait responsable lorsque l'acte manquerait de fiabilité, ou serait en présence de quiproquos ?

Le notaire lié par les délais impartis pour les formalités de certains actes est souvent confronté aux retards causés par la lenteur administrative, lenteur qui serait due au comportement laxiste des agents d'administration et à une mauvaise organisation du travail. Nous notons de ce fait le caractère très long des circuits, l'absence de suivi dans le traitement des dossiers, pertes de dossiers, etc. En conséquence, on signale la perte des pièces du dossier, la soustraction des timbres sur les documents déposés et parfois la disparition du dossier lui-même alors que le notaire serait en possession du certificat de dépôt délivré par le service concerné[148].

Ces incidences sont fréquentes dans les services des impôts, des domaines et ceux des greffes des tribunaux. Le notaire dans ces situations se trouve hors délai et exposé au mécontentement des clients qui le tiennent pour responsable du mauvais travail et du retard accusé dans la procédure engagée[149]. Au registre des insuffisances de l'authentification par le notaire, il faut ajouter sans ambages les travaux de Patrick MICHAUD, lors de la convention de Nantes en date du 21 octobre 2011 qui portaient sur *« la nature juridique de l'acte d'avocat. »*[150], où l'auteur pense que l'acte du notaire n'est pas un acte authentique dans la mesure où le rapport JENARD-MOLLER[151] a précisé les trois conditions pour rendre un acte authentique à savoir :

- L'authenticité de l'acte doit avoir été établie par une autorité publique
- L'authenticité doit porter sur le contenu et non pas seulement sur la signature.
- L'acte doit être exécutoire par lui-même.

Ces trois conditions, surtout la première, disqualifient sans ambages le notaire de l'acte authentique. Selon l'auteur, le notaire n'est pas investi de la prérogative de la puissance publique comme le veut cette décision française de la Cour de cassation datée du 22 Juin 1999[152]. Celle-ci rappelle que le notaire est « *uniquement un officier public. Il n'est donc pas investi des*

---

[148]Voir, DOOH COLLINS – EKOLLO (R.), « Vente immobilière, quand l'État se prive de recettes » *La lettre des notaires*, éd. Chambre nationale des Notaires du Cameroun –n° 003-mai –juin-juillet 1997, p.7.

[149] Voir, DOOH COLLINS – EKOLLO (R.), « Vente immobilière, quand l'État se prive de recettes » *La lettre des notaires*, éd. Chambre nationale des Notaires du Cameroun –n° 003-mai –juin-juillet 1997, p.6.

[150] Patrick MICHAUD *« la nature juridique de l'acte d'avocat. »*, 2011, page 1-5.

[151]Voir, Rapport JENARD-MOLLER sur la convention Lugano, disponible sur le site www.bfm.admin.ch/content/dam/data/wirtschaft/ipr/ber-pocar-fr (Visité en juin 2015).

[152] Chambre civile, du 22 juin 1999, 98-83.514. Inédit

prérogatives de puissance publique ». En d'autres termes, le notaire n'étant pas une autorité publique, il ne peut pas délivrer l'acte authentique. Ce qui nous amène à nous poser la question de savoir, ne faut-il pas donner au notaire le statut d'autorité publique ? Ou encore ne peut-on pas donner à son acte, la prérogative de puissance publique ? La troisième condition n'est pas en reste, celle-ci voudrait que l'acte soit exécutoire de lui-même. De même, cet auteur pense que l'acte du notaire n'est pas exécutoire de lui-même. Et pour le démontrer, il s'appuie sur une décision de la Cour de cassation française de 2009, laquelle rappelle que « *la force exécutoire d'un acte notarié est pour le moins toute relative, car cette force dite exécutoire ne retire aucun droit de contrôle judiciaire tant sur la forme que sur le fond* ».[153]

Voici ainsi présentés, certains problèmes rencontrés par les notaires pendant l'authentification. Quid des problèmes liés à l'obligation de conseil ?

B- LES DÉFAILLANCES DU DROIT COMMUN À ENCADRER SON OBLIGATION DE CONSEIL

Le caractère constant et absolu du devoir de conseil a été mis en évidence pour la première fois dans un arrêt de la Cour de cassation en date du 21 juillet 1921 : *« les notaires, institués pour donner aux conventions des parties les formes légales et l'authenticité qui en est la conséquence, ont également pour mission de renseigner les clients sur les conséquences des engagements qu'ils contractent. Ils sont responsables en vertu de l'article 1382 du Code civil et ne peuvent stipuler l'immunité de leurs fautes et par suite décliner le principe de leur responsabilité en alléguant qu'ils se sont bornés à donner la forme authentique aux conventions des parties ».* Pour la Cour de cassation française, le notaire est professionnellement tenu d'éclairer les parties sur les incidences des actes qu'il a reçus, ainsi que de s'assurer de leur validité et de leur efficacité. Il ne peut décliner le principe de sa responsabilité en alléguant qu'il n'a fait qu'authentifier l'acte établi par les parties. Le juge installait par cette décision l'obligation de conseil du notaire. Il faut avouer que dans la pratique, ce devoir de conseil est essentiellement jurisprudentiel et présente des difficultés d'ordre pratique. En effet, la première difficulté réside dans le fait que le devoir de conseil, à la différence du devoir d'authentification, ne possède aucune définition légale. Nul texte précis ne vient, dans ce domaine, indiquer les obligations du notaire si bien que le devoir de conseil a été mis au point peu à peu par la jurisprudence qui n'a indiqué ni le contenu ni les limites de ce devoir de

[153] Voir, Cour de Cassation, 2e Chambre civile, 18 juin 2009, n° 08-01.843.

conseil[154]. Au final, la responsabilité du notaire pour absence de conseil ou mauvais conseil n'est pas encadrée. Pire encore, le contenu du devoir de conseil n'étant pas défini, la possibilité pour le juge de mettre tout et n'importe quoi dans la responsabilité des notaires est dangereuse pour l'activité de cet officier public. L'analyse pertinente de cette question nous amène vers une compréhension de la notion de conseil du notaire (1) et à présenter les insuffisances de ces obligations de conseil (2).

1- L'analyse de l'obligation de conseil du notaire

Hypothèse de cas : Un notaire A reçoit un client B et sa banque C lors d'une convention de crédit avec affectation hypothécaire. Dans ce type de convention, il s'agit pour le client B d'authentifier auprès du notaire les modalités de la convention existant entre lui et la banque. Seulement, le rôle du notaire dans ce type d'acte ne se limite pas à authentifier tel un scribe les volontés de ses clients, mais il s'agit aussi de les conseiller et de les éclairer sur la portée de l'acte auquel ils souscrivent. Il s'agit en réalité de leur éviter par les conseils, certains vices qui peuvent entacher l'acte, mais surtout de garantir la sécurité juridique de la convention. Ainsi, le notaire se doit de signaler les vicissitudes cachées ou apparentes qui peuvent pénaliser l'acte. Il se doit d'avertir les clients sur les dangers et les conséquences de l'acte. Ceci pour renforcer la sécurité juridique de celui-ci. Conséquemment, le rôle de conseil du notaire est d'éclairer et de guider les clients sur les conséquences des actes auxquels ils souscrivent. Il nous paraît après nos recherches qu'au Cameroun et en Afrique, les manquements que peut avoir le notaire pour mauvais conseils, absence de conseils ou conseils insuffisants sont rarement invoqués devant les tribunaux. Peut-être une absence de connaissances en la matière ?

Pourtant, en vertu de son devoir de conseil[155], le notaire doit rendre les parties attentives aux risques qu'elles encourent. En d'autres termes, le devoir de conseil incombant au notaire consiste à éclairer les clients sur le contenu et les effets des engagements qu'ils ont souscrits. Il réside en un avertissement donné aux parties sur la meilleure façon d'exercer leurs droits et sur les conséquences de cet exercice. En réalité, le devoir de conseil représente plus qu'un simple devoir d'information dans la mesure où la jurisprudence a fait de ce devoir, l'élément fondamental de la responsabilité notariale. Cela se vérifie aussi en matière fiscale où dans de récentes décisions, il a été jugé que « *le notaire doit conseiller son client sur les*

[154]Cf. Cour Suprême Cameroun, Chambre Civile, 12 décembre 2013, Arrêt n° 65/Civ, succession BASSAMA c/ dame NGO MBONDO Fidèle. Dans le même sens, Cour Suprême du Cameroun, 10 avril 2014, n° 59/Civ, succession EDIMO c/ KAMGNA Jean Pierre.

[155] Voir, PIEDELIEVRE (S.), « Plaidoyer pour une application raisonnée du devoir de conseil du notaire » *Lamy droit de la responsabilité*, décembre 2006, pp.10 et s.

conséquences fiscales d'un acte qu'il établit »[156]. Ou encore, cette décision française où le juge a estimé que « *le devoir de conseil du notaire comprend une obligation d'avertissement quant à l'incertitude affectant le régime fiscal applicable à une opération et au risque de perte des avantages fiscaux recherchés par l'investisseur* »[157]. Pour le juge, le notaire est donc chargé d'éclairer ses clients sur les formalités qui doivent être accomplies ainsi que sur les risques de l'acte envisagé. Mathias LATINA et Jean François SAGAUT vont dans le même sens que le juge, en affirmant à ce propos que *« c'est par le biais du devoir de conseil que le notaire se voit chargé d'assurer la validité et l'efficacité des actes qu'il reçoit, voire de l'adéquation de l'acte dressé avec les objectifs poursuivis par ses clients.* »[158] De ce fait, le notaire est tenu d'une obligation de conseil relativement étendue[159]. En effet, cette décision est le témoignage de la volonté de la jurisprudence d'étendre le devoir de conseil du notaire en stipulant qu'il « *est possible, dans certains cas, que constitue un préjudice indemnisable, la perte d'une chance qu'avait un contribuable de bénéficier d'un régime fiscal avantageux suite à une carence d'information de son conseil*[160]. » Autrement dit, si la carence du devoir du conseil du notaire a abouti à une perte de chance pour le client, le notaire doit en être responsable.

Comme nous venons de le voir, le notaire a un devoir de conseil envers ses clients. Car sa tâche consiste à les éclairer sur les conséquences des actes qu'ils souscrivent. Mais qu'en est-il des insuffisances que présente ce devoir de conseil ?

2- Les insuffisances de l'obligation de conseil du notaire

Nous avons vu plus haut que l'obligation de conseil du notaire exigeait à ce dernier d'être tenu professionnellement d'éclairer les parties sur les incidences des actes qu'il a reçus, ainsi que de s'assurer de leur validité et de leur efficacité[161]. Néanmoins, l'applicabilité de cette exigence prétorienne rencontre des difficultés d'ordre pratique.

---

[156] Cf. Cassation. 1re Chambre civile, 3 avril 2007, n° 06-12.831. Dans le même sens voir, Cour Cassation 1re Chambre Civile, 17 juin 2010, n° 09-15.451.

[157] Voir, Cour de Cassation. Chambre Civile.1ère, 26 janvier 2012, n° 10-25741. Ou encore, Cour Suprême du Cameroun, Arrêt n° 148/Civ, 12 décembre 2013. Affaire PHARMACIE DU BENIN C/ LA SOCIÉTÉ GÉNÉRALE DE BANQUES DU CAMEROUN (SGBC).

[158]Cf. MATHIAS (L.), SAGAUT (H.), *Manuel de déontologie notariale*, *op.cit.*, p.13.

[159] Cf. AUBERT (J-L) *op.cit.*, pp.85-118.

[160]Cf. Cour de Cassation Chambre Civile 1re, 5 mars 2009, n° 08-11.374.

[161] Voir, Cour de Cassation Chambre Civile, 13 décembre 2005, n° 03-11433 : « Le notaire est fautif lorsque, connaissant le motif de défiscalisation des acheteurs, il ne les a pas informés des aléas de défiscalisation attendue ».

Commençons par l'absence de définition légale du devoir de conseil[162] qui pose un sérieux problème dans l'exercice de la fonction de notaire. Où commence le devoir de conseil du notaire ? Où s'arrête-t-il ? Quel est son contenu ? Quel est son champ d'application ? Et qu'est-ce qui ne fait pas partie du devoir de conseil du notaire[163] ? Voilà autant de questions auxquelles le non-encadrement par le droit commun de l'obligation de conseil du notaire ne saurait répondre.

La deuxième difficulté que nous avons identifiée est relative au problème de charge de la preuve incombant à cet officier ministériel. En matière de respect du devoir d'information et de conseil, la jurisprudence admet à leur encontre une « *présomption de faute* ». Ce n'est plus au client accusateur de prouver qu'il y a eu une faute ou un manquement, mais au professionnel de prouver, face à ces accusations, qu'il a bien rempli son obligation de conseil.[164] Pour mieux comprendre cette obligation du notaire, jetons un regard sur une affaire en date du 30 Avril 2014[165]. Dans cette affaire, le client B reprochait au notaire d'avoir manqué à son devoir de conseil en omettant de lui indiquer une clause de reprise des apports, *« en cas de divorce, les biens de la communauté seraient partagés de moitié, malgré le déséquilibre manifeste des apports de chaque époux »*. L'époux l'a donc assigné en indemnisation. La grande question a été de savoir à qui appartient la charge de la preuve. Est-ce au notaire de prouver son manquement ou au client de démontrer la faute du notaire. Voici présenté à titre illustratif, le problème relatif à la charge de la preuve.

La troisième difficulté est relative à l'épineux problème de la preuve du conseil[166]. La preuve du conseil du notaire a fait l'objet de controverses doctrinales et jurisprudentielles. En outre, comment le notaire pourra-t-il prouver qu'il a donné des conseils à ses clients ? Autrement dit, comment le notaire pourra-t-il prouver que le client n'a pas respecté ses consignes ou est allé au-delà des consignes qu'il lui a données ? Vu le fait que la loi ne prévoit rien en ce qui concerne la preuve du conseil, le notaire n'est-il donc pas exposé ou n'est-il pas à la merci des clients de mauvaise foi qui pourraient prospérer dans leurs entreprises malsaines en traînant ces officiers dans les tribunaux au seul motif qu'ils estiment n'avoir pas été bien

---

[162]Cf. PARANCE (B.), « La confirmation très nette du caractère absolu du devoir de conseil des notaires » *Lamy droit du contrat,* septembre 2007, p.10 et s. Dans le même sens voir, Cour de cassation, 1re, chambre civile, 3 avril 2007, n° 06-12.831.

[163]Voir, NEGER (G.), « La responsabilité civile des notaires ». In site responsabilité-civile-notaires, 14861.html, en ligne, disponible à l'adresse originale, http://www.village-justice.com/articles (Consulté janvier 2017).

[164] Cf. Cour de Cassation, Chambre civile, 1re du 3 février 1998, n° 96-13201.

[165] Cf. Cour de cassation française chambre civile 1ere, 30 avril 2014, RGN 13-16.380, arrêt 493.

[166]Idem.

conseillés[167] ? En plus, quels sont les critères d'un bon conseil ? Dans une affaire portée devant la Cour de Cassation française en date du 25 Janvier 2017, il était question que le notaire prouve qu'il avait donné des conseils à son client, notamment sur « *modifications intervenues du lien contractuel, lesquelles rompaient le lien entre l'état d'avancement des travaux et le paiement des frais* ». Le notaire a été condamné par la cour d'appel de Pau parce que selon elle, il n'a pas pu prouver son conseil. Tandis que la Cour suprême a cassé la décision de la cour d'appel en estimant que le notaire a effectivement conseillé son client[168]. Mais la question demeure. Quelles sont les règles qui gouvernent la preuve du conseil ? Comment le notaire peut-il prouver qu'il a conseillé ses clients ? Les conseils écrits, annexés aux actes du notaire peuvent-ils servir de véritable preuve ?

La quatrième difficulté est relative au problème du devoir de conseil devant un client compétent[169]. En réalité, la jurisprudence a pour habitude de condamner ou invoquer sa responsabilité malgré le fait que son client soit un professionnel avisé et compétent. Le notaire n'est plus déchargé de son devoir de conseil par les compétences personnelles de son client. En réalité, le notaire qui passe un acte dans son étude pour un client assisté par un avocat ou un autre notaire ne pourra pas décharger sa responsabilité de conseil au motif que le client était assisté d'un professionnel. Le client du notaire malgré ses compétences devient un profane pour la cause.

Les défaillances du droit commun après les analyses faites supra ne souffrent d'aucun doute, dans la mesure où nous avons malheureusement observé des défaillances dans les devoirs d'authentification et de conseil qui constituent des obligations principales du notaire. S'il existe des défaillances sur les obligations principales des notaires qu'en seraient-ils des obligations accessoires ?

PARAGRAPHE 2 : LES DÉFAILLANCES DU DROIT COMMUN À ENCADRER LES OBLIGATIONS ACCESSOIRES DU NOTAIRE

Nous ne reviendrons pas ici sur toutes les obligations accessoires du notaire. Mais il s'agira de s'appesantir sur les obligations accessoires du notaire qui, à notre avis, constituent des défaillances du droit commun à encadrer les obligations accessoires des notaires. Le cadre de nos recherches

---

[167] Voir, Cour de Cassation 1re, Chambre Civile, 26 janvier 1960, J.C.P. 1961, II, 11945, note ESPAGNO, cité par AUBERT (J-L.), *op.cit.*, p.105.

[168] Voir cour de cassation française 1ere chambre civile, 25 janvier 2017 du pouvoir : 16-10.415.

[169]Voir, Cour de Cassation Chambre Civile 1re, 28 novembre 1995, n° 93-15.659 : « Le notaire n'est pas déchargé de son devoir de conseil par les compétences personnelles de son client ». Voir aussi, KUHN (J-P), « Le devoir de conseil face à un client expérimenté ». *La semaine juridique notariale et immobilière*, 3 mai 2002, n° 18, pp 70 et s.

nous a permis d'identifier certaines des obligations accessoires du notaire qui posent problème. Nous commencerons par citer comme premier problème, l'obligation de vérification du notaire étant donné que le devoir de conseil n'a pas été encadré par le législateur[170]. Le deuxième problème ayant attiré notre attention est l'épineuse question du secret professionnel qui fait débat en doctrine et dans la jurisprudence. La suite de notre travail aboutira logiquement à une présentation de la notion et des limites liées à l'obligation de vérification (A) et dans une deuxième articulation, les incohérences entre le devoir d'informer et le devoir du secret professionnel du notaire ainsi que les autres défaillances du droit commun (B).

A- L'OBLIGATION DE VÉRIFICATION DU NOTAIRE

La sécurité juridique nécessaire en matière d'actes notariés requiert une vigilance de tous les instants aux notaires. C'est dans cette optique que le législateur, en quête d'efficacité et sécurité des actes notariés, a imposé à ces officiers publics, l'obligation de vérification des informations qu'ils reçoivent. Le législateur n'a pas fait de cette obligation de vérification un simple devoir, mais a ajouté à cela, des sanctions fiscales et pécuniaires en cas d'inobservation de ce devoir de vérification[171]. Pour le législateur, cette obligation de vérification est un devoir obligatoire et impératif du notaire[172].

L'orientation de notre travail dans cette partie, nous amènera à voir en premier, l'analyse de l'obligation de vérification du notaire (1) et en second, les insuffisances de cette obligation de vérification (2)

1- L'analyse de l'obligation de vérification du notaire

Une décision de la Cour de cassation française stipule qu'« *Il incombe en effet au notaire de prendre tous renseignements utiles avant de prêter son ministère et de rédiger l'acte* ». Cette décision fait du devoir de vérification du notaire un devoir préalable de cet officier public, avant toute instrumentation d'acte qui lui est soumis. Elle consiste en effet, pour le notaire à rechercher toutes les informations nécessaires pour une meilleure confection de ces actes. Nul besoin de préciser ici que ces actes doivent disposer de toutes les vertus nécessaires aux actes notariés. Il s'agit des vertus telles que l'efficacité et la sécurité juridique. Vérifier dans le contexte du notaire peut être compris de deux façons. La première appréhension est celle qui assigne aux notaires l'obligation de contrôle de la véracité des

---

[170]Voir, Cour Suprême Cameroun, 24 juillet 2014, Arrêt n° 128/civ, DJENGUE NSANKON Edouard, DJENGUE ENGOME Grace et autres contre KOMPE Rodolphe.

[171] Voir, FONT (G.), « Le notaire face aux exigences de l'État », *la lettre des notaires,* Éd. Chambre des notaires du Cameroun, n° 008 de janvier- février- mars 1999, p.5.

[172]Cf. Cour Suprême Cameroun, 12 décembre 2013, Arrêt n° 65/Civ, succession BASSAMA C/ DAME NGO MBONDO Fidèle. Dans le même sens, Cour Suprême du Cameroun, 10 avril 2014, n° 59/civ, succession EDIMO c/ KAMGNA Jean Pierre.

déclarations des contribuables, pour éviter que ses clients puissent faire de fausses déclarations dans le but clandestin de faire du profit. La deuxième appréhension est celle qui oblige le notaire à contrôler pour découvrir les vices cachés qui pourraient entacher l'instrumentation et surtout empêcher l'efficience de l'acte qui est soumis à son contrôle. Cette obligation de vérification a aussi pour but d'édifier son client ou encore rendre ses conseils efficaces. Le législateur prend tellement ce devoir au sérieux qu'il a institué des sanctions si le notaire venait à l'encontre de ce devoir impératif. Il est un devoir de sincérité confié au notaire par l'administration pour contrôler et déceler les vices qui peuvent entacher un acte notarié. Cette obligation de vérification stipule que le notaire doit s'assurer de l'exactitude des informations fournies relativement aux actes qui lui sont soumis ou encore d'examiner que les informations fournies relativement aux actes qu'il instrumente sont exactes et ne pourront pas porter préjudice à l'acte, au notaire ou au client. Le but de cette précaution est le renforcement de la sécurité juridique des actes notariés afin de permettre leur efficacité. C'est un devoir qui permettra de s'assurer de la conformité ou de la légalité des actes qui lui sont soumis.

L'obligation de vérification du notaire peut être comprise dans l'arrêt n° 103/ du 25 septembre 2014, Affaire n 07/RG/14 du 19 février 2014. Kana François C/ EFFA Cécile, DJAMBON TIMO André Léopold, TAPONFACK TSEFACK Alexis et HAPPY Julienne.

Dans cette affaire, le notaire a été assigné par KANA pour complicité d'atteinte à la propriété foncière parce que lors de l'instrumentation et de l'authentification de son acte, elle n'a pas vérifié que l'espace où elle passait son acte était une servitude qui séparait deux immeubles, elle s'est obstinée à collationner l'acte bien qu'aucun dossier technique ne lui ait jamais été présenté. Surtout que cette non-vérification cause un énorme préjudice à monsieur Kana François. L'inobservation de son devoir de vérification est constitutive de faux et usage de faux en écritures publiques et authentiques et d'atteinte à la propriété foncière. Le notaire s'est défendu en estimant que le faux en écritures publiques et authentiques suppose une contrefaçon et une altération volontaire d'un acte dans sa substance. Que la soumission d'un acte sous seing privé à l'authentification ne saurait constituer un faux et qu'en l'absence de l'existence de l'infraction principale, nulle complicité ne saurait être retenue. Le juge d'instance et le juge d'appel ont certes donné gain de cause au notaire, mais le problème de la vérification demeure. De cette affaire, on peut comprendre aisément que le notaire se doit de vérifier.

L'obligation de vérification du notaire peut aussi se vérifier dans l'affaire n° 66/RG/ du 13/09/2013 EMALIEU Jean Marie C/ ESSI ESSI, KAMGA SOP, HAPPI Julienne, SAMKAM jean[173].

En l'espèce, EMALIEU Jean Marie avait fait un prêt à son ami ESSI Austin qui en garantie du paiement de la dette, avait remis son titre foncier par-devant le notaire. Pour réaliser la garantie, il a été dressé un acte de vente sous la condition suspensive de remboursement de la dette de ESSI ESSI à KAMGA SOP dans un délai connu par les parties. Malheureusement, 9 mois après l'échéance KAMGA SOP n'était pas toujours rentré en possession de son argent. Ce qui l'amena à demander au notaire de réaliser la garantie et de formaliser l'acte de vente. Seulement, le notaire a déclaré pendant le procès que le titre foncier n'avait pas de dossier technique, c'est-à-dire le procès-verbal de bornage et le plan de l'immeuble. Mais aussi que l'acte n'avait pas été formalisé au moment de la vente, mais seulement 9 mois plus tard. Monsieur ESSI, malgré la promesse de vente faite à monsieur SOP a été très surpris que sa maison ait été vendue malgré l'absence du dossier technique. Ce qui rend, selon lui, la vente illégale. Dans cette affaire, il est concrètement reproché au notaire de n'avoir pas vérifié l'absence du dossier technique dans le titre foncier et aussi d'avoir formalisé la vente seulement 9 mois après, ce malgré l'absence d'éléments substantiels à la vente. Le premier juge a donné raison au notaire, mais le deuxième juge a reçu l'appel et condamné le notaire. Cette affaire nous montre à suffisance l'obligation de vérification du notaire comme un devoir impératif.

Après avoir étudié l'obligation de vérification, il est question pour nous de parler des insuffisances de l'obligation de vérification

2- Les insuffisances de l'obligation de vérification du notaire

Le notaire, comme nous avons signalé plus haut, est tenu par l'obligation de vérification. Mais il se trouve que dans certains cas, il est dans l'impossibilité de remplir cette mission[174]. Pour illustrer ces propos du notaire HARISSOU, prenons l'exemple récurrent dans les études de notaire en Afrique francophone.

Un notaire A reçoit en son étude pour une convention de crédit avec affectation hypothécaire un client B marié et sa banque C. Lors de l'instrumentation de l'acte, le notaire A requiert du client B la signature de sa femme D sur l'acte comme le stipule, la loi. Seulement, le client B au lieu d'amener sa véritable femme D pour signer l'acte s'en va faire un faux acte de mariage avec madame Z. Sur la base de cet acte, et à l'insu du notaire,

[173] Arrêt N° 90/CI du 21 août 2014/

[174] Cf. Cour de Cassation, 3e, Chambre Civile, 6 juillet 2005, n° 01-03590. Dans la même optique, décision de la Cour d'appel du centre, 16 septembre 2009, Arrêt n° 363/ civ, BICEC c/ KACK KACK Gérard.

monsieur B fait signer à madame Z l'acte de convention de crédit, ceci au mépris du droit et dans le dos du notaire. Face à un cas pareil, plusieurs questions nous taraudent l'esprit : comment le notaire pouvait-il savoir que madame Z n'est pas la véritable épouse de Monsieur B ? Mais aussi de quel moyen dispose-t-il pour vérifier que madame Z est la véritable épouse de monsieur B ? Aussi, le notaire doit-il être sanctionné par le faux orchestré par d'autres administrations étant intervenues dans l'acte avant lui ? Ou, le notaire doit-il se transformer en enquêteur ? Sinon, doit-il se limiter aux documents qui lui sont soumis ?

Maître Abdoulaye HARISSOU déclarait à ce propos que « *le notaire a l'obligation de vérifier, mais il ne peut et ne doit se transformer en enquêteur* »[175]. L'ancien président de la chambre des notaires du Cameroun touchait ainsi du doigt le véritable problème du devoir de vérification du notaire. En effet, nous avons constaté la sévérité du juge envers ces officiers publics pour manquement à leur devoir de vérification. Le juge se comporte comme si le notaire avait tous les moyens de vérification nécessaires à l'établissement des actes notariés efficaces et se refusait de se soumettre à cette obligation. Ce n'est pourtant pas le cas. En réalité, le notaire ne dispose pas de tous les moyens de vérification nécessaires à l'efficacité souhaitée par le législateur et le juge[176]. Prenons pour exemple, l'hypothèse du client du

---

[175] Voir, HARRISOU (A.), « Pour une modernisation du droit immobilier » *Lettre des notaires*, Éd. Chambre des notaires du Cameroun, n° 003, mai -juin -juillet 1997, pp.3-8.

[176] Voir, Cour Suprême du Cameroun, Arrêt n° 188/civ. 30 octobre 2014. Affaire FOTSE KAMGA Jean Hubert et MOUSSINGA BAPES Jacqueline c/ ayants droit du feu DALLE et autres. Dans cette affaire, la jurisprudence condamne le notaire qui n'a pas fait des vérifications essentielles à un acte de vente tel que la mutation du titre foncier au nom du vendeur avant de passer l'acte ou réaliser la vente notariée. Ainsi, par cette décision, le juge rappelle que le devoir de vérification du notaire est une obligation absolue s'il veut que ces actes soient efficaces en l'espèce, un terrain appartenant à BOULOU DALLE KING et joseph NSEKE BALLE KING par vente. Après le décès de ces derniers, l'immeuble n'avait pas été partagé entre les deux propriétaires dont NSEKE BALLE KING Joseph qui est décédé le 24/01/1999 et a laissé trois enfants et une veuve ; et BOULOU DALLE KING décédé lui aussi le 23 septembre 1969 ne laissant pas de progéniture : et selon les coutumes douala, la dévolution successorale échoit de plein droit à celui qu'il aura choisi dans la communauté, quel que soit son âge ou son appartenance. C'est ainsi que MBAPPE Joël Murat qui a pris sous sa protection conformément à la coutume Douala et la volonté du *de cujus* devient successeur de BOULOU DALLE. Que par acte notarié l'immeuble intervenu le 25 janvier 2001 chez maître MOSSINGA BAPES Jacqueline notaire à Douala. Appartenant à toute propriété et en indivision a monsieur BOULOU DALLE KING né vers 1910 et à NSEKE KING Joseph née vers 1918 qu'il a noté que la vente est intervenue par l'accord d'une part des héritiers du feu NSEKE KING Joseph et d'autre part des héritiers reconnus du feu BOULOU DALLE KING. Que le juge d'appel a décidé la nullité de l'acte de vente au motif que les héritiers n'étaient pas encore propriétaires du terrain puisque le terrain n'avait pas encore été muté en leur nom propre. Que le juge d'appel a fait fi des grosses de jugements d'hérédités devenues définitives et produites au moment de la vente et que Maître MOUSSINGA BAPES Jacqueline a commis une faute lors de l'établissement de l'acte de vente de l'immeuble acquis par monsieur FOTSE KAMGA Hubert, en ne vérifiant pas que le

notaire qui produit une fausse carte d'identité lors de la confection d'un contrat de vente. Qu'il est établi par la suite que c'est du fait de cette fausse carte d'identité que le juge a prononcé la nullité de l'acte de vente. La logique voudrait, dans ces circonstances, que le client se retourne contre le notaire qui a instrumenté l'acte, nonobstant le fait que le notaire ne confectionne pas les pièces d'identité et n'a même pas la possibilité matérielle de distinguer une bonne d'une fausse pièce d'identité. Pour comprendre, voyons cette décision de la Cour suprême du Cameroun dans l'affaire MODJO Hilaire C/ FOZEU Emmanuel et Madame Née KENMDE Jeannette sur l'annulation d'un acte notarié au motif que le vendeur de l'immeuble ait produit deux cartes d'identité.

En l'espèce, MODJO Hilaire, propriétaire d'un immeuble est décédé antérieurement à la vente litigieuse de son immeuble et possédait deux cartes d'identité, l'une cartonnée et l'autre informatisée. La vente de son immeuble fut effectuée par acte notarié. Le juge d'instances sans avis de l'autorité compétente a purement et simplement annulé la vente de l'immeuble faite par-devant notaire, se bornant à relever que son pouvoir d'appréciation est à même de statuer sur une demande de nullité de vente qui est soumise indépendamment d'une procédure d'inscription en faux. Le juge d'appel à la suite du premier juge a annulé l'acte de vente passé entre MODJO Hilaire et FOZEU Emmanuelle en arguant la fausseté de carte produite par l'acheteur. MODJO Hilaire s'est pourvu en cassation en disant qu'il n'y a que l'autorité en charge des cartes pour dire laquelle des cartes nationales d'identité est fausse ou authentique, que seule une procédure d'inscription en faux aurait dû établir cet état de choses. Le juge de la Cour suprême a rejeté le pourvoi de MODJO Hilaire et le condamne aux dépens. Dans ce cas, il est clair que les fausses cartes d'identité sont le quotidien des notaires.

En pareille circonstance, est- ce que la responsabilité du notaire devrait être retenue[177] ? Ou encore, prenons la situation juridique des ventes d'immeubles passées par-devant notaire sur des terrains ayant plusieurs titres fonciers, le notaire qui est dans l'impossibilité matérielle d'enquêter sur la pluralité des titres fonciers peut-il être tenu pour responsable d'un dysfonctionnement de l'administration ? Ou encore devrait-il payer seul pour ce dysfonctionnement de l'administration en cas de litige entre le notaire et son client ? Pourquoi ne poursuit-on pas les autres maillons de la chaîne ? Qu'en est-il du notaire qui instrumente un acte sur la base de documents délivrés par les autorités compétentes et assermentées qui se révèlent plus

terrain a été muté aux noms des véritables propriétaires. La Cour suprême a rejeté le pourvoi de FOTSE KAMGA Jean Hubert (acheteur de l'immeuble) et a annulé l'acte de vente de Maître MOUSSINGA, et l'a condamné ainsi aux dépens.

[177] Voir, article du Cameroun tribune, publié en janvier 2012, qui indique en ces termes que : « l'assemblée générale de la Chambre nationale des notaires du Cameroun a dénoncé le nombre de fausses cartes d'identité fabriquées dans le pays » article publié le 15 janv. 2012.

tard être des faux documents ? La responsabilité du notaire en ce moment serait-elle invoquée alors qu'il a agi sur la base de documents qui dégageaient toutes les caractéristiques d'authenticité ? De surcroît, ces documents lui ont été fournis par des personnes assermentées et souvent hautement qualifiées. Face à cet état de choses, en quoi consiste l'obligation de vérification ? Le notaire peut-il tout vérifier ? Sinon où sont les limites de ce devoir de vérification ? En plus, on a l'impression que le notaire est le ventre mou des professions juridiques dans la mesure où il est souvent assigné seul au tribunal, alors qu'il n'est qu'un maillon de la chaîne et il est la victime des autres maillons qui ne sont nullement inquiétés.

Par exemple dans l'affaire succession EDIMO c/ KAMGNA Jean-Pierre[178], le notaire se retrouve au tribunal malgré toutes les vérifications nécessaires qu'il a effectuées. Ainsi, la succession EDIMO estime que l'acte de vente sur un immeuble litigieux passé chez Maître MAWAFO FONKOUA est une vente irrégulière, en ce que BELLET Alexandre n'a pas le droit de vendre l'immeuble pour défaut de qualité, mais aussi et surtout qu'il a vendu le bien d'autrui. À la suite du premier juge, le juge d'appel a ordonné un transport judiciaire dans l'étude du notaire pour vérification. La juridiction a ainsi constaté que la vente dudit immeuble est régulière parce que le notaire a effectué toutes les vérifications nécessaires et a dressé l'acte de vente dans le strict respect de la prescription légale. Ainsi, le juge d'appel déclare l'action de la succession d'EDIMO irrecevable pour défaut de qualité. La famille EDIMO se pourvoit en cassation, mais le juge de cassation rejette le pourvoi formé par la famille EDIMO et les condamne aux dépens au motif que la succession EDIMO n'a pas qualité, puisque BELLET EDIMO Pierre, fils de BELLET Alexandre et de NYAMSI Rose, née vers 1935 a vendu l'immeuble de ses parents. BELLET EDIMO Francis Désiré est plutôt comme le montrent les documents, fils d'EDIMO Henri et de feue MOUKOKO. Il est vrai que dans cette affaire, le notaire a gagné le procès, mais la perte en temps, en énergie, en argent n'est pas négligeable. Sans oublier le stress qui l'empêche d'agir sereinement dans ses missions.

L'exemple de l'affaire de Maître FOTSO MEKU Brigitte est très expressif sur la difficulté de ce devoir de vérification du notaire. Dans cette affaire, Maître FOTSO MEKU avait reçu un client dans son étude qui disposait d'un jugement lui donnant la pleine propriété d'un immeuble et d'autres biens de son défunt père. Le notaire, sur la base de ce document authentique venant du tribunal du centre administratif de Yaoundé, a muté à la demande de ce dernier, le titre foncier au nom de cet héritier. Par la suite, l'héritier a demandé et obtenu du notaire la vente de cet immeuble à monsieur X. La vente a été effectuée par-devant ledit notaire qui a observé toutes les diligences et règles requises en matière de vente d'immeuble.

---

178 Cour suprême du Cameroun, Arrêt N° 59/Civ du 10 avril 2014.

Seulement, l'acquéreur voulant aller viabiliser le terrain, s'est heurté à la présence du supposé papa décédé selon la décision de justice du tribunal. Le père furieux, constatant la fuite de son fils adoptif pour les États-Unis et la vente de son terrain par celui-ci en complicité avec sa mère, assigna le notaire instrumentaire et le nouvel acquéreur pour l'annulation de l'acte de vente passé au mépris de ses droits. Nous ne pouvons pas évoquer la suite que le juge a donnée à cette affaire parce que l'affaire est encore pendante au tribunal de grande instance du centre administratif de Yaoundé. Mais cette assignation du notaire démontre la difficulté du notaire à pouvoir remplir son rôle de vérification. En effet, le notaire a reçu des documents censés être authentiques et a établi des opérations sur cette base, malheureusement, il se trouve assigné au tribunal sans avoir commis de faute professionnelle. Ce qui nous amène à nous poser les questions suivantes : Comment le notaire pouvait-il savoir que les documents venant d'un tribunal, délivré par les personnes assermentées, étaient faits sur la base d'un faux ? Et même s'il le savait comment pouvait-il rejeter ou s'opposer à une décision venant du tribunal ? Devrait-il être responsable des fautes commises par d'autres services ?

Suite à l'obligation de vérification du notaire et les insuffisances de ce devoir, nous allons voir la difficile cohabitation qui existe entre le devoir d'informer et le secret professionnel ainsi que les autres insuffisances du droit commun à encadrer la responsabilité du notaire.

B- LA DIFFICILE COHABITATION ENTRE LE DEVOIR D'INFORMER LE SECRET PROFESSIONNEL ET D'AUTRES INSUFFISANCES DU DROIT COMMUN

Dans cette partie, nous rappelons que la mauvaise cohabitation entre le secret professionnel et le devoir d'informer[179] constitue une preuve matérielle majeure de l'échec de notre droit commun à encadrer la responsabilité du notaire. C'est la raison pour laquelle elle attirera notre attention en premier lieu. Par la suite, nous nous intéresserons aux autres insuffisances du droit commun à encadrer la responsabilité du notaire. La suite logique de notre travail nous impose d'analyser la mauvaise cohabitation entre le devoir d'informer et le secret professionnel (1) et les autres insuffisances du droit commun à encadrer la responsabilité du notaire (2).

[179] Voir, Cour de Cassation 3ème Chambre civile, 6 juillet 2005, n° 01-03.590, p+B. Dans le même sens, « Le notaire : un conseil, non un détective », Revue Lamy droit civil, novembre 2005, n° 21, p.21 et s.

1- La mauvaise cohabitation qui existe entre le devoir d'informer et le secret professionnel

Le notariat devient de nos jours, du fait du droit commun, une activité frustrante, injuste et souvent incohérente pour les notaires nonobstant les efforts du juge à rationaliser cette activité. Nous le disons parce que le quotidien du notaire est fait de plaintes, d'assignations de commandement d'huissiers et j'en passe. C'est généralement le cas du devoir d'informer et du secret professionnel. Bien qu'elles soient deux obligations distinctes du notaire, elles entretiennent un rapport de conflictualité à cause de l'imprécision de la loi et de la jurisprudence. Il nous incombe donc d'aborder la notion de devoir d'informer et la notion du devoir du secret professionnel, ensuite de montrer la mauvaise cohabitation de ces deux notions.

En général, le devoir d'informer est un devoir légal pesant sur le professionnel, vendeur de biens ou prestataire de services, d'informer son partenaire sur les caractéristiques de la chose commercialisée ou de l'opération projetée au moyen, notamment, de mentions informatives et de documents annexes. Outre, de nombreux textes imposant une telle obligation dans des domaines précis,[180] le notaire n'échappe pas à cette obligation d'information. En effet, le 111ᵉ congrès des notaires de Strasbourg s'inspire de la loi française notamment en son article 3.2.1 qui stipule que « le *notaire doit à sa clientèle (...) l'information la plus complète.* ». Autrement dit, ce congrès des notaires voulait souligner le souci du législateur de donner un devoir impératif au notaire. Celui qui consiste à renseigner son client sur les informations les plus utiles et nécessaires à la confection de l'acte notarié qui répondrait aux exigences de sécurité et d'efficacité juridiques, afin que le client, sur la base des informations fournies par le notaire, puisse prendre les décisions les plus éclairées. C'est dans cette même perspective que Jeanne de POULPIQUET affirmait, à propos de ce devoir d'information : *« le notaire doit non seulement s'enquérir auprès du service chargé (...), mais encore informer l'acquéreur du résultat de ses recherches et des incidences des renseignements obtenues* ». La même logique s'applique aussi en matière d'obligations fiscales du notaire, en effet, *Richard CRONE*[181], grand spécialiste de la question déclarait à ce propos que *« le notaire est tenu d'une obligation d'information sur les conséquences fiscales de la vente* ». En d'autres termes, le notaire a l'obligation de donner toutes les informations fiscales utiles au client pour conclure la vente. Le même auteur précise plus loin que, « *Si le notaire avait rempli son obligation d'information sur les conséquences fiscales de la vente, le vendeur aurait pu y renoncer. La*

---

[180] Voir, Le Code de la consommation, qui édicte à titre de principe, une obligation précontractuelle d'information dans un souci de protection du consommateur et dispose qu'en cas de litige, il appartient au vendeur de prouver qu'il a exécuté cette obligation.

[181] Voir, « Solution notaires » *Francis Lefebvre,* 6 juin 2016, n° 6, pp.32- 47.

différer ou en modifier les conditions financières, n'étant plus engagé dans les termes d'une promesse devenue caduque. » Il est clair que le notaire est tenu par une obligation d'information. Qu'en est-il du devoir du secret professionnel ?

À titre de rappel, le secret professionnel[182] est un principe de la déontologie notariale tel que précisé dans le site de l'union internationale du notariat latin[183]. S'agissant de l'incrimination de violation du secret professionnel, il est codifié à l'*article 310 alinéa 1 du Code pénal camerounais* en ces termes : « *est puni d'un emprisonnement de trois mois à trois ans et d'une amende de 20.000 à 100.000 francs, celui qui révèle sans l'autorisation de celui à qui il appartient un fait confidentiel qu'il a connu ou qui lui a été confié en raison de sa profession ou de sa fonction.* » L'alinéa 2 du même article poursuit en ces termes : le secret professionnel « *ne s'applique ni aux déclarations faites aux autorités judiciaires ou de police judiciaire portant sur des faits susceptibles de constituer un crime ou un délit ni aux réponses en justice à quelque demande que ce soit* ». En clair, le secret professionnel est un devoir intangible qui ne doit être dévoilé qu'à certaines personnes comme les autorités judiciaires et à des conditions bien précisées par la loi. Le législateur vise à dire, à travers cet article, que le notaire ne peut et ne doit pas, sous le couvert du secret professionnel, protéger les criminels. Au contraire, il se doit de dénoncer les crimes de toute nature aux autorités compétentes sous peine que sa responsabilité soit retenue. Le législateur est tellement soucieux de cela que, L'ANIFF au Cameroun[184] oblige les notaires à dévoiler « *lorsqu'ils conseillent ou assistent des clients ou agissent pour leur nom et pour leur compte (...) De déclarer à L'ANIFF des sommes ou tout autre bien qui sont en leur possession, lorsqu'ils pourraient être liés en un crime ou un délit ou s'inscrire dans un processus de blanchiment de capitaux* »[185]. Selon L'ANIFF, le notaire doit aussi dénoncer « *les opérations qui portent sur des sommes ou biens qui pourraient provenir d'un crime ou d'un délit ou s'inscrire dans un processus de blanchiment des capitaux.* » Par ces articles, le législateur camerounais empêche que le notaire soit la couverture des criminels sous le prétexte du secret professionnel.

---

[182] SAGAUT (J-F.), « Notaires : la religion du secret », *Droit et patrimoine,* sept 200 p.10. Voir aussi, DEBOISSY, « Le secret professionnel et l'administration fiscale », *LPA,* 3 février. 2005 n° 24, pp. 24 et s. Selon cet auteur, être notaire c'est d'abord posséder la culture du secret.

[183] Cf. B BEIGNER, *L'honneur et le droit*, Paris, Éd. LGDJ, Bibl. Droit et Patrimoine. Tome 234, 1995, pp.11 et s.

[184] Voir, Article 13, Décret n° 2005/187, 31 mai 2005, portant organisation et fonctionnement de l'agence nationale d'investigation financière.

[185] Ibidem.

Pour préciser la valeur du secret professionnel, B. BEIGNER[186] déclare que : « *1. Le secret professionnel est instauré dans l'intérêt des clients.2. Pour obtenir satisfaction, le client doit se confier sans restriction. 3. Il ne fera que s'il a l'assurance que le secret qu'il doit révéler sera rigoureusement scelé.4. Or, les professions qui sont appelées à connaître de tels secrets ont une activité indispensable à la société ; elles n'inspirent confiance que si la loi leur impose le mutisme. De ce fait, le secret professionnel est d'ordre public dans la mesure où il assure la confiance indispensable à certaines professions* »[187]. C'est une brève présentation de la notion de secret professionnel et celle du devoir d'informer. Après avoir défini ces notions, quels peuvent être les rapports qui existent entre elles quand nous savons qu'elles font partie des défaillances du droit commun à encadrer cet aspect de la responsabilité des notaires ?

Il serait juste de reconnaître qu'il existe une relation ambiguë, conflictuelle entre le devoir d'informer et le secret professionnel. En effet, l'absence de clarté de la loi, la tergiversation de la jurisprudence et l'amateurisme de certains professionnels du droit sur la question rend complexe ce qui est supposé être des devoirs faciles d'utilisation. En réalité, le secret professionnel est une des valeurs qui a toujours caractérisé le notariat latin. Assurément, le notaire a toujours été ce tiers de confiance en qui l'État et les particuliers placent leur confiance pour les éclairer, conduire et protéger du sceau de la confidentialité leurs projets et aspirations de ses clients. Mais la confiance, placée en ce juriste secret, est aujourd'hui mise à mal dans la mesure où, on assiste de nos jours, au vu du contexte économique et politique à une montée en puissance du devoir d'informer[188] qui oblige, le notaire à divulguer aux autorités des informations obtenues de par sa fonction et frappées du sceau de la confidentialité. Cette obligation d'information s'apparente presque au fait de demander au notaire de sniffer dans les affaires de ses clients pour ensuite les rapporter à l'administration[189]. Le notaire serait-il devenu un traître ? Un mouchard à la solde de l'État ? Qu'en est-il de son devoir de confidentialité qui contribuait à la sécurité juridique ? Ne pouvons-nous pas parler de la régression de ce devoir de confidentialité face à l'obligation d'information ? La conséquence de cette amplification du devoir d'informer est que le notaire cesse d'être

---

[186]Voir, *L'honneur et le droit*, Paris, Éd. LGDJ, bibl. Dr. Pr. Tome 234, Paris 1995 p.112. Voir aussi, BENEJAT, « Que reste-t'il du secret professionnel du notaire ? »In la responsabilité pénale de l'avocat et du notaire, Travaux de l'institut de sciences criminelles et de la justice de Bordeaux, n° 3 Cujas 2013, p 66.

[187]Cf. L'honneur et le droit, ibid.

[188]Voir, Décret n° 2006/088 du 11 mars 2006, portant création de l'organisation et fonctionnement de l'agence nationale d'investigation financière de la CONAC.

[189] Cf. HARRISOU (A.), « Le notaire face aux exigences de l'État », Yaoundé, *Lettre des notaires*, Éd. Chambre des notaires du Cameroun, n° 008, janvier- février- mars 1999, p.4.

une personne de confiance pour ses clients et devient de ce fait un garant de la sécurité juridique.

Il est aussi à souligner que le duel juridique existant entre l'obligation d'informer et le secret professionnel fait aussi jurisprudence dans les relations qui peuvent exister entre créancier et débiteur dans les actes notariés. Prenons pour exemple cette décision du juge d'Aix-en-Provence du 15 octobre 2010 où le notaire était chargé de rédiger une succession comprenant un bien en copropriété. Le syndicat des copropriétaires a mis par acte d'huissier en demeure d'indiquer s'il disposait d'un actif successoral et si les héritiers étaient connus. En dépit des relances de ce créancier tendant à obtenir les coordonnées des héritiers présomptifs, le notaire n'a pas cédé. Le syndicat des propriétaires a assigné le notaire devant le tribunal d'instance. Le tribunal d'instance rejette le motif du notaire selon lequel, *l'article 23 de la loi ventôse* prévoit que « *le notaire ne peut sans ordonnance du tribunal délivrer les expéditions ni donner connaissance des actes à des tiers* ». Le juge d'instance considère que le syndicat est bien fondé et condamne le notaire à communiquer sous astreinte. Le notaire n'étant pas satisfait de cette décision saisit la cour d'appel qui considéra que l'argument du notaire à refuser de communiquer les renseignements sollicités était fondé. La cour s'appuya sur motifs selon lesquels le syndicat de propriétaires n'est ni intéressé en nom direct, ni héritier, ni ayant droit comme le prévoit *l'article 23 de la loi ventôse.* Cette jurisprudence démontre que l'attachement du juge à conserver le secret professionnel est un principe essentiel de la déontologie notariale. En revanche, il faut reconnaître que l'attachement de ce juge au secret professionnel n'est pas le partage de tous les juges qui malheureusement, condamnent souvent le notaire en dépit de la loi par des interprétations acrobatiques et rocambolesques des textes au point ou le notaire ne sait plus à quel saint se vouer.

Le devoir d'informer et le secret professionnel sont deux devoirs du notaire qui se tiennent réciproquement, se complètent et entretiennent souvent des rapports contradictoires. En parlant des rapports contradictoires, certaines situations juridiques nous laissent perplexes. Le notaire, dans l'exercice de ses fonctions, peut simultanément avoir affaire à ces deux devoirs au point où, quel que soit le choix qu'il observera, il faillira forcément à l'autre obligation. Autrement dit, dans le même acte, le notaire peut être tenu à la fois par l'obligation d'informer et l'obligation de confidentialité. Le notaire ne se retrouve-t-il pas en ce moment entre le marteau et l'enclume où n'importe quel choix lui serait dans tous les cas préjudiciable ? Il n'est pas rare que la responsabilité de cet officier public soit retenue pour défaut d'information. Pourtant, il était aussi tenu par le secret professionnel. Un notaire A reçoit, dans son étude, son client habituel B et sa femme C qui lui confèrent la mission d'établir une société familiale notamment une Société en Commandite Simple (SCS) qui aurait pour actionnaire le couple B et C ainsi que leurs enfants X, Y, Z. seulement, le client B demande au notaire d'ajouter secrètement un associé qui est en réalité un enfant hors mariage E. C'est vrai que le notaire à partir de la demande de B se retrouve en face de deux devoirs impératifs : celui du secret et celui d'informer. Le notaire à l'obligation de conseil c'est-à-dire d'informer toutes les parties sur la réalité et la sincérité de leur acte. Mais aussi, le notaire est l'homme du secret, car il doit pouvoir garder le secret de ses clients. Dans ce type de situation, quel choix devrait-il opérer ? Il est évident que, quel que soit le choix qu'il opérera, il manquera forcément à un de ses devoirs, soit à celui d'informer, soit à celui de garder le secret. En fait, la doctrine dans ce type de situation recommande au notaire d'informer en dépersonnalisant : ce qui n'est pas facile.

Nous pouvons donc conclure nos propos par cette affirmation de Me GIRALT font, lors du rapport de synthèse du congrès des notaires d'Afrique au Cameroun qui déclarait que *« Le devoir d'informer l'administration fiscale, s'il participe de l'intérêt légitime de l'État de connaître les actes et les contrats à l'incidence fiscale, ne saurait, en principe, induire la violation du secret professionnel auquel est soumis le notaire »*. Pour autant, *« le notaire ne peut ignorer que par son biais (entre autres), le blanchissement de capitaux peut être opéré. Aussi, est-il raisonnable qu'il informe l'État sur les actes suspectés, à condition que les éléments de suspicion soient préalablement et objectivement déterminés par l'administration compétente en la matière »*[190]. Il n'en demeure pas moins vrai qu'il existe d'autres insuffisances du droit commun à encadrer la responsabilité des notaires.

2- Les autres insuffisances du droit commun à encadrer la responsabilité des notaires

Les règles de droit commun n'ont pas seulement brillé par l'encadrement juridique de la responsabilité de cet officier public, mais aussi par les insuffisances de ce droit commun à encadrer certains aspects de cette responsabilité du notaire. Comment expliquer que malgré la nature contractuelle de certains aspects de l'activité du notaire, le juge ne reconnaisse pas les clauses de non-responsabilité ou celles qui sont exonératoires de responsabilité [191]? Ou encore que la charge de la preuve en matière d'obligations fiscales du notaire soit inquisitoire au lieu d'être accusatoire ? En d'autres termes, c'est au notaire et non au client qui l'accuse de démontrer qu'il n'a pas commis de faute. Aussi, comment comprendre que le droit commun n'ait rien prévu en matière de preuve des actes notariés ? Comment prouver que le notaire a donné des conseils à son

[190] Cf. HARRISOU (A.), « Le notaire face aux exigences de l'État », *op.cit.*, p.4.

[191] Voir, NEGER (G.), « La responsabilité civile des notaires ». In site responsabilité-civile-notaires, 14861.html, en ligne, disponible à l'adresse originale, http://www.village-justice.com/articles (consulté janvier 2017).

client, étant donné que le droit commun ne prévoit pas la possibilité, pour cet officier public d'annexer à ces actes un formulaire de conseils donnés ? C'est la raison pour laquelle il importe de faire une présentation des aspects de la responsabilité du notaire que le droit commun n'a pas su encadrer.

S'agissant des clauses limitatives de responsabilité dans les actes notariés, la jurisprudence n'admet pas la validité des clauses de non-responsabilité ou limitative de responsabilité. La raison en est que « *l'activité notariale relève de l'ordre public et qu'elle ne peut de ce fait, être modelée par la convention des parties* [192]». Pourtant, nous savons pertinemment que la responsabilité du notaire n'est pas seulement délictuelle, elle peut aussi être contractuelle. Le notaire en réalité n'agit pas seulement en qualité d'officier public, mais aussi sur la base d'un contrat établi entre son client et lui pour remplir certaines missions de sa compétence. Comment expliquer, dans un pareil cas, que le notaire ne puisse pas librement insérer des clauses limitatives de responsabilité ? Surtout quand nous savons qu'en matière de contrat, c'est le principe de la liberté contractuelle qui gouverne sous réserve de certaines dispositions d'ordre public. N'est-ce pas là, une flagrance de violation du principe de la liberté contractuelle ?

En ce qui concerne la charge de la preuve, la jurisprudence admet à leur encontre une *« présomption de faute »*. Ce n'est plus au client accusateur de prouver qu'il y a eu une faute ou un manquement, mais au professionnel de prouver, face à ces accusations, qu'il a bien rempli son obligation de conseil[193]. Comment comprendre cette contradiction du droit commun qui veut qu'en général, ce soit à l'accusateur de prouver la faute comme dans tout système accusatoire, mais qu'en matière d'actes notariés, ce soit au notaire de prouver son absence de faute ? N'est-ce pas là un cas de flagrance du droit commun à pallier les insuffisances de la preuve du conseil donné ?

L'objet de ce chapitre a été de présenter les limites du droit commun dans l'encadrement de la responsabilité des notaires. En effet, la présentation de ses insuffisances s'est articulée autour des insuffisances relatives à la détermination de la véritable nature de la responsabilité des notaires, mais aussi, à présenter les insuffisances relatives à l'encadrement des obligations principales et accessoires des notaires.

Cette partie nous a permis de présenter en premier, le régime de responsabilité de droit commun et ensuite de constater les limites ou

[192]Voir, NEGER (G.), « La responsabilité civile des notaires ». In site responsabilité-civile-notaires, 14861.html, en ligne, disponible à l'adresse originale, http://www.village-justice.com/articles (consulté janvier 2017).

[193]Voir, Cour de Cassation Chambre Civile 1re du 3 février1998, n° 96-1320. Cité par POULPIQUET (C.) et BIGUENET-MAUREL (C.), *Devoir de conseil des notaires*, Paris, Éd. Répertoire Déferions, du 26 août 2006, pp12 et s.

défaillances de ce régime de responsabilité. La suite de cette analyse s'attardera sur les acteurs qui pourront modifier ce régime de responsabilité de droit commun inadapté à la responsabilité des notaires, sans oublier le remplacement du régime de responsabilité de droit commun inefficace par un nouveau régime de responsabilité spécifique à la responsabilité des notaires que nous avons essayé de construire.

La fin de cette partie nous renseigne suffisamment sur les tares et les freins que représente souvent le ministère de la Justice et la présidence de la République pour la reformation du régime de responsabilité des notaires. Cette situation souvent déplorable nous amène à suggérer à l'État quelques pistes de solutions pour le bon fonctionnement de la profession de notaire et permettre une certaine célérité dans les réformes concernant le notariat. En clair, nous sommes pour une décentralisation des prérogatives du chef de l'État en matière de notariat au bénéfice du ministère de la Justice qui est le technicien le plus proche du notaire et de ses difficultés. En fait, nous proposons des réponses rapides et concrètes aux problèmes des notaires.

Concrètement, nous sommes pour que les réformes ou les changements dans la profession des notaires se fassent par voie législative et non par voie réglementaire. C'est-à-dire par le canal ministère de la Justice. Nous voulons également qu'en définitive, la chambre et le ministère de la Justice s'entendent sur de nouveaux textes. Au lieu d'aller à la Présidence de la République, le texte ira à l'Assemblée nationale pour être voté par les députés. L'avantage serait que les textes auront plus de légitimité parce que venant directement du peuple. De même, le problème de lenteur de la Présidence de la République sera résolu par cette démarche plus rapide et plus légitime.

« La maladie ne guérit point en prononçant le nom du médicament, mais en prenant le médicament »

Thomas Sankara

DEUXIÈME PARTIE :

LA RÉFORME DU RÉGIME DE RESPONSABILITÉ DES NOTAIRES

Le régime de responsabilité de droit commun des notaires présenté dans la première partie nous montre à suffisance que tel qu'utilisé par le juge, il a nécessairement besoin d'une réforme. Le but serait d'améliorer le régime de responsabilité de ces officiers publics à travers un texte plus adapté et plus adéquat à la fonction de notaire. C'est pourquoi notre démarche consistera à identifier les acteurs susceptibles de remplacer le régime de responsabilité de droit commun actuel par un régime de responsabilité spécifique à la profession de notaire (Chapitre 1). Par la suite, nous passerons à la réforme du régime de responsabilité des notaires, par une tentative d'édification de régime de responsabilité adapté à la fonction de notaire (Chapitre 2).

« Ce n'est pas ce que vous savez qui compte, mais qui vous connaissez »

L'auteur

CHAPITRE I :

LES ACTEURS SUSCEPTIBLES DE RÉFORMER LE RÉGIME DE RESPONSABILITÉ DES NOTAIRES

L'amélioration du régime de responsabilité des notaires repose sur la grande question de savoir qui peut améliorer le régime de responsabilité de ces officiers publics. Autrement dit, quels sont les acteurs susceptibles de remplacer le régime actuel de responsabilité des notaires par un régime de responsabilité adéquat ? Dans cette partie, il s'agira donc de présenter les personnes physiques ou morales qui peuvent faire bouger les lignes en remplaçant le régime de responsabilité de droit commun désuet, applicable aux notaires par un régime de responsabilité spécifique à ces officiers publics. Nous mesurons le fait que ces acteurs soient nombreux et variés.

La suite voudrait que nous parlions des acteurs nationaux susceptibles d'améliorer la responsabilité des notaires (section 1) et des acteurs internationaux susceptibles d'améliorer la responsabilité de ces officiers publics (section 2).

SECTION I : LES ACTEURS NATIONAUX SUSCEPTIBLES DE PARFAIRE LA RESPONSABILITÉ DES NOTAIRES

Selon nous, les acteurs nationaux renvoient aux personnes physiques ou morales se trouvant sur le territoire camerounais, et qui sont susceptibles de décider de l'avenir de cette profession. Il ne s'agit pas seulement des personnes issues des sphères décisionnelles, mais de toute personne ou tout organe de droit pouvant agir pour l'essor du notariat au Cameroun. Malgré le fait que le notariat fasse partie des professions dites libérales[194], il n'en demeure pas moins vrai que le notaire n'est pas le seul à discuter et à décider de son avenir. Aussi, les notaires sont en collaboration avec le ministère de la Justice pour contrôler leurs activités et améliorer l'exercice de la profession. Néanmoins, cette affirmation ne soustrait pas le fait que la chambre des notaires est l'organe national par excellence d'édification du notariat de demain dans la mesure où elle est le lieu où se prépare et se confectionne le notariat camerounais. C'est pourquoi il convient de préciser que la chambre des notaires ne peut pas mettre en vigueur les textes qui l'organisent. Ainsi, un autre acteur intervient pour la concrétisation des textes qui ont été préparés en amont par les notaires, il s'agit de l'État via le ministère de la Justice et la présidence de la République. Ce raisonnement nous permet d'identifier deux acteurs principaux : la chambre des notaires et l'État.

Nous présenterons d'une part la chambre des notaires comme organe de décision de l'avenir du notariat (paragraphe1) et d'autre part, l'État comme l'autre organe dont la charge est de contrôler, de valider et de mettre en vigueur les textes organisant la profession de notaire (paragraphe2).

PARAGRAPHE 1 : LA CHAMBRE DES NOTAIRES COMME ORGANE INFLUENT DE L'AVENIR DU NOTARIAT

Au Cameroun, les notaires se regroupent au sein de « *la chambre* »[195], celle-ci est dotée d'une personnalité juridique et d'un bureau chargé de la représenter et de défendre leurs intérêts[196]. Cette institution est l'organe de décision de l'avenir du notariat dans la mesure où toutes les décisions que veulent prendre les notaires sur leur profession se font au sein de cet organe. De même, aucune décision ne peut être prise sur un ou plusieurs notaires sans la consultation préalable de cet organe, l'État et le juge n'étant pas liés par l'avis de cette chambre. D'où l'impératif de définir la chambre des notaires comme l'organe de décision et de montrer comment cette chambre peut influencer une réforme du régime de responsabilité des notaires.

[194] Voir, CNPL, « Définition des professions libérales » en ligne, Paris, publications de la CNPL, disponible sur www.cnpl.org (Consulté en décembre 2016). Ce site définit la profession libérale comme « *toute profession exercée sur la base de qualifications appropriées, à titre personnel, sous sa propre responsabilité et de façon professionnelle, indépendante, en offrant des services intellectuels et conceptuels dans l'intérêt du client et du public* ».

[195] Voir, Article 86, Décret n° 95/ 034, du 24 février 1995, portant statut et organisation de la profession de notaire ; voir aussi, Article 23, Règlement intérieur de la Chambre des notaires du Cameroun.

[196] Voir, Article 23, Règlement intérieur de la Chambre des notaires du Cameroun.

La suite de notre travail nous permettra de décrire l'organisation de la chambre (A) avant de préciser son apport dans l'édification d'un régime de responsabilité spécifique aux notaires (B).

A- PRÉSENTATION DE LA CHAMBRE DES NOTAIRES

Au terme de l'article 23 du règlement intérieur des notaires, la chambre des notaires « *représente le notariat camerounais auprès de toutes les administrations et institutions publiques ou privées. Elle donne avis sur les projets, les lois et les textes réglementaires qui peuvent lui être soumis. Elle détermine la politique générale de la profession, maintient la discipline générale et assure le contrôle de la profession* ». En d'autres termes, la chambre des notaires est l'instance représentative des notaires au niveau international. Elle est composée de l'assemblée générale qui est l'organe suprême, ensuite du bureau de la chambre et enfin des commissions chargées des tâches spécifiques.

Les développements qui vont suivre nous permettront de parler de l'Assemblée générale comme l'organe suprême de décision (1), du bureau de la chambre et des commissions spécialisées comme les autres organes de cette chambre (2).

1- L'Assemblée générale comme organe suprême de la chambre

La compréhension de la puissance de l'Assemblée générale des notaires dans l'édification du régime de responsabilité des notaires peut se démontrer à travers une analyse de la notion et du rôle de l'Assemblée générale ; et par une analyse des prérogatives ou attributions de cette assemblée générale.

L'Assemblée générale est la réunion périodique ou exceptionnelle des notaires individuels et associés du Cameroun. Elle est l'organe suprême, qui dicte les tâches à accomplir pour remplir les buts assignés à la chambre. L'Assemblée générale élit les organes de la chambre, se prononce sur la qualité de l'exécution des tâches conférées, approuve les actions menées par les organes qu'elle a élus[197]. Elle se compose de tous les notaires en fonction et des notaires honoraires, ces derniers n'ayant toutefois que la voix consultative[198]. L'Assemblée générale est composée de tous les notaires en fonction et l'assistance des notaires est obligatoire aux assemblées[199]. En principe, la participation des notaires est obligatoire, néanmoins la

[197] Cf. UINL, « Le notaire et le rôle de la chambre », en ligne, Paris, les publications, de l'union internationale du notariat latin, disponible sur le site www.old.uinl.org (Visité en avril 2016).
[198]Cf., Article 26, Règlement intérieur des notaires du Cameroun, titre II, de l'exercice de la profession de Notaire.
[199]Cf. Article 25, Règlement intérieur des notaires du Cameroun, titre II, de l'exercice de la profession de Notaire.

représentation d'un absent par un autre notaire est admise[200]. L'Assemblée générale se réunit deux fois par an en session ordinaire, sur convocation du président. Toutefois, elle peut se réunir en session extraordinaire à la demande de la majorité absolue des membres du bureau de la chambre ou du ministre de la Justice[201]. L'Assemblée générale élabore et adopte le projet de règlement intérieur sans préjudice des dispositions relatives aux devoirs et obligations professionnelles prévues dans le statut des notaires.

Parlant de ses attributions, elle élit les membres du bureau et le Président de l'Assemblée générale. Elle examine et adopte le budget annuel de la chambre et examine tous les problèmes portés à sa connaissance par les notaires, le bureau national, les administrations publiques ou privées et les tiers. L'assemblée est présidée par son président conformément à l'*article 87 alinéa 2 du statut*. Elle donne avis sur les projets de loi et les textes réglementaires qui peuvent lui être soumis. Elle détermine la politique générale de la profession et maintient la discipline générale tout en assurant le contrôle de la profession.

2- Le bureau de la chambre des notaires et les commissions chargées des tâches spécifiques

L'*article 29 du règlement intérieur des notaires du Cameroun* dispose que « *le bureau est l'organe exécutif de la chambre ; il représente l'ensemble des notaires auprès des pouvoirs publics et des tiers* ». Ce même article ajoute plus loin que le bureau donne son avis sur les actions en responsabilité exercées contre les notaires et a la latitude de créer des commissions de travail en vue de renforcer le bon fonctionnement et le rayonnement de la chambre des notaires. *L'article 97* des statuts souligne les missions principales du bureau, en premier, « *celle d'administrer la chambre* » et à ce titre, de veiller au bon fonctionnement des études de notaires, en second, à *« l'exercice harmonieux de la fonction notariale et au respect de l'éthique professionnelle* ». Enfin, « *de veiller au respect de la législation et de la réglementation applicable à la profession* ».

La chambre nationale des notaires est aussi composée des chambres régionales ou interrégionales, qui sont des organes consultatifs de la chambre nationale. En effet, il est supposé exister dans chaque région du Cameroun une chambre interrégionale qui est chargée de relayer la chambre nationale auprès de la région. Mais pour des besoins de pratique, la chambre a disposé les chambres régionales comme suit : la chambre interrégionale des notaires de l'Ouest, la chambre interrégionale des notaires du Centre, Sud et Est ; la chambre interrégionale de l'Adamaoua, nord, Extrême-nord et enfin la

[200] Ibidem.

[201] Voir, Article 87, Décret n° 95/034/ du 24 février 1995, portant organisation de la profession de notaire.

chambre interrégionale du Littoral et du sud-ouest[202]. Il est aussi à noter que le bureau de la chambre nationale saisit une chambre interrégionale chaque fois que le notaire de ladite chambre est en cause ou pour toute autre raison utile[203]. En clair, le bureau de la chambre des notaires se trouve au niveau national et au niveau régional par les chambres interrégionales.[204]

S'agissant du bureau de la chambre, il est composé d'un président voté pour un mandat de deux ans renouvelable une fois[205]. Il est élu au premier tour à la majorité absolue des suffrages exprimés et au deuxième tour à la majorité simple des résultats exprimés si la majorité absolue n'est pas acquise au second tour, le vote du troisième tour est acquis à la majorité relative des suffrages exprimés[206]. En cas d'égalité de voix au troisième tour, le choix est acquis au privilège de l'âge. Il a pour mission de coordonner les activités du bureau ; il représente les notaires auprès des autorités administratives et institutions publiques ou privées et le président est assisté d'un vice-président[207].

Le syndic est assisté d'un ou plusieurs syndics et leur rôle est d'assurer le contrôle des études à la demande du bureau et de veiller au respect de la loi et de la déontologie. Il joue le rôle de ministère public et est entendu avant toute décision disciplinaire du bureau qui est tenu de délibérer sur les affaires qu'il lui transmet. Les autres syndics ont la charge des missions particulières, notamment le contrôle de la comptabilité des études et des actes. Il est élu pour un mandat de deux ans renouvelables une fois[208].

Le rapporteur général a pour rôle principal de dresser le procès-verbal des réunions des assemblées générales. Il est aussi le gardien des archives qu'il est tenu de conserver avec les soins les plus diligents. Il est responsable devant le bureau et la chambre, de la conservation de ces archives. Il est également chargé de délivrer les copies et extraits certifiés conformes des délibérations qui sont prises en assemblée générale ou en assemblée extraordinaire. Le rapporteur est élu pour un mandat de deux ans renouvelables deux fois[209].

Le trésorier recouvre les cotisations et les conserve dans un compte bancaire ouvert au nom de la chambre[210]. Il répond devant le bureau de la chambre de sa gestion et de l'utilisation des fonds qui lui ont été confiés. Il

[202] Voir Article 35, Règlement intérieur des notaires du Cameroun.
[203] Ibid.
[204] Ibid.
[205] Voir, Article 95, Décret n° 95/ 034/ du 24 février 1995 portant organisation de la fonction de Notaire au Cameroun.
[206] Ibid.
[207] Ibid.
[208] Voir, Article 30 du règlement intérieur de la Chambre des notaires.
[209] Ibid.
[210] Ibid.

est secondé d'un trésorier adjoint qui le remplace en cas d'indisponibilité de ce dernier.

Le commissaire aux comptes est un acteur extérieur à la gestion des trésoriers dont le rôle est néanmoins de contrôler la sincérité et la régularité des comptes annuels établis par la chambre et peut en cas de nécessité faire un audit.

S'agissant des commissions, elles regroupent un ou plusieurs membres du bureau aux côtés d'autres notaires en exercice et à qui sont attribuées des tâches spécifiques. Citons par exemple la commission de la formation, la commission de la communication, la commission chargée des relations avec les administrations.[211] S'agissant de leurs rôles, la commission de la formation veille à la formation continue des notaires notamment par l'organisation de séminaires, la formation des notaires stagiaires, l'élaboration des propositions de cours et conférences. La commission de la communication quant à elle est chargée de la politique d'information du public par le biais d'articles de presse, de rédaction de brochures et dépliants, par la mise à jour du site internet. La commission des relations est chargée de faire le relais entre la profession et les diverses administrations avec lesquelles les notaires sont en contact au quotidien. La commission de coordination des chambres régionales a pour mission de coordonner, de structurer, d'organiser et de relier les rapports entre le bureau de la chambre et les différentes chambres régionales à travers le pays. Elle est une commission de liaison entre le bureau de la chambre et les différentes chambres régionales[212].

S'il est vrai que l'édification d'un régime de responsabilité des notaires efficace en matière fiscale passe par une présentation de l'organe par excellence qui est la chambre des notaires, il n'en demeure pas moins vrai qu'une présentation de la chambre des notaires comme organe d'édification du régime de responsabilité des notaires ne serait pas inutile.

B- LA CHAMBRE COMME ORGANE D'ÉDIFICATION DU RÉGIME DE RESPONSABILITÉ DES NOTAIRES

Ici sont mis en exergue les moyens dont dispose la chambre des notaires du Cameroun pour conduire une réforme du régime de responsabilité des notaires. Pour cela, nous constatons que la chambre des notaires est le lieu et le cadre adéquat à une conduite appropriée du remplacement du régime de responsabilité des notaires. En revanche, la chambre des notaires dispose

---

211 Voir, UINL, « Le notaire et le rôle de la chambre », en ligne, Paris, publications, union internationale du notariat latin, disponible sur le site www.uinl.org (Consulté en avril 2016).

212 Voir, Régine DOOH COLLINS, discours à l'université des notaires d'Afrique au Cameroun 22 avril 2008. Inédit.

certes de quelques moyens, mais pas de tous les moyens nécessaires à la modification effective de ce régime de responsabilité. Nous en voulons pour preuve la multitude des pesanteurs ou obstacles extérieurs à la chambre des notaires au niveau de son ministère de tutelle et de la Présidence de la République, sur lesquels repose la mise en vigueur des textes élaborés par la Chambre des Notaires.

Ainsi présenté, il ne reste plus qu'à démontrer que, la chambre des notaires est certes le cadre idéal où peut s'opérer un changement du régime de droit commun (1), mais aussi qu'elle est limitée dans son action du fait de la présence de certains acteurs de qui dépendent la mise en vigueur des textes élaborés par la chambre (2).

1- La chambre des notaires comme cadre propice à l'édification d'un régime de responsabilité spécifique aux notaires

L'assemblée générale des notaires est un vocable par lequel on désigne la réunion de tous les notaires titulaires d'un office apte à débattre et à voter l'ordre du jour préparé par le bureau et notamment le président de l'assemblée générale. Ainsi, selon l'importance des problèmes, la chambre se réunit en situation normale en assemblée ordinaire pour se prononcer sur les problèmes tels que l'approbation des comptes annuels ou encore le renouvellement du bureau. En assemblée extraordinaire, quand les actes sont les plus graves à l'instar de la modification des statuts ou sur convocation du ministre de la Justice à toute fin urgente et utile[213]. Autrement dit, les notaires du Cameroun disposent de l'assemblée générale ordinaire et de l'assemblée générale extraordinaire pour améliorer l'exercice de leur profession. Il devient ainsi clair que la modification de la responsabilité des notaires devrait se faire dans le cadre adéquat qu'est la chambre des notaires, en assemblée ordinaire ou extraordinaire. La question du remplacement du régime de responsabilité des notaires par un régime plus spécifique devrait se faire dans la chambre pour les raisons suivantes : premièrement parce que le cadre légal de la modification de la responsabilité des notaires se fait dans la chambre[214]. Deuxièmement parce que c'est le seul moment où tous les notaires peuvent se réunir pour adopter le remplacement de ce régime de droit commun défaillant par un régime spécifique à la profession de notaire. La troisième raison est que l'assemblée générale est le seul moment où tous les experts de la question notariale se retrouvent au même endroit au même moment pour échanger et débattre sur les problèmes du notariat. Au demeurant, la chambre nationale des notaires du Cameroun n'est pas seulement un organe de représentation des notaires du pays, elle est aussi

[213] Voir, Article 88, de la loi n° 95/ 034/ du 24 février 1995 du 24 février 1995, portant organisation de la profession de notaire. Aussi voir, Article 24, Règlement intérieur de la Chambre des notaires du Cameroun.

[214] Voir, Article 23, Règlement intérieur des notaires du Cameroun.

une plateforme de travail et d'échanges entre les notaires sur les difficultés qu'ils rencontrent dans leur profession et surtout ce qu'ils suggèrent comme solutions. En réalité, la chambre est le lieu où se confectionnent les solutions qui faciliteront l'exercice du notariat au Cameroun. Les notaires ont leur chambre pour discuter de manière scientifique de leur profession et adopter les solutions qui s'imposent.

Les propositions faites par les notaires dans la chambre sont validées si le quorum de notaires présent est atteint et si une majorité relative telle que définie par la loi et les statuts se dégage[215]. Assurément, un minimum de membres devrait être présent pour que les décisions qui y sont prises soient valablement votées. Il est bon à savoir que les décisions sont prises à la majorité relative[216]. En revanche, les questions et les projets qui seront débattus doivent figurer au projet de l'ordre du jour. Il est important de respecter cette formalité, car, à défaut, la décision prise est susceptible d'être annulée par les tribunaux en cas de contestation[217]. L'Assemblée générale a les pouvoirs les plus étendus pour faire ratifier les actes qui intéressent la chambre des notaires. Parmi les moyens dont dispose la chambre pour gérer au mieux les problèmes des notaires, nous disposons de l'expertise de ces derniers sur les questions notariales et les ressources intellectuelles.

Nous venons de décrire la chambre des notaires comme cadre adéquat. Qu'en est-il de certaines insuffisances de la chambre à établir un réel régime de responsabilité des notaires ?

2- Les difficultés de la chambre des notaires à mettre en vigueur le régime de responsabilité spécifique aux notaires

Pourquoi les notaires ne tiennent-ils pas le destin des textes qu'ils ont élaborés en collaboration avec leur ministère de tutelle ? À notre avis, cette réalité constitue un obstacle empêchant la chambre des notaires de remplacer le régime de droit commun défaillant utilisé en matière de responsabilité des notaires pour un régime de responsabilité adéquat.

Dans notre pays comme dans beaucoup d'autres, la mise en vigueur de la loi est du ressort de l'État. Ce dernier tire cette prérogative de la Constitution et de plusieurs autres textes de lois en vigueur dans notre pays. Ces textes de lois définissent le rôle de l'État et des autres organes lors de la confection et la mise en vigueur d'une loi. Le monopole de l'État pour la mise en vigueur des lois se vérifie aussi dans la création, l'organisation et le fonctionnement

---

215 Voir, Article 28, Règlement intérieur de la chambre des notaires du Cameroun.
216 Ibid.
217 Cf. Article 96, Décret n° 95/034 du 24 février 1995 portant statut et organisation de la profession de notaire.

de certaines professions[218]. En effet, l'État peut de façon discrétionnaire créer et organiser une profession sans se soucier de l'avis de ce corps de métier[219]. Nous pouvons prendre l'exemple des administrateurs civils, des ministres de la République, des directeurs de sociétés d'État et plusieurs autres fonctions réglementées où l'État assure tout seul la mise en place du régime juridique applicable[220]. Toutefois, cela n'est pas avéré dans les professions dites libérales ou le mécanisme et le monopole de l'État n'est pas le même. En effet, les fonctions libérales bénéficient de la part de l'État, de la possibilité d'organiser elles-mêmes leurs professions en collaboration avec l'État. En clair, tout ne leur est pas imposé comme dans les autres corps de métiers réglementés par l'État que nous avons cité plus haut.

Les notaires ont certes à leur actif cette possibilité d'organiser eux-mêmes leur profession, mais pour cela ils sont personnellement tenus de leurs actes[221]. La faculté donnée par notre droit aux notaires d'organiser leur profession est un vase sans eau dans la mesure où ce ne sont pas les notaires qui ont le destin des textes organisant leur profession. En effet, une fois les textes confectionnés par les notaires en collaboration avec le ministère de la Justice, ceux-ci sont envoyés à la présidence de la République par la chancellerie pour promulgation[222]. Sauf qu'il faut souvent remarquer un certain écart entre les textes confectionnés par les notaires suivant la procédure précédemment indiquée et les textes promulgués par la présidence de la République. On note souvent les faits suivants : la modification des textes, par l'ajout, le retrait ou la déformation de certaines dispositions. Ce qui a des conséquences lourdes pour la profession à l'instar de l'*article 62 du décret de février1994* envoyant les notaires en retraite par décret du président de la République à 60 ans. Nonobstant le fait que, dans tous les pays du monde où existe le notariat latin, celui-ci s'exerce durant toute une vie.[223].

Dans la même optique, les lourdeurs administratives du Ministère de la Justice et de la présidence de la République qui mettent des mois, souvent des années avant de promulguer les textes confectionnés par les notaires. Cette défaillance de l'État met à mal la possibilité pour les notaires de

---

218 Voir, Article 8 alinéa 10, Constitution du Cameroun qui énonce que : le président de la République nomme aux emplois civils et militaires de l'État.

219 Ibid.

220 Ibid.

221 Voir, Cour Suprême du Cameroun, Arrêt n° 128/Civ du 24 juillet 2014, voir aussi, Arrêt, n° 72/Civ. du 12 décembre 2013. Voir aussi décisions françaises, Cass. 1er civ. 4 mars 2003 n° 99-18.259 : Bull. civ. I, n° 62. Ou encore, Cass. Civ. 1re 28 novembre 1995, n° 93-15.659.

222 Voir, article 8 alinéa 5, Constitution du Cameroun qui énonce que : « Le président de la République promulgue les lois dans les conditions prévues à l'article 31 ».

223 Dans tous les pays du monde en principe, la fonction de notaire est exercée à vie. Sauf au Cameroun et maintenant la France où la Loi Macron a mis fin au notariat à vie en renvoyant à 70 ans l'âge de la retraite des notaires.

remplacer leur régime de responsabilité actuel et défectueux dans des délais raisonnables. En réalité, les textes promulgués tardivement sont par conséquent contre-productifs puisqu'ils peuvent s'avérer désuets, inappropriés, inefficaces et surtout préjudiciables aux notaires et à leurs clientèles. L'État par ces lenteurs administratives met à mal la sécurité juridique que le notaire est censé incarner.

Si la chambre des notaires est le cadre idéal d'édification du nouveau régime de responsabilité des notaires, nonobstant le fait qu'elle ne tienne pas le destin des textes qu'elle confectionne, qu'en est-il des autres acteurs de la chaîne ?En l'occurrence, l'État à travers le ministère de tutelle et la Présidence de la République ?

PARAGRAPHE 2 : L'ÉTAT REPRÉSENTÉ PAR LE MINISTÈRE DE LA JUSTICE ET LA PRÉSIDENCE DE LA RÉPUBLIQUE

Il devient certain que la chambre des notaires du Cameroun est sans aucun doute, l'organe idéal de propositions de la responsabilité des notaires. Toutefois, il faut reconnaître que la chambre des notaires n'est pas le seul acteur dans le processus d'élaboration d'une loi concernant le notariat au Cameroun. Il suffit pour cela de regarder le rôle que joue le ministère de la Justice et la Présidence de la République dans l'édification de la loi concernant l'activité des notariale au Cameroun. En effet, le ministère de la Justice agit en amont en collaboration avec les notaires pour la confection des textes concernant le notariat et la Présidence de la République agit en aval pour la mise en vigueur des textes traités en amont par les notaires et le ministère de la Justice.

Il devient ainsi logique à notre sens de présenter le ministère de la Justice comme le premier acteur susceptible de permettre le remplacement du régime de responsabilité de droit commun inapproprié. (A) Et par la suite de présenter la Présidence de la République comme l'ultime acteur pouvant permettre la modification du régime de responsabilité des notaires (B).

A- LE MINISTÈRE DE LA JUSTICE COMME PREMIER ACTEUR

La loi camerounaise, notamment le décret portant réorganisation du ministère de la Justice au Cameroun,[224] a créé une direction chargée du suivi des notaires et des huissiers de justice. Cette direction a pour rôle de contrôler et de traiter les questions relatives à l'activité des notaires et des huissiers de justice au Cameroun. En réalité, la loi a donné à travers cette direction, le pouvoir au ministère de la Justice de contrôler l'activité des

[224]Cf. Décret n° 2012/122 du 15 avril 2005 portant réorganisation du Ministère de la Justice.

notaires et de régler les problèmes relatifs à leurs activités[225]. Ceci impliquerait le fait que le remplacement du régime de responsabilité de droit commun défaillant applicable aux activités des notaires se fasse entre les notaires et le ministère de la Justice. Mieux encore, il existerait de ce fait, une collaboration entre ces officiers publics et le ministère de la Justice pour la confection d'un nouveau régime de responsabilité adéquat. Cependant, il faut noter dans la pratique, une certaine lenteur de ce ministère à régler les questions liées à l'activité notariale : ce qui crée un préjudice certain à ces officiers publics.

La suite l'analyse s'appesantira sur le ministère de la Justice en tant qu'acteur susceptible de permettre l'amélioration du régime de responsabilité des notaires (1), sans pour autant omettre la pratique qui nous apprend que malgré les prérogatives attribuées par la loi à ce ministère, il demeure un géant aux pieds d'argile (2).

1- Le ministère de la justice comme un acteur susceptible d'améliorer le régime de responsabilité des notaires

Le ministre de la Justice est un acteur important dans l'élaboration d'un nouveau régime de responsabilité des notaires. C'est la raison pour laquelle le ministère est l'acteur légal, c'est-à-dire l'acteur désigné par la loi pour régler les questions relatives aux activités des notaires[226]. La loi ne se contente pas de faire du ministère l'acteur légal, elle encadre également les règles de procédure qui permettent à ce ministère d'adopter de nouveaux textes avec pour but de résoudre les difficultés liées à l'activité notariale[227].

La source légale permettant à la chancellerie de régler les questions relatives au notariat se trouve dans le décret organisant le ministère de la Justice. Ce décret prévoit à la section 2 une sous-direction du suivi des notaires, huissiers de justice et des autres auxiliaires de justice[228]. Aussi, *l'article 40 alinéa 1* du même décret crée sous l'autorité d'un sous-directeur, la sous-direction des Notaires et des autres auxiliaires de justice qui est chargée du : traitement des questions relatives aux professions de notaire et d'huissier de justice ; de l'instruction des dossiers de candidature à la profession de notaire et d'huissier de justice et aux fonctions d'agent d'exécution ; de la tenue du fichier des notaires, des huissiers de justice et des agents d'exécution ; du contrôle des études et de la discipline des notaires, des huissiers de justice et des agents d'exécution ; du suivi de la formation des notaires, des huissiers et autres auxiliaires de justice. Elle

---

[225] Idem.

[226] Cf. Article 40, décret n° 2012/122 du 15 avril 2005, portant réorganisation du Ministère de la Justice.

[227] Ibid.

[228] Ibid.

comprend, outre le sous-directeur, deux chargés d'études assistants[229]. Ces attributions octroyées au ministère de la Justice démontrent à suffisance que le ministère a un rôle important à jouer dans l'édification d'un nouveau régime de responsabilité des notaires, pour la simple raison que c'est ce ministère de tutelle qui est chargé d'organiser et de régler les problèmes relatifs à la profession de notaire.

Ces missions confiées au ministère de tutelle se font dans une procédure bien encadrée par le législateur. Cette procédure est le chemin à suivre par les notaires pour pouvoir modifier le régime de responsabilité de droit commun défaillant utilisé par le juge. Le chemin consistera dans une première étape, en l'échange de propositions entre la chambre des notaires et le ministère de la Justice concernant leur régime de responsabilité. Autrement dit, les notaires et le ministère de la Justice vont discuter, échanger et surtout essayer de s'entendre sur les nouveaux textes qui vont remplacer le régime de responsabilité de droit commun utilisé en matière de responsabilité des notaires. Il est à noter que c'est généralement après un consensus entre la Chancellerie et les représentants de ces officiers publics que le nouveau texte permettant de remplacer le régime de droit commun sera adopté et soumis au ministre de la Justice. La deuxième étape, quant à elle, consistera pour le ministre de la Justice, à transmettre à la Présidence de la République, les nouveaux textes remplaçant le régime de responsabilité de droit commun défaillant appliqué par le juge en matière de responsabilité des notaires. Le ministère de la Justice à ce moment attendra soit la validation des textes par la sortie d'un décret, soit le renvoi de ces textes au ministère de la Justice pour modification de certaines dispositions qui ne cadrent pas avec les aspirations du président de la République. En clair, le ministère de la Justice, dans le cadre de la responsabilité des notaires, a pour mission principale d'aider et de conduire les notaires dans la modification du régime de responsabilité de droit commun défaillant.

Nous venons de voir que le ministère de la Justice est un acteur important parce qu'il agit d'abord dans le cadre des prérogatives que la loi lui a assignées, ceci dans un cadre bien précisé par le législateur. Mais à l'épreuve des faits, nous sommes en droit de nous interroger sur le rôle de cet acteur, tout en sachant que les textes organisant le notariat datent de 1995. Où sont passés les textes d'après 1995 ? Sommes-nous en mesure de dire que le ministère de la Justice chargé de la conduite et du destin de ces textes est un géant aux pieds d'argile ?

---

229 Cf. Article 40, Décret n° 2012/122 du 15 avril 2005, portant réorganisation du Ministère de la Justice.

2- Le ministère de la Justice, un géant aux pieds d'argile en matière d'instauration d'un régime de responsabilité en faveur des notaires

Le ministère de la Justice a pour rôle, concernant le notariat, de permettre ou d'aider les notaires à faire des réformes nécessaires à une meilleure pratique de leur activité[230]. Et pour cela, l'État a mis en place des moyens en vue de permettre au ministère de tutelle de remplir sa mission. Malheureusement, les résultats sont quelquefois si mitigés qu'on pourrait s'interroger sur son efficacité. Il faut se rendre à l'évidence qu'un sort peu reluisant est réservé aux textes organisant l'activité des notaires au Cameroun. Sinon, comment expliquer que les textes de cette profession datent de 1995, que les notaires, à travers la Chambre, aient proposé plusieurs textes à la suite de ceux-ci . Quelles sont les raisons qui expliquent l'inefficacité de ce ministère en matière de conduite des textes organisant le notariat ? Pourtant, le ministère de la Justice dispose à la faveur de la loi, des prérogatives qui lui permettent de remplacer le régime de responsabilité des notaires. Mais, on observe certaines faiblesses de ce ministère à pouvoir effectivement jouer ce rôle, ceci étant dû à des raisons internes et externes.

Relativement aux raisons internes, il apparaît que les représentants du ministère de la Justice qui viennent discourir sur les nouveaux textes organisant l'activité des notaires sont généralement des personnes qui ne maîtrisent pas le notariat. Il est même curieux de constater que lors des discussions sur les nouveaux textes concernant le notariat, le ministère de la Justice est souvent représenté par des magistrats ou des administrateurs civils qui ne connaissent rien à l'activité des notaires et du notariat. Ils ne maîtrisent pas en réalité la spécificité et la particularité d'une profession qui exige une certaine initiation à la haute technicité et à la spécificité structurelle de celle-ci. Cette absence des notaires ou d'anciens notaires susceptibles de comprendre les besoins et les aspirations de leurs pairs parmi les représentants de la Chancellerie est un préjudice certain à l'édification d'un nouveau régime de responsabilité des notaires. Il aurait été souhaitable que les nominations dans ce ministère intègrent un ou plusieurs notaires pour représenter valablement le ministère de la Justice lors des discussions sur les questions notariales. La nomination de certains notaires ou anciens notaires dans cette direction du ministère de la Justice chargé de cet officier public serait saluée.

La lourdeur administrative n'est pas à négliger. En fait, il est incompréhensible que les textes tardent à être envoyés à la Présidence de la République pour promulgation, même dans les cas où le consensus a été trouvé entre les notaires et le ministère de la Justice. Ces textes ont souvent

---

[230]Cf. Article 40, Décret n° 2012/122 du 15 avril 2005 portant réorganisation du Ministère de la Justice.

un destin tragique dans la mesure où on ne leur accorde aucune suite dans les locaux du ministère. Relevons que ces textes font souvent des années, voire des décennies dans les placards du ministère sans raison valable. D'où la question de savoir pourquoi le ministère discute des textes qui n'auront aucune suite.

S'agissant des raisons extérieures, il faut signaler que le ministère n'est pas le seul acteur dans la chaîne qui permet l'édification d'un meilleur régime de responsabilité aux notaires. Ceci dans la mesure où le ministère dépend de la présidence de la République, chargée de mettre en vigueur les nouveaux textes[231]. Malheureusement, pour des raisons inconnues, la présidence de la République a souvent une certaine lourdeur à sortir les décrets relatifs au notariat. Nous constatons juste qu'après la transmission des textes à la présidence de la République, ceux-ci tardent à être décrétés.

En un mot, le ministère de la Justice est un acteur susceptible de modifier le régime de responsabilité malgré certaines défaillances qu'il gagnerait à combler pour une plus grande efficacité lors de l'édification du régime de responsabilité des notaires. Parmi les faiblesses, nous avons le destin des textes qui ne dépend pas uniquement du ministère, mais également de la présidence de la République en tant qu'ultime acteur. En d'autres termes, la présidence de la République serait-elle un acteur susceptible de faciliter le remplacement du régime de responsabilité des notaires ?

B- LA PRÉSIDENCE DE LA RÉPUBLIQUE COMME ULTIME ACTEUR

Les textes qui organisent le notariat dans les pays d'Afrique et du monde se font généralement par la voie législative[232]. Cela n'est pas le cas du Cameroun où les textes régulant le notariat sont pris par décret présidentiel[233]. La Constitution et les textes organisant le notariat donnent la primeur au Président de la République d'intervenir en tant que dernier acteur de la mise en application effective des textes organisant le notariat au Cameroun[234]. Nous pouvons, en l'occurrence, évoquer les décrets de nomination de nouveaux notaires ou de promulgations de nouveaux statuts des notaires. Le président de la République est l'ultime acteur parce qu'il dispose de la signature des textes et de la publicité par l'insertion au journal officiel.

---

[231] Cf. Article 8 alinéas 5 de la Constitution du Cameroun. Dans le même sens voir, Article 31 de la Constitution du Cameroun.

[232] Nous en voulons pour exemple, les statuts des notaires des pays tels que l'Espagne, l'Argentine, le Niger ou encore le Togo qui se sont faits par voie législative.

[233]Voir, Article 8 alinéa 10 de la Constitution du Cameroun.

[234] Voir, Article 25de la Constitution du Cameroun qui indique que : l'initiative des lois appartient concurremment au président de la République et aux membres du parlement.

C'est pourquoi il importe d'expliquer comment, la signature du président de la République est un moyen pouvant conduire au remplacement du régime de responsabilité de droit commun défaillant par un régime de responsabilité spécifique à la responsabilité des notaires (1). Ensuite, l'on pourra évoquer le pouvoir d'insérer au journal officiel ou de publicité du président de la République comme un moyen permettant le remplacement du régime de responsabilité de droit commun appliqué aux notaires (2).

1- La signature du président de la République comme moyen de reformation du régime de responsabilité des notaires

Le pouvoir de signature du président de la République lui est donné par la Constitution, notamment en son article 25 qui dispose que « *l'initiative des lois appartient concurremment au Président de la République et aux membres du parlement* ». Aussi, la Constitution ajoute que « *les matières autres que celles qui sont du domaine de la loi ressortissent au pouvoir réglementaire.* » En autres termes, les domaines qui ne sont pas cités par l'article 26 alinéa 2 sont du ressort principal du Président de la République. Nous pouvons citer les domaines qui ne relèvent pas de la loi. Il s'agit notamment de l'organisation des professions judiciaires, ou encore la nomination des notaires et des huissiers de justice[235]. Ce pouvoir, octroyé au président de la République par la loi, se manifeste par la signature du chef de l'État de ce qui est encore en ce moment un projet de loi et ne devient loi qu'après la signature et la promulgation de la loi par le chef de l'État. Pour être précis, la signature du chef de l'État de ce qui est encore un projet de loi donne la force exécutoire et probante nécessaire à la mise en vigueur de cette loi. Pourtant, ces lois ne deviennent opposables qu'à partir du moment où le président de la République a respecté la deuxième étape qui est celle des règles de publication au journal officiel[236]. Bref, la signature par le président de la République d'un nouveau texte organisant le régime de responsabilité des notaires rendra légal, probant et exécutoire ce nouveau régime sur l'ensemble du territoire camerounais. Ce qui démontre l'importance du chef de l'État et de sa signature dans l'édification d'un nouveau régime de responsabilité des notaires. Il est, par sa signature, un acteur légal et surtout incontournable dans l'édification d'un nouveau régime de responsabilité des notaires. Ce pouvoir donné au président de la République fait de lui un acteur majeur, disposant des moyens sérieux à l'éventualité d'un remplacement du régime de responsabilité de droit commun par un régime adéquat. Disons que la présidence de la République dispose seule, de la possibilité de mise en vigueur d'un texte concernant le notariat[237]. Autrement dit, la force probante et la force exécutoire des textes organisant la

[235] Voir, Article 8 alinéa 8 à 10 de la Constitution de la République du Cameroun.
[236] Cf. Article 31, de la Constitution du Cameroun.
[237] Ibid.

profession notariale dépendent de la signature et l'insertion au journal officiel de ces textes signés par la présidence de la République. En clair, la signature du président est un moyen dont dispose la présidence de la République pour permettre le changement du régime de responsabilité de droit commun défectueux utilisé à la responsabilité des notaires par le juge.

En revanche, la signature à elle seule ne suffit pas pour permettre le remplacement de ce régime de responsabilité, il faudrait aussi que le président de la République respecte les diligences de publicité qui rendront le texte opposable aux tiers. Il s'agit d'insérer le texte au journal officiel qui, à notre sens, constitue un autre moyen permettant au chef de l'État de remplacer le régime de responsabilité des notaires défaillant.

2- L'insertion au journal officiel comme moyen de réformation du régime de responsabilité des notaires

Le décret n° 2011/408 du 9 décembre 2011 portant réorganisation de la présidence de la République en son *article 8* institue la direction des affaires du journal officiel. Le journal officiel est une publication officielle quotidienne destinée à assurer la publicité des lois, décrets, arrêtés, actes et documents administratifs du gouvernement, ainsi que du compte rendu des séances et débats des assemblées parlementaires[238]. L'*article 10* du même décret institue « un *fichier législatif et réglementaire qui est chargé de l'enregistrement, de la publication, de la diffusion du classement et de la conservation des traités, des conventions et des actes législatifs et réglementaires. Elle est aussi chargée de la transmission aux fins de la publication et de diffusion par la direction du journal officiel et les médias publics, des traités conventions et des actes législatifs par la direction du journal officiel et les médias* ». Autrement dit, le journal officiel est un moyen pour la Présidence de la République d'informer le pays sur les nouvelles lois et règlements en vigueur dans le pays. Par cet organe, la présidence de la République dispose d'un solide moyen pour favoriser la réforme du régime de responsabilité de droit commun appliqué à la responsabilité des notaires. En clair, les formalités de publicité par l'insertion au journal officiel sont un moyen pour la présidence de la République de rendre officiel et opposable aux tiers le nouveau régime de responsabilité adéquat à la responsabilité des notaires. La publicité étant une condition sine qua non à la signature du président de la République, elle permet de rendre officiel et légal le nouveau régime de responsabilité des notaires[239].

---

[238] Voir, CORNU (G.), *Vocabulaire juridique*, *op.cit.*, p. 521.

[239] Voir, Article 8, Décret n° 2011/408 du 9 décembre 2011, portant réorganisation de la Présidence de la République qui institue la direction des affaires du journal officiel.

Il reste à souligner que ces textes une fois publiés par le président de la République ont une force probante et une force exécutoire sur toute l'étendue du territoire camerounais. C'est pourquoi, une fois les nouvelles normes concernant le notariat publiées elles auront une valeur juridique supérieure à celles contenues dans un arrêté.

En somme, les acteurs nationaux peuvent permettre l'édification d'un régime de responsabilité adéquat et fiable à la responsabilité des notaires. Que pouvons-nous dire des acteurs internationaux quand on sait que le notariat est une profession internationale ? Quels sont ces acteurs internationaux qui peuvent favoriser le changement du régime de responsabilité des notaires ?

SECTION II : LES ACTEURS INTERNATIONAUX SUSCEPTIBLES DE PERMETTRE LE REMPLACEMENT DU RÉGIME DE RESPONSABILITÉ DE DROIT COMMUN

Nous avons affirmé plus haut que les acteurs nationaux sont les acteurs légaux et légitimes devant décider de la responsabilité des notaires au Cameroun. Seulement, nous n'avons pas précisé que le notariat est une profession structurée et hiérarchisée non seulement au Cameroun, mais aussi en Afrique et à l'international. Nous en tenons pour preuve le fait que les décisions prises sur le notariat par les organisations notariales internationales sont souvent des modèles qui sont suivis d'application par la chambre des notaires du Cameroun et les chambres notariales nationales à travers le monde. Ces organisations notariales internationales sont un cadre d'échange et de perfectionnement du notariat international et surtout national. Le notariat est ainsi une profession internationalisée de telle façon que les problèmes rencontrés par le notariat camerounais peuvent aussi se retrouver dans les autres pays du monde, mais surtout ces problèmes peuvent se résoudre dans ces grandes organisations notariales internationales. En réalité, travailler à rendre plus crédible et plus responsable la responsabilité des notaires est une chose qui n'est pas seulement une affaire des notaires camerounais, mais également celle des notaires d) Afrique et du monde. Pour mieux comprendre ces acteurs internationaux capables d'influer sur le remplacement du régime de responsabilité des notaires, nous allons les distinguer en deux grands groupes : nous aurons d'une part les acteurs internationaux africains (Para 1) et d'autre part les acteurs internationaux non africains (Para2).

PARAGRAPHE 1 : LES ACTEURS INTERNATIONAUX AFRICAINS

Le perfectionnement de la responsabilité des notaires passe par la prise de conscience des acteurs internationaux africains sur la nécessité d'édifier un régime de responsabilité fiable, efficace et surtout simple d'utilisation à la profession des notaires. En vérité, les notaires africains ont un rôle important à jouer dans l'émergence de la responsabilité de ces officiers publics, puisqu'ils ont la matière grise, l'expertise et le cadre d'échanges scientifiques nécessaires à l'édification du régime de responsabilité approprié aux notaires. Les notaires africains pour échanger scientifiquement sur les problèmes rencontrés lors de l'exercice de leur profession se regroupent généralement au sein de l'université des notaires d'Afrique qui est organisée par la commission des affaires africaines de l'U.I.N.L (l'Union Internationale du Notariat Latin). Cette commission de L'U.I.N.L est chargée de répondre et de soumettre la spécificité des problèmes du notariat africain à l'échelle internationale. Pour être clair, l'université du notariat est un cadre d'échanges entre les notaires africains pour l'amélioration de leur activité tandis que la commission chargée des affaires africaines (CAAF) est l'organe exécutif suprême du notariat en Afrique.

La suite logique de notre analyse nous amène à voir dans cette partie en premier, l'université du notariat africain comme le cadre pouvant permettre de bouger les lignes en matière de responsabilité des notaires (A). Et de voir en deuxième, la commission des affaires africaines CAAF comme l'organe exécutif de décision pouvant permettre le remplacement du régime de responsabilité des notaires de droit commun par un régime spécifique à la profession (B).

A- L'UNIVERSITÉ DU NOTARIAT D'AFRIQUE COMME CADRE POUVANT PERMETTRE D'INFLUENCER LE RÉGIME DE RESPONSABILITÉ DE DROIT COMMUN ACTUEL DES NOTAIRES

Les notaires africains, face aux difficultés rencontrées lors de l'exercice de leur profession, avaient pour seule organisation pouvant leur permettre d'échanger scientifiquement sur leurs problèmes le conseil supérieur du notariat en France. Par la suite, les notaires français faisant partie de l'union internationale du notariat latin ont conseillé et amené les notaires africains à adhérer à cette grande organisation du notariat mondial. Malheureusement, il s'est avéré que la spécificité du notariat africain ne permettait pas à ces institutions de résoudre au mieux et dans le temps les difficultés des notaires africains. Force est de constater que certains notaires africains ont été amenés à créer au sein de l'U.I.N.L une commission chargée des affaires africaines. Cette commission, par souci de parvenir à résoudre les problèmes des notaires africains, a créé les universités du notariat latin pour former les notaires africains, mais surtout pour créer un cadre de rencontre et d'échanges scientifiques entre les notaires africains.

L'analyse de cette partie nous oblige à parler en premier de l'organisation et des missions de l'université du notariat (1) et par la suite de parler du rôle qu'elle peut jouer dans le remplacement du régime de responsabilité de droit commun défaillant des notaires pour un régime approprié à leur profession en matière fiscale (2).

1- Organisation et missions de l'université du notariat

L'université du notariat d'Afrique est concrètement organisée par la chambre nationale des notaires du pays hôte, avec le soutien de la CAAF-UINL en partenariat avec l'association du notariat francophone (ANF) et le conseil supérieur du notariat français (CSN)[240]. Elle se tient de manière rotative chaque année dans l'un des États membres de la CAAF-UINL. Elle bénéficie aussi du parrainage de l'organisation internationale de la francophonie. L'université du notariat est destinée aux notaires d'Afrique, tous membres de la commission des affaires africaines (CAAF) et de l'union internationale du notariat (UINL) pour permettre aux notaires d'avoir un cadre d'échanges de formation et de recyclages[241]. Elle est organisée sur une période de 4 jours pendant lesquels les notaires africains échangeront sur les thématiques choisies par la chambre du notaire du pays hôte. Ces thèmes seront traités dans trois séminaires distincts ou ils seront développés par une équipe de formateur africain et français, choisis parmi des professionnels de droit de haute qualité et de réputation internationalement établie. Les thèmes retenus sont validés par la commission des affaires africaines et l'union internationale du notariat latin. Cette université des notaires est une grande rencontre scientifique des notaires d'Afrique pour leur permettre de se former et d'échanger sur leur profession. Il faut aussi signaler la régularité de ces séminaires dans la mesure où depuis 2006 au Togo où ont eu lieu les universités notariales en Afrique. Même le Cameroun a eu à accueillir l'université des notaires d'Afrique en avril 2009[242].

En parlant des missions et du fonctionnement, il ne faut pas perdre de vue que l'université du notariat a été créée à partir du constat de l'absence d'un cadre qui permette aux notaires africains d'assurer leur formation continue

[240] Voir, Rapport Université des notaires d'Afrique, organisé par la CAAF à Yaoundé, le 22 avril 2009, en ligne, disponible sur le site www.africapress.over-blog.com (Visité en avril 2016).

[241] Voir, Rapport Université des Notaires d'Afrique, organisé par la CAAF à Cotonou le 23 au 27 mai 2016, en ligne, publication de l'Université des Notaires, disponible sur le site www.notairedubenin.org (Visité en avril 2016).

[242] Voir, Rapport Université des Notaires d'Afrique organisé par la CAAF à à Yaoundé, le 22 avril 2009. Inédit.

par l'acquisition des savoirs nouveaux ou de se recycler sans sortir du continent. De surcroît, l'offre de formation continue disponible sur d'autres continents n'étant pas toujours adaptée aux besoins des notaires africains, l'idée de mettre en place ce cadre spécifique a séduit les uns et les autres[243]. En réalité, l'université du notariat a pour mission de former les notaires africains sur les nouvelles données de leur profession, mais en plus de leur permettre d'échanger sur les difficultés liées à leur métier et trouver ensemble des solutions appropriées. Elle vise aussi parallèlement la promotion, la coordination et le développement de l'activité notariale dans les pays d'Afrique.

2- Rôle de l'Université du notariat pour l'édification d'un régime de responsabilité adéquat à la profession de notaire au Cameroun

La présidente de la chambre nationale des notaires du Benin a relevé dans son adresse aux participants de la 3e université du notariat d'Afrique que *« l'université répond à une préoccupation essentielle des notaires africains, la nécessité de s'informer et de se former, et ceci sur des sujets de leur environnement juridique et socio-économique »*[244]. L'université du notariat d'Afrique a pour objet de dispenser aux notaires et à leurs collaborateurs des connaissances sur les thématiques choisies par les notaires afin de leur permettre de remplir leurs fonctions de manière toujours plus efficace. Me Régine DOOH COLLINS[245] dans la même optique lors de la présentation de l'université du notariat d'Afrique (UNA) déclarait que l'université de notariat d'Afrique *« est un cadre d'échanges, de formation et de recyclage des notaires organisé depuis 2006 par les instances internationales du notariat sur une base annuelle, pour une sécurité juridique plus accrue »*. L'université de notariat pour ces auteurs est véritablement le cadre de formation et d'échanges entre les notaires du continent. Ce qui peut impliquer à notre sens un endroit propice pour permettre lors des échanges, une mise sur table du sujet du changement du régime de responsabilité des notaires. Cette mise sur table ouvrira un débat sur la question par les notaires du continent qui, à l'occasion, échangeront d'avis et d'expériences sur la question et surtout pourront peut-être influencer les institutions notariales internationales, sur l'urgence de changement du régime de droit commun défaillant en matière de responsabilité des notaires. Le rôle que pourra jouer cette université est capital dans la mesure où elle permettra d'abord aux notaires africains de mieux policer aux fruits de leurs expertises et expériences un régime de responsabilité adéquat à la profession de notaire. Il s'agira davantage pour ces officiers publics africains de bâtir un régime de

[243] Voir, Régine DOOH COLLINS, discours à l'université des notaires d'Afrique 22 avril 2009. Inédit.
[244] Voir, Maître PAMPHILE K. AGBANRIN (V.), discours lors de 4eme université du notariat d'Afrique, Yaoundé, 22 au 24 avril 2009. Inédit.
[245]Ibidem.

responsabilité adéquat, utile à la société vu qu'ils sont des experts de la question. Aussi cette université permettra de faire entendre à l'échelle africaine et peut être à l'échelle internationale les défaillances de ce régime de responsabilité de droit commun. Cette université pourra agir comme un haut-parleur capable de faire raisonner aux gouvernements africains en général et camerounais en particulier de l'urgence de remplacement du régime de responsabilité de droit commun défaillant des notaires. L'université du notariat aura aussi pour rôle la sensibilisation des notaires et des tiers sur une responsabilité notariale plus juste et bénéfique pour la profession et la société tout entière. Le rôle de cette université sera d'être la bouche de notaires qui souffrent en silence de ce régime de responsabilité défaillant et l'espoir du changement de ce régime de responsabilité de droit commun.

À la fin de cette partie, il nous paraît évident que l'université du notariat est une caisse de résonnance pouvant permettre le remplacement du régime de responsabilité défaillant des notaires, mais qu'en est-il de la commission des affaires africaines de l'UINL ?

B- LA COMMISSION DES AFFAIRES AFRICAINES COMME ACTEUR AFRICAIN INTERNATIONAL POUVANT PERMETTRE LA MODIFICATION DU RÉGIME DE RESPONSABILITÉ DE DROIT COMMUN

La Commission des Affaires Africaines, par abréviation « CAAF », est l'une des trois commissions continentales de l'Union Internationale du Notariat « UINL », créée en Argentine en 1948. Cette commission a pour mission de former les notaires africains et de gérer les difficultés spécifiques du notariat africain à travers l'organisation des universités notariales, des congrès et séminaires[246]. Cette partie nous amène à nous poser les questions de savoir comment cette commission est organisée. Et surtout quel rôle peut-elle jouer dans le remplacement du régime de droit commun appliqué à la responsabilité des notaires ?

La suite nous amène à nous interroger sur l'organisation et le fonctionnement de la CAAF dans une première approche (1) et dans une deuxième approche à traiter du au rôle que peut jouer la CAAF dans l'édification d'un régime de responsabilité fiable à la profession des notaires (2).

---

[246] Voir, CAAF, Commission des Affaires Africaines, en ligne, les publications de la Commission des Affaires, Africaine, disponible sur le site, www.notariatafrique.org (Consulté en avril 2016).

1- L'organisation et le fonctionnement de la commission des affaires africaines de l'U.I.N.L

La Commission des Affaires Africaines (CAAF) est un démembrement de l'Union Internationale du Notariat Latin (UINL). Cette Commission a été créée en décembre 1989 à Abidjan, où elle a tenu son premier congrès, à la suite de l'admission à Amsterdam, en octobre 1989, des notariats du Benin, du Mali et du Sénégal qui ont rejoint la Côte d'Ivoire dans l'UNIL. La Commission des Affaires Africaines est constituée des présidents des notariats membres ou de leurs représentants ainsi que des conseillers généraux qui appartiennent au continent africain[247]. En clair, la CAAF est composée des présidents des bureaux des chambres de notaires des pays d'Afrique membres à la CAAF et des conseillers de ces chambres respectives. La CAAF est composée d'un bureau voté au sein de l'UINL en assemblée générale. Depuis sa création, la CAAF a organisé plusieurs congrès et séminaires de formation. Les séminaires appelés aussi universités notariales qui étaient au départ organisés en Europe ont été délocalisés ces dernières années pour être organisés de manière tournante dans les pays membres de la CAAF ; ceci pour la simple raison que la CAAF serait l'organe de l'UINL spécialisé dans les affaires africaines. La CAAF a pour organe principal l'assemblée générale, c'est au sein de cette assemblée que se décide l'avenir du notariat en Afrique. C'est aussi au sein de celle-ci que l'on vote les membres du bureau pour un mandat similaire à celui stipulé dans les statuts.

Les missions de la CAAF sont de prêter assistance aux notariats africains pour favoriser leurs organisations en associations et en collèges ainsi que pour les aider dans le développement et l'amélioration de l'activité professionnelle ; de promouvoir la formation tant initiale que continue des notaires de son rayon d'action par l'intermédiaire de l'Université du Notariat d'Afrique. Parmi les objectifs qui ont été assignés à la CAAF, il y a entre autres l'organisation des congrès, des séminaires et des universités ; ces rencontres ont pour objet de faire la promotion du notariat africain et partant, des notaires africains qui profitent de ces rencontres pour parfaire leurs connaissances et se mettre à la pointe du droit. La CAAF doit aussi promouvoir la formation tant initiale que continue des notaires de son rayon d'action par l'intermédiaire de l'Université du Notariat d'Afrique[248]. Pour atteindre les objectifs qu'elle s'est assignés, la CAAF a créé en son sein, à l'image de l'Union, la commission des « *thèmes, congrès, études scientifiques* » qui est chargée d'identifier tous les thèmes intéressant le

---

[247] Ibidem.

[248]Voir, Commission des Affaires Africaines (CAAF), en ligne, les publications de la Commission des Affaires, Africaine, disponible sur le site, www.notariatafrique.org (Consulté en août 2016).

notariat en général et le notariat africain en particulier ; d'en faire le montage, rechercher les animateurs ; d'organiser et suivre la préparation dans les différentes chambres de notaires, des thèmes proposés par l'UINL de sorte que les rapports des travaux parviennent à temps à la commission scientifique de l'UINL pour être intégrés dans les débats organisés à l'occasion des congrès de l'Union.[249]

S'il fallait parler des limites de la CAAF, nous soulignerons ces affirmations de Me TCHASSONA TRAORE qui déplore le fait que *« nombreux sont les congrès organisés par la CAAF, assortis de recommandations et avis de la CAAF qui sont ignorés de nos ministères ».* Selon cet auteur, les ministères des pays membres de la CAAF ignorent malheureusement les travaux scientifiques de cette institution, pourtant, ils sont faits par des experts de la profession dans le but de l'évolution de la profession et de permettre un meilleur service du ministère. C'est pour cela qu'il recommande plus loin « pour *finir la CAAF doit outiller et alimenter nos ministères directement de ces travaux scientifiques, pour la mise en œuvre et le suivi des dits travaux de publications. Ce qui aura pour avantage de rendre plus dynamiques les relations entre les chambres de notaires et les ministères de tutelle* »

Nous avons constaté que la CAAF peut contribuer à améliorer le régime de responsabilité des notaires, mais la question que nous sommes à même de nous poser est la suivante : comment la CAAF peut-elle remplacer le régime de responsabilité des notaires défaillants ? Et surtout dans quel but peut-elle être un acteur décisif à la réforme du régime de droit commun inapproprié à la responsabilité des notaires ?

2- Le rôle de la commission des affaires africaines de l'UINL dans la réforme du régime de responsabilité des notaires

À titre de rappel, la commission des affaires africaines a été créée pour promouvoir, coordonner et développer la fonction et l'activité notariale en Afrique. La CAAF pour ainsi dire, est susceptible d'être l'endroit où le changement de régime de responsabilité de droit commun peut s'opérer. D'abord parce que parmi les prérogatives de cette commission, existe « *la mission pour elle de développer la fonction de l'activité notariale* ». Ensuite, parce qu'elle est le cadre idéal où l'expertise en matière notariale se rencontre pour réfléchir scientifiquement sur la profession. Enfin, parce que cette institution a l'influence la renommée et la force nécessaire à l'effectivité du changement du régime de responsabilité des notaires en matière fiscale. Le rôle de cette institution sera d'édifier le nouveau régime de responsabilité des notaires, de le rendre public et surtout de sensibiliser les gouvernants à adopter le nouveau régime de responsabilité des notaires.

---

[249] Ibid.

Les échanges entre les experts de la question notariale au sein de cette institution ne pourront qu'aboutir à la confection d'un meilleur régime de responsabilité des notaires en matière fiscale. Le rôle que devra jouer cette commission est davantage de conceptualiser le nouveau régime de responsabilité des notaires et de sensibiliser les gouvernements des pays membres à utiliser ce nouveau régime de responsabilité. Ce rôle, loin d'être un rôle passif, est un rôle majeur que cette institution devra jouer pour l'établissement d'un nouveau régime des notaires en vue du rayonnement de la profession.

Il est louable de constater que le dynamisme du notariat africain, sa promptitude à gérer certains problèmes se fait à travers des organismes tels que la CAAF et l'université des notaires d'Afrique qui sont des lieux d'échanges et de discussions sur l'amélioration de l'activité notariale. Mais sont-ils les seuls à pouvoir apporter cette plus-value au notariat ? Qu'en est-il des acteurs internationaux non africains ?

PARAGRAPHE 2 : LES ACTEURS INTERNATIONAUX NON AFRICAINS

À la suite de ce que nous avons dit plus haut, dire que le notariat est très structuré en Afrique ne serait pas faux, mais que dire des structures mondiales du notariat latin ? Quand on sait que le notariat actuel doit son origine, sa structure et sa survivance aux organisations du notariat mondial ; quand on sait que ces structures sont les plus grandes corporations de notariat dans le monde, et qui sont chargées d'organiser et de défendre universellement le notariat. L'on veut par ces propos dire que ces organisations internationales sont des cadres idéaux pour permettre l'édification d'un meilleur régime de responsabilité pour les notaires. Il s'agira de les présenter et de montrer le rôle qu'elles peuvent jouer dans la modification du régime de responsabilité des notaires. Il demeure vrai que notre analyse manquerait de pertinence si nous ne présentons pas l'UINL, L'ANF et la CSN comme ces organes pouvant permettre la réforme du régime de responsabilité des notaires en matière fiscale.

Assurément, la logique nous pousse à voir en premier l'U.I.N.L comme l'organe suprême du notariat latin pouvant permettre la rénovation du régime de responsabilité des notaires (A) et de voir aussi l'ANF et la CSN comme les autres organes pouvant permettre de remplacer le régime de responsabilité de droit commun défaillant en matière de responsabilité des notaires (B).

A- L'UNION INTERNATIONALE DU NOTARIAT LATIN

Il serait vain de parler de l'apport de l'Union international du notariat latin dans la responsabilité des notaires sans au préalable présenter son organisation et ses missions. En clair, nous parlerons d'abord de l'organisation et des finalités de L'UINL, avant de montrer le rôle que peut jouer l'UINL dans l'édification d'un meilleur régime de responsabilité des notaires.

Dans la suite, nous parlerons de l'organisation et des finalités de l'organisation du notariat latin (1) ainsi que du rôle que peut jouer L'U.I.N.L pour l'édification d'un meilleur régime de responsabilité aux notaires (2).

1- Organisation et finalités de l'U.I.N.L

L'Union Internationale du Notariat Latin (UNIL) est une organisation non gouvernementale fondée en 1948 à Buenos Aires par des représentants des notariats provenant de dix-neuf pays[250]. En octobre 1948, les Statuts d'origine sous forme de Charte ont été approuvés et adoptés officiellement par le Congrès de Madrid le 21 octobre 1950[251]. Cette organisation non gouvernementale internationale a été créée pour promouvoir, coordonner et développer la fonction et l'activité notariales dans le monde. L'UINL est dirigée par un conseil général (organe exécutif), par une assemblée des notariats membres et par de nombreuses commissions parmi lesquelles les commissions continentales [252]et diverses commissions intercontinentales à caractère sectoriel comme celle des droits de l'homme, de la déontologie, des relations publiques, de l'information et des nouvelles technologies ainsi que celle de la coopération internationale[253]. Elle est représentée au sein de l'ONU, de l'UNESCO, de l'OMC, de la conférence de La Haye, de la commission et du parlement européen, du conseil de l'Europe et du Mercosur. L'Union Internationale du Notariat est un réseau mondial avec une ambition commune ; celle d'être au service d'une société plus juste, plus humaine plus harmonieuse. Composée de 19 pays lors de sa fondation en 1948, cette institution en compte 86 au 31 décembre 2013 dont 22 des 28 de l'Union européenne et 15 des 19 du G20 illustrant ainsi l'expansion du système juridique continental. Il est aujourd'hui implanté dans près de 120 pays, représentant 2/3 de la population mondiale, et plus de 60 % du Produit intérieur brut mondial[254]. Dirigé par un Conseil de Direction de 28 conseillers, son organe de décision est l'Assemblée des notariats membres où chaque pays dispose d'une seule voix, quelle que soit son

[250] Notamment : l'Argentine, la Belgique, la Bolivie, le Brésil, le Canada, la Colombie, le Costa Rica, le Cuba, le Chili, l'Équateur, l'Espagne, la France, l'Italie, le Mexique, le Paraguay, le Pérou, le Porto-Rico, la Suisse et l'Uruguay.

[251] Cf. UINL, « Le notaire et son rôle » en ligne, publication de l'Union Internationale du Notariat Latin, disponible sur le site, www.uinl.org (Consulté le 21 juin 2016).

[252] Affaires africaines, affaires américaines, affaires européennes et méditerranéennes et affaires de l'Union européenne.

[253] Cf. UINL, « Le notaire et son rôle » en ligne, publication de l'Union Internationale du Notariat Latin, disponible sur le site, www.uinl.org (Consulté le 21 juin 2016).

[254]Ibid.

importance. Un Conseil Général de 172 membres et des commissions continentales et intercontinentales constituent des forces de proposition et agissent aux plans scientifique (formation, recherche), stratégique (organisation, développement), économique (réseaux, activités) et sociologique (droits humains, protection sociale).

Les Commissions traitent des sujets notariaux sur les plans technique et juridique en organisant des journées d'étude et des séminaires dans un cadre continental ou intercontinental.[255]. Les groupes de travail participent à la réalisation du plan d'action de l'Union notamment dans les domaines du titrement, du partenariat avec les organisations internationales et de la circulation des actes notariés grâce à un réseau notarial mondial.

S'agissant des finalités, nous pouvons dire que L'UINL doit « *Faciliter les relations entre les notaires des différents notariats membres pour échanger informations et expériences sur la pratique professionnelle ; promouvoir l'application des principes fondamentaux du système de notariat de droit civil et notamment les principes de déontologie notariale ; représenter le notariat auprès des organisations internationales et collaborer avec elles dans le cadre de partenariats ; collaborer au plan international à l'harmonisation des législations notariales nationales ; promouvoir, organiser et développer la formation professionnelle et soutenir les travaux scientifiques dans le domaine notarial ; promouvoir les congrès internationaux, les conférences et les rencontres internationales ; établir et promouvoir des relations avec les notariats nationaux afin de collaborer à leur organisation et à leur développement en vue de leur adhésion à l'Union ; établir et promouvoir des relations avec des organisations autres que celles du système de droit continental afin de collaborer avec elles dans des domaines d'intérêt commun ; apporter son soutien à l'évolution du droit dans les matières notariales aux pays qui le demandent* »[256]. Voici ainsi présentées quelques finalités de l'UINL.[257] Ces finalités renvoient en d'autres termes à la promotion et l'application des principes fondamentaux du système de notariat de type latin ainsi que les principes de déontologie notariale. Ces missions consistent aussi à la représentation du notariat auprès des organisations internationales, à la collaboration avec les organisations nationales et à la participation à leurs activités. En une collaboration avec les organismes nationaux et leurs autorités institutionnelles de chaque pays. Ces

---

[255]Commissions continentales : Commission des Affaires Africaines, Commission des Affaires Américaines, Commission des Affaires Asiatiques et Commission des Affaires Européennes. Commissions intercontinentales : Commission Coopération notariale Internationale, Commission Consultative, Commission Thèmes et Congrès, Commission Sécurité Sociale notariale, Commission Déontologie notariale, Commission Droits Humains.

[256] Cf. UINL, « Le notaire et son rôle » en ligne, publication de l'union internationale du notariat latin, disponible sur le site, www.uinl.org (consulté le 21 juin 2016).

[257] Ibid.

missions renvoient aussi en l'étude du droit dans le domaine de l'activité notariale et la collaboration pour l'harmonisation des législations au plan international. Cette institution selon ces statuts a aussi pour objectif l'étude et la compilation systématique de la législation relative à l'institution du notariat de type latin. Elle se doit aussi de promouvoir des congrès internationaux, conférences et rencontres internationales. Pour finir, elle est chargée de la promotion et de l'établissement des relations avec les notariats en évolution et les notaires des pays dépourvus d'organisation notariale, en vue de leur structuration et de leur adhésion.

Il devient clair à la suite de ce que nous avons dit plus haut que l'union internationale du notariat latin contribue par ses multiples activités, à l'émergence du notariat dans le monde. Néanmoins, il faut avouer que notre analyse ne serait pas complète si nous ne répondons pas à la question de savoir quel est le rôle de L'UINL dans l'édification d'un meilleur régime de responsabilité des notaires.

2- Rôle de l'U.I.N.L pour l'édification d'un régime de responsabilité efficace à la responsabilité des notaires

Me Eduardo GALLINO à la 4e université du notariat d'Afrique déclarait par ces propos que l'UINL est « *une organisation non gouvernementale constituée pour promouvoir, coordonner et développer la fonction et l'activité notariale dans le monde entier afin d'en assurer grâce à une étroite collaboration entre les notariats, la dignité et l'indépendance pour un meilleur service à la personne et à la société.* » Cet auteur, par ces propos, nous montre le rôle de cette puissante organisation dans l'amélioration de l'activité des notaires en Afrique et dans le monde. Mieux encore l'UINL par ses organes et ses commissions spécialisés doit permettre aux notaires mondiaux en général et aux notaires camerounais en particulier de remplacer le régime de droit commun défectueux en matière de responsabilité des notaires. Le rôle de modification du régime de responsabilité des notaires est assigné à cette institution parce que cette organisation est l'organe suprême qui décide et qui impose aux chambres nationales et continentales des règles devant gouverner l'activité notariale. Cette organisation est non seulement le cadre par excellence d'échanges sur la question, mais aussi le lieu adéquat pour l'acquisition de la force probante nécessaire pouvant permettre les réformes sur la responsabilité des notaires. Cette institution aura aussi pour rôle de confectionner, de sensibiliser et de défendre le nouveau régime de responsabilité des notaires plus approprié à leur profession. Cet organe collaborera avec les organisations gouvernementales et non gouvernementales, nationales et internationales en vue de permettre le changement du régime de responsabilité des notaires. Ce rôle consiste pour cette organisation de sensibiliser et de proposer aux dirigeants du monde en général et Camerounais en particulier le nouveau régime de responsabilité de droit commun adéquat a la profession et a l'activité notariale. Il est sans oublier que c'est à travers l'organisation des séminaires nationaux et internationaux que cette institution sensibilisera les décideurs et les notaires sur les avantages du nouveau régime de responsabilité. Il est à noter que comme une des missions de l'UINL est de collaborer au plan international à l'harmonisation des législations notariales nationales, elle devra aussi harmoniser les législations nationales au nouveau régime de responsabilité des notaires. Cela passe par une promotion une organisation et un développement de la formation professionnelle des notaires au nouveau régime de responsabilité des notaires. En clair, l'UINL a pour rôle de confectionner, de sensibiliser et d'harmoniser aux chambres nationales le nouveau régime de responsabilité des notaires.

La fin de cette partie nous démontre à suffisance que l'U.I.N.L est l'ambassadeur du notariat et surtout un acteur majeur qui peut influer sur le remplacement du régime de responsabilité de droit commun applicable à la responsabilité des notaires. Cette grande organisation qui rassemble tous les notaires du monde est-elle la seule organisation internationale à pouvoir peser pour un remplacement du régime de responsabilité des notaires ? Sinon quels sont les autres organismes non gouvernementaux du notariat qui peuvent améliorer le régime de responsabilité des notaires ? Véritablement, que pouvons-nous dire de l'association du notariat francophone et du conseil supérieur du notariat ?

B- L'ASSOCIATION DU NOTARIAT FRANCOPHONE ET LE CONSEIL SUPÉRIEUR DU NOTARIAT

Le cadre de cette recherche nous a permis de constater que le notariat est une profession très organisée. Il est structuré comme nous l'avons vu au Cameroun à travers la chambre, en Afrique par la CAAF et dans le monde par L'UINL. Ce dernier est assurément parmi les organismes de référence en matière de rencontres et d'échanges entre les notaires et les experts de la question notariale. L'analogie étant notre méthode de travail, nous sommes amenés à nous interroger sur la question de savoir si L'UINL est la seule organisation non africaine capable de mettre fin au régime de responsabilité de droit commun appliqué au notaire par le juge camerounais. Nous savons qu'il existe d'autres organisations notariales aussi performantes qu'efficaces qui peuvent permettre la modification du régime de responsabilité des notaires. À cet effet, nous nous interrogeons au sujet de l'association du notariat francophone, et certainement du conseil supérieur du notariat. Ces deux aspects ne sont pas négligeables en ce qui concerne l'évolution ou l'émergence du notariat.

Dans une optique de perfectionnement de ce travail, nous serons guidés par le souci de présenter en premier, l'association du notariat francophone ainsi que le rôle qu'elle peut jouer pour améliorer le régime de responsabilité des notaires (1). En second, nous verrons le conseil supérieur du notariat ainsi que le rôle qu'il peut jouer pour permettre un remplacement du régime de responsabilité de droit commun par un régime approprié (2).

1- L'association du notariat francophone (ANF)

Créée le 17 mars 1992[258], l'Association du Notariat Francophone a pour principal objectif de faciliter la coopération transfrontalière sur la base des liens existant entre les notaires francophones et ceux d'expression française. L'association comprend vingt-trois chambres notariales nationales et cinquante-six notaires membres individuels. Elle se tient généralement chaque année en marge du congrès des notaires de France. Cette initiative est partie du constat que la francophonie s'exprime également à travers des bases juridiques communes. L'ANF est de ce fait une organisation de coopération juridique donc de développement, de rassemblement, d'accueil, d'échange et de solidarité entre des professionnels du droit dont la contribution au bon fonctionnement de la démocratie est avérée.

En fait, voici le triple objectif de l'ANF à la base : développer les liens entre notaires francophones et divers notariats d'expression française afin de faciliter la coopération transnationale ; mettre en commun les moyens matériels et humains à travers la réalisation de projets d'intérêt commun et échanger des expériences ; susciter la tenue à intervalles réguliers d'assises du notariat francophone[259] parce que les professions juridiques concourent au bon fonctionnement et à la vitalité de la démocratie. L'ANF a pour mission d'organiser des séminaires de sensibilisation sur les questions liées au notariat pour les parlementaires membres de L'APF. Elle organise aussi des points d'information sur des thèmes bien choisis par ses soins, ceci dans le but de sensibiliser la société civile et les parlementaires aux différents enjeux du notariat. L'utilité de l'ANF n'est plus à démontrer. En partenariat avec l'association des notariats d'Afrique depuis 2006, des universités du notariat sont organisées chaque année dans une capitale africaine[260].

Dans son discours de bienvenue aux participants de l'association du notariat francophone, Maître Irène ADJAGBA ICHOLA présidente de la chambre des notaires du Bénin a déclaré : « Oui, *il nous faut nous former, nous informer et nous recycler* (…) *La formation est à l'entrée de la profession et elle jalonne tout son exercice* », a-t-elle poursuivi. Maître ICHOLA dans la même perspective déclare « *qu'il ne peut en être autrement*

---

[258] Avec le soutien du ministère français de la francophonie

[259] Voir, DECORPS (J-P.), « Le notaire est le juriste de la sécurité juridique » en ligne, disponible sur le site, www.notariat francophone.org (Consulté en mai 2016).

[260] Cf. ANF, « L'association du Notariat Francophone », en ligne, publication de L'association du Notariat Francophone disponible sur le site, www.notariat francophone.org (Consulté en mai 2016).

lorsqu'on exerce une profession juridique (…) *la profession du notaire est basée sur le droit, une discipline si dense, si complexe, si évolutive si bien qu'il a été dit à son sujet qu'on ne commence à la maîtriser qu'au crépuscule de sa vie* ». Selon cet auteur, l'ANF a pour rôle de former, d'éduquer les notaires sur le notariat ; mais surtout de leur permettre d'échanger et de faire évoluer la profession et ses professionnels. Il faut reconnaître que ce cadre d'échanges entre les notaires d'une même langue serait une opportunité pour le remplacement du régime de responsabilité de droit commun défaillant en matière de responsabilité des notaires. Cette institution a par le biais de la francophonie, la possibilité de sensibiliser le gouvernement camerounais sur l'urgence d'un remplacement du régime de responsabilité des notaires défaillants. C'est aussi l'opportunité de leur montrer les modalités de remplacement de ce régime de droit commun. Il est utile de préciser qu'elle pourra mieux convaincre le gouvernement grâce à son bataillon d'experts de la question notariale à travers les pays de langue française.

L'association du notariat francophone est donc un levier sur lequel peuvent s'appuyer les notaires camerounais pour permettre une révolution en matière de responsabilité fiscale des notaires. Cependant, que dire du conseil supérieur du notariat qui regroupe tous les notaires du monde dans une ville de France chaque année ?

2- Le conseil supérieur du notariat

La première organisation professionnelle du notariat français est l'Association Nationale des Notaires de France, une structure associative créée par les notaires en 1921-1922[261]. Le CSN est membre du Conseil des Notariats de l'Union Européenne (CNUE) et de l'Union internationale du notariat (UINL). Une Ordonnance de 1945 en son article 7 permet aux notaires de se rassembler en association selon les termes de la loi de 1901. L'une d'elles opère au niveau national en symbiose avec le CSN : il s'agit de l'Association pour le Développement du Service Notarial (ADSN) qui a son siège à Venelles, gère notamment le fichier central des dispositions de dernières volontés et édite la revue "*Conseils des notaires*" depuis 1985[262].

Le Conseil supérieur notariat est composé de délégués élus au sein de chaque Conseil régional. Ils sont élus pour quatre ans par les membres du Conseil régional et par les membres des Chambres des notaires du ressort de ce conseil. Les délégués sont renouvelés par moitié tous les deux ans. Chacun des 24 Conseils régionaux regroupe les notaires d'une même Cour

---

[261] Son siège était au 31 de la rue du Général-Foy, dans le 8e arrondissement de Paris, jusqu'à son déménagement, le 3 octobre 2006, au 60 boulevard de La Tour-Maubourg, dans le 7e arrondissement.

[262] Voir, CSN, « Conseil Supérieur du Notariat », en ligne, publication du conseil supérieur du notariat, disponible sur le site www.notaire.fr (Consulté en février 2016).

d'appel[263]. Ainsi, le bureau du Conseil supérieur du notariat se compose de sept membres élus pour deux ans par l'Assemblée générale, dont le président[264]. L'assemblée générale du Conseil supérieur du notariat se réunit plusieurs fois par an ; ses séances sont préparées par plusieurs commissions spécialisées. Le CSN est composé de délégués élus pour quatre ans au sein de chacun des 32 conseils régionaux qui regroupent les notaires d'une même cour d'appel. Il est dirigé par un bureau de sept membres élus pour deux ans par l'assemblée générale. Il est assisté par six établissements de recherche : l'institut notarial de l'immobilier, l'institut notarial du patrimoine et de la famille, l'institut notarial de l'espace rural et de l'environnement et l'institut notarial des collectivités locales.

Outre ces commissions, le Conseil supérieur du notariat comme l'indiquait Me Jean-Pierre FERRET « *est le seul organe de la profession habilité à s'exprimer au nom de tous les notaires de France* ». C'est un établissement reconnu d'utilité publique, créé par une Ordonnance du 2 novembre 1945. Il représente la profession auprès des pouvoirs publics. Dans ce cadre, il contribue notamment à la réflexion sur les projets de loi ou de textes réglementaires en préparation. Il détermine aussi la politique générale de la profession, contribue à l'évolution du notariat et fournit des services collectifs aux notaires.

On peut se demander comment une association de notaires de France peut influencer le régime de responsabilité des notaires au Cameroun. Mais cette question ne se poserait pas si on savait que le congrès des notaires de France organisé par le CSN est un regroupement non seulement des notaires de France, mais aussi de ceux du monde ; de telle façon que les problèmes portés à l'ordre du jour concernent non seulement le notariat français, mais aussi le notariat mondial. Ainsi, le congrès devient un cadre d'échanges entre les notaires du monde et les notaires de France. C'est la raison pour laquelle nous disons que l'édification d'un nouveau régime de responsabilité des notaires peut se faire à partir du congrès des notaires organisé par le CSN. L'autre particularité de ce congrès est que les textes qui y sont votés et adoptés par les notaires sont par la suite insérés dans le Code civil français[265]. D'où l'importance du notaire dans l'édification des textes non seulement organisant la profession de notaire, mais aussi le Code civil dont ils sont les principaux rédacteurs. Voici les raisons pour lesquelles nous pensons que le CSN peut améliorer le régime de responsabilité des notaires.

---

[263]Voir, CSN, « Conseil Supérieur du Notariat », en ligne, publication du Conseil Supérieur du Notariat, disponible sur le site www.notaire.fr (Consulté en février 2016).

[264] Ibid.

[265] Cf. CSN, « Conseil Supérieur du Notariat », en ligne, publication du Conseil Supérieur du Notariat, disponible sur le site www.notaire.fr (Consulté en février 2016).

Le chapitre que nous venons de développer nous a permis de voir les acteurs camerounais, africains et internationaux pouvant permettre le remplacement du régime de droit commun des notaires par un régime de responsabilité approprié à la profession de notaire. Dès lors, que devons-nous faire pour peaufiner le régime de responsabilité des notaires ?

« Le notaire arrive souvent au dernier acte »

TISTAN Bernard

CHAPITRE II :

LA RÉFORME PAR L'ESSAI D'ÉDIFICATION D'UN RÉGIME DE RESPONSABILITÉ SPÉCIFIQUE À LA PROFESSION DE NOTAIRE

Nous n'allons pas prétendre dans ce chapitre pouvoir créer un nouveau régime de responsabilité infaillible. Il s'agira davantage pour nous d'apporter notre modeste contribution à l'édification d'un régime de responsabilité des notaires un peu plus adapté à leur profession. En réalité, notre travail consistera à proposer le remplacement du régime de responsabilité de droit commun inadapté par un régime de responsabilité spécifique à la profession de notaire. Le nouveau régime de responsabilité que nous proposons aura l'avantage d'encadrer la nature de la responsabilité des notaires ainsi que certaines de ses obligations principales et accessoires. S'agissant de ses obligations fiscales principales, nous pensons à encadrer son obligation d'authentification et son obligation de conseil ; concernant ses obligations accessoires, nous allons proposer un encadrement de son obligation de vérification, son devoir au respect du secret avant d'encadrer les autres obligations complémentaires à l'exercice du notariat. Cet encadrement que nous proposons à la responsabilité des notaires, toute prétention gardée, permettra à coup sûr un meilleur exercice de la profession de notaire au Cameroun et dans le monde.

Il convient dès lors pour une approche pragmatique de scinder ce travail en deux parties. Dans une première partie, nous encadrerons la nature du régime de responsabilité des notaires de même que ses obligations principales (section1). Et dans la seconde tendance, il sera question pour nous de tenter de camper leurs obligations accessoires (section2).

SECTION I : ESSAI D'ENCADREMENT DE LA NATURE ET DES OBLIGATIONS PRINCIPALES DU NOTAIRE EN MATIÈRE FISCALE

La nature de la responsabilité des notaires et ses obligations principales n'ont pas fait l'objet d'un encadrement juridique spécifique par le législateur. Cette négligence ou du moins, cette omission d'institutionnalisation de ce secteur a engendré un nombre considérable de résolutions plus ou moins partielles de litiges liés aux aspects de la fonction notariale et de ses acteurs. On pourrait entrevoir la solution à travers une tentative d'encadrement de ces aspects de la responsabilité des notaires surtout en tenant compte des considérations faites par la jurisprudence et la doctrine.

Il sera dès lors judicieux dans une appréhension bidimensionnelle d'encadrer primo la nature du régime de responsabilité des notaires (paragraphe 1) et secundo les obligations principales y afférentes. (paragraphe 2)

PARAGRAPHE 1 : ESSAI D'ENCADREMENT DE LA NATURE DU RÉGIME DE RESPONSABILITÉ DES NOTAIRES

S'agissant de la nature de la responsabilité, il existe plusieurs thèses antagonistes les unes des autres. Cette pluralité d'antagonismes explique la difficulté de l'œuvre que nous sommes en train de réaliser.

Au-delà de cette diversité de débats doctrinaux où plusieurs protagonistes réclament la primauté de leurs théories sur la question de la responsabilité notariale, la tentative d'encadrement que nous avons trouvé comme solution se rattache d'une manière symétrique aux considérations de la doctrine et de la jurisprudence. Ce schéma symétrique propose un véritable encadrement de la nature de la responsabilité de ces officiers publics. La suite logique de notre travail nous amène à recenser les thèses en présence ou les considérations faites par la jurisprudence et la doctrine en ce qui concerne la nature du régime de responsabilité des notaires (A) ; et de proposer sur cette base, une véritable nature à la responsabilité de ces officiers publics (B).

A- CONSIDÉRATIONS SCIENTIFIQUES DE LA NATURE DE LA RESPONSABILITÉ DES NOTAIRES

L'interprétation des considérations de la nature de la responsabilité de ces officiers publics consiste à recenser ce que dit la jurisprudence et la doctrine sur cette question afin d'avoir les éléments essentiels qui nous permettront de meubler la nature que nous voulons proposer à la responsabilité des notaires. Une double catégorisation des auteurs sur la question en deux courants principaux s'érige : les premiers sont ceux de la théorie unitaire qui pensent que la responsabilité des notaires est soit contractuelle, soit délictuelle. Le deuxième courant que nous avons évoqué est celui de la théorie dualiste. Les auteurs de cette théorie ont conceptualisé un principe d'application alternative des règles de la responsabilité délictuelle ou contractuelle. Selon les circonstances et modalités de l'intervention de l'officier public, devraient s'appliquer tantôt les règles de la responsabilité délictuelle, tantôt les règles de la responsabilité contractuelle.

Dans le cadre de cette analyse afférente à la responsabilité notariale contractuelle ou délictuelle seront mis en exergue d'une part les arguments et les considérations essentielles de la théorie unitaire (1) et d'autre part les considérations de la théorie dualiste (2)

1- Considérations scientifiques de la théorie unitaire de la responsabilité des notaires

La théorie unitaire rassemble les auteurs qui sont pour une application soit contractuelle soit délictuelle de la responsabilité des notaires.

Pour ce qui est de la nature contractuelle de la responsabilité des officiers publics, les protagonistes de ce courant ont pour argument phare l'allégation selon laquelle le notaire intervient généralement concernant les actes sur la base d'un contrat. Un contrat préalable, même s'il n'est pas écrit, existe entre le notaire et son client. Ceci consiste pour le notaire à fournir la prestation qui lui est exigée par le client et réciproquement pour le client de payer le prix tel que c'est prévu dans les textes organisant la profession des notaires. Le législateur camerounais ne prévoit-il pas dans certains de ses articles que le contrat est formé à partir du moment où les parties se sont entendues sur la chose et sur le prix ? Pourquoi serait-il différent en matière notariale ? Ou l'on pourrait supposer la formation du contrat du fait de l'entente entre l'officier public et son client sur la chose et sur le prix même sans contrat écrit. La pertinence ou du moins la valeur pragmatique de ces propos est à constater lorsque, malgré le fait que le contrat ne soit pas écrit entre le notaire et son client il existe un contrat préalable dans la mesure où le notaire est obligé de fournir une prestation et le client de payer le prix. À la vérité, tous les éléments qui caractérisent la formation d'un contrat tel que précité dans le Code civil sont réunis à savoir, le consentement, la capacité, l'objet et la cause. Il faut aussi reconnaître que pendant longtemps, il a été retenu que la responsabilité du notaire ne pouvait qu'être contractuelle pour la simple raison que le travail du notaire résulte d'un mandat au moins tacite ; donné par un client de rédiger un acte[266]. Le notaire est ainsi un mandaté par

---

[266]Voir, MAZEAUD et TUNC, « Traité théorique et pratique de la responsabilité civile délictuelle et contractuelle », *Revue internationale de droit comparé*, tomes I et II, Paris, 5e

son client pour fournir une prestation pour laquelle le client lui payera le prix. C'est pourquoi ces auteurs affirment avec force que la nature de la responsabilité de cet officier public est essentiellement contractuelle.

Pour mieux cerner la nature contractuelle de responsabilité des notaires, prenons les exemples suivants.

Monsieur X demande à son notaire Y de négocier pour son compte dans une affaire déterminée ; ou encore d'obtenir pour lui une hypothèque de premier rang. Il est évident dans les situations sues citées que le notaire a agi dans l'acte en vertu d'un mandat. Un mandat qui présuppose un contrat entre le notaire et son client. Cependant, ces situations explicites ne sont pas les seules qui présupposent un contrat entre le notaire et son client. À regarder de près, même quand le notaire agit dans le cadre de sa fonction, il le fait d'abord en vertu d'un contrat qui le lie au client. Un contrat dans lequel la prestation du notaire et le prix à payer par le client sont clairement identifiés. Ceci présuppose une nature contractuelle de la responsabilité des notaires.

Au registre des avantages et des inconvénients de cette responsabilité contractuelle, nous pouvons dire que cette nature contractuelle a pour avantage de limiter la responsabilité du client et celle du notaire au contrat de telle façon que le notaire n'a pas de responsabilité en dehors du contrat qui le lie au client. Il est à noter ici que le notaire n'a pas une obligation de conseil et d'efficacité de ces actes. S'agissant des désavantages de la nature contractuelle de la responsabilité de ces officiers publics, elle ne privilégie pas la sécurité juridique très chère aux actes notariés. Et là aussi, le notaire n'a pas l'obligation de conseil et d'efficacité juridique ou économique des actes à sa diligence.

Quant à la nature délictuelle de la responsabilité des notaires, certains auteurs et certains juges estiment que la nature de la responsabilité des notaires est délictuelle. En ceci que, quand le notaire agit, il le fait en qualité d'officier public. À tel point que l'acte qu'il rédige engage sa responsabilité du fait de son statut[267]. La responsabilité est donc délictuelle, sur le fondement de l'article 1382 du Code civil et du statut légal[268]. Cette

---

édition, volume 11, n° 4, pp. 822-824. « *Quand on donne mandat à un notaire de rédiger un acte notarié de vente ; les fautes professionnelles qu'il commet dans la rédaction de cet acte constituent une violation du contrat* ». p.822 et s.

267 Voir AUBERT (J-L.), *Responsabilité professionnelle des notaires*, *op.cit.*, p.35. En d'autres termes, le fondement de la responsabilité notariale ne dépend pas de l'analyse des relations qui unissent le notaire à son client, il réside uniquement dans la qualité d'officier public du notaire.

268Cass. Req. 16 févr. 1910 : D 1912, 1, p. 183 ; Cass. Civ., 9 mai 1916 : D. 1921, 1, P.24 ; Cass. Civ., 21 juill. 1921 : D. 1925, 1, p.29 ; Cass. Req., 28 mai 1936 : S. 1945 ; I, p.253 ; Cass. Req., 6 janv. 1943 : JCP ; N 1947, II, 3831, note Maguet ; Cass. Civ., 8 mai 1944 : S. 1945, I, p. 88 et a note ; Cass. Civ., 18 févr. 1946 : JCP N 1847, II, 3943 ; Cass. Req., 28 janv. 1947 : JCP N 1948, II, 4075 ; Cass. Civ., 8 déc. 1947 : Bull. civ. 1947, n° 43 ; Cass.

responsabilité délictuelle du notaire donne du poids à l'acte, car elle oblige le notaire à dépasser la demande immédiate du client pour lui garantir une efficacité au-delà même des conséquences prévisibles par le client. Dire que, le fondement de la responsabilité notariale est délictuel, est une source de sécurité juridique pour l'acte authentique ; ainsi le notaire ne pourra pas s'exonérer contractuellement des obligations que l'État et la profession choisissent de lui imposer. Seule une responsabilité délictuelle maintient la raison d'être des normes légales et statutaires qui encadrent l'activité du notaire. Ainsi et seulement ainsi, toutes ces normes prennent du poids, de la valeur, de la densité sur l'acte authentique, réelle source de sécurité juridique tant pour l'État que pour le citoyen client.

Pour mieux étayer nos propos, nous prendrons l'exemple de la décision de la Cour de cassation française du 15 mai 2014.

En l'espèce, monsieur X et madame Z, lors de l'établissement de leur contrat de mariage, avaient pour soucis de choisir un régime matrimonial qui leur permettrait de protéger le conjoint survivant. Malheureusement, ils ont plutôt signé chez le notaire Y un régime matrimonial qui ne protégeait pas suffisamment le conjoint survivant, mais qui envisageait plutôt les conséquences d'un divorce. Face à cet inconvénient, les époux ont décidé d'assigner le notaire en justice pour perte de chance de choisir un régime matrimonial avantageux. Seulement, le notaire s'est appuyé sur le fondement de la nature contractuelle de sa responsabilité. En arguant qu'il est tenu par le contrat c'est-à-dire par l'exigence de formaliser les volontés des parties sans se soucier de l'efficacité de l'acte et non par une responsabilité délictuelle c'est- à- dire par l'obligation de rechercher l'efficacité de l'acte. En clair, pour le notaire, sa responsabilité est contractuelle parce qu'il est tenu par le contrat qui a pour objet la formalisation des volontés des époux et non par une responsabilité délictuelle qui l'obligerait à rechercher l'efficacité de son acte. Au final, la Cour de cassation française[269], a décidé que « *La perte de chance de choisir un autre régime matrimonial est minime dès lors que la préoccupation principale des époux, lors de leur mariage était d'assurer la protection du conjoint survivant et non d'envisager les conséquences d'un divorce* ». En clair, le juge opte pour une nature délictuelle de la responsabilité du notaire.

Cette responsabilité délictuelle a pour avantage d'accentuer la sécurité juridique chère aux actes notariés et oblige de ce fait le notaire à une obligation de résultat. Le notaire a ainsi la contrainte de rechercher l'efficacité de l'acte qui lui est confié par ses clients en leur donnant des

---

Civ. ; 14 févr. 1950 : Bull. civ. 1950, I, n° 44 ; Cass. Civ., 22 juin 1959 : JCP N 1959, II, 11237 ; Cass. 1re Civ., 29 avr. 1965 ; JCP N 1968, II, 15379 ; Cass. 1re Civ., 5 janv. 1968 : JCP, N, 1968, II, 15404.

[269] Civ. 1re, 30 avr. 2014, F-P+B+I, n° 13-16.380.

conseils impartiaux et en s'assurant de l'accomplissement des volontés de chaque partie à l'acte. En revanche, cette conception a pour désavantage de donner une responsabilité accrue, illimitée et infinie aux notaires qui deviennent à l'occasion responsables de tout.

Après avoir vu les considérations de la théorie unitaire du régime de responsabilité des notaires, que dire des considérations de la théorie dualiste de la responsabilité de ces officiers publics ?

2- La théorie dualiste du régime de responsabilité des notaires

La théorie dualiste quant à elle voudrait une utilisation alternée de la nature contractuelle et délictuelle de la responsabilité des notaires. En réalité, la responsabilité ne peut pas résulter exclusivement d'un facteur, c'est-à-dire soit exclusivement contractuelle, soit exclusivement délictuelle. Dès lors, il est à souligner que les circonstances sont des facteurs incontestables de l'altérité de la responsabilité notariale. Cependant, il existe des circonstances où la responsabilité des notaires est contractuelle, tandis que dans d'autres, elle est délictuelle. Parlant des circonstances de la nature contractuelle, les auteurs prennent le cas du notaire qui agit sur le fait d'un mandat que lui a donné son client pour certaines opérations telles que la vente ou la négociation d'immeuble. S'agissant des circonstances délictuelles, les auteurs de cette théorie évoquent la situation du notaire qui a agi dans le cadre de missions légales qui lui ont été octroyées par le législateur. Nous pouvons prendre pour exemple l'authentification d'une convention ou encore l'établissement des statuts d'une société. Pour ces auteurs, dépendamment des circonstances et du domaine de l'acte notarié on peut appliquer la nature contractuelle de la responsabilité des notaires et dans d'autres domaines ou circonstances la responsabilité délictuelle.

Cette théorie a pour avantage non seulement de réconcilier les partisans de la théorie délictuelle et contractuelle du régime de responsabilité des notaires. Mais aussi de permettre aux actes notariés d'être faits dans une très grande rigueur pour rechercher l'efficacité de l'acte authentique ; en réduisant la responsabilité illimitée de ces officiers publics dans le cas par exemple du notaire sous mandat de son client ou sa responsabilité ne saurait être que contractuelle. Ainsi, il ne sera pas tenu par les obligations délictuelles dans certaines circonstances comme le cas du notaire qui a agi sous un mandat donné par son client. Cette conception alternée de la nature de la responsabilité de ces officiers publics a comme inconvénient le fait qu'elle ne soit pas assez précise sur les fautes des notaires qui sont concernés par la nature délictuelle et celles qui sont de nature contractuelle.

À la fin de toutes ces considérations doctrinales et jurisprudentielles comment pouvons-nous encadrer la nature de la responsabilité des notaires ?

B- ESSAI D'ENCADREMENT DE LA NATURE DE LA RESPONSABILITÉ DES NOTAIRES

Les considérations de la théorie unitaire et de la théorie dualiste de la nature du régime de responsabilité des notaires nous ont servi d'arguments pour construire une nature adéquate au régime de responsabilité des notaires. Cette construction loin d'être un placebo tentera d'être une panacée pour une nature de la responsabilité des notaires plus juste pour eux et leurs clientèles. De telle sorte que, cette nature construite par nos soins, rendra équitable la responsabilité de ces officiers publics. La nature que nous donnerons à la responsabilité des notaires se rapprochera le plus près possible de l'idéal, et sera inspirée des différentes théories que nous avons analysées. À la lumière des thèses de la doctrine et de la jurisprudence nous sommes en droit de dire que certains arguments nous amènent à pencher pour la construction de la nouvelle nature de la responsabilité des notaires sur le modèle de la théorie dualiste. Précisons que nous avons pour objectif premier, le souci de préserver la sécurité juridique des actes notariés et de limiter aussi la responsabilité de cet officier public. Considérant ce niveau d'analyse, il convient de prime abord de présenter les facteurs ou raisons de notre attachement au modèle de la théorie dualiste sur la question de la nature de la responsabilité notariale (1), suivis de la présentation de la véritable nature de la responsabilité des notaires que nous avons édifiée (2).

1- Les raisons du choix de la théorie dualiste

Dans cette partie, nous expliquerons, premièrement pourquoi n'avons-nous pas axé la construction de la nature de la responsabilité des notaires sur la base moniste, en d'autres termes, sur la base d'une nature soit contractuelle soit délictuelle. Deuxièmement, nous donnerons les avantages du choix de la nature de la responsabilité des notaires basée sur la conception dualiste.

À titre de rappel, la théorie moniste n'énonce que la nature de la responsabilité des notaires soit contractuelle ou délictuelle. Seulement, il faut avouer qu'attribuer une nature unilatérale à la responsabilité des notaires peut être partisan et dénaturer cette noble fonction que nous défendons. Nous en voulons pour preuve la situation du notaire ou le juge décide que la nature de la responsabilité des notaires est contractuelle. Cette attribution de la nature contractuelle du régime de responsabilité exclut toute conception de la nature délictuelle du régime de responsabilité des notaires. Aussi, cette conception privilégie le contrat entre le notaire et son client en omettant un facteur essentiel, celui qui fait du notaire un officier public qui est d'abord investi d'une mission, celle de donner aux actes la sécurité juridique nécessaire. La nature contractuelle voudrait que ce soit sur la base d'un contrat préétabli que l'on doive rechercher la responsabilité des notaires. Mais cette recherche sur la base d'un contrat est très désavantageuse pour les clients dans la mesure où, le notaire n'est plus tenu par l'obligation d'efficacité des actes que lui confère le statut d'officier public, mais sur la base d'un contrat préalablement établi entre le notaire et son client. Cette attribution de la nature contractuelle du régime de responsabilité des notaires irresponsabilise ces officiers publics et surtout empiète sur le bon fonctionnement des actes notariés.

Notre refus d'une nature exclusivement délictuelle de la responsabilité des notaires nous vient des arguments ci-après. Une nature délictuelle du régime de responsabilité des notaires aura certes des avantages d'efficacité et de sécurité juridique des actes du notaire, mais elle omettra le fait que le notaire agit souvent sur la base d'un mandat. Nous en voulons pour preuve l'hypothèse du notaire qui est amené à négocier pour le compte de son client certaines opérations telles que la négociation sur le prix de vente d'un immeuble ou encore la recherche des clients pour l'achat ou la vente d'un bien. L'attribution d'une nature délictuelle d'un pan de la fonction notariale est une démarche incohérente et désastreuse pour le notariat.

Les motivations pour le choix de la théorie dualiste du régime de responsabilité des notaires résident dans le constat d'une tergiversation de la jurisprudence et dans les fragmentations doctrinales. Ce qui nous amène à proposer une nature appropriée à la responsabilité de ces officiers publics.

La jurisprudence n'est pas claire en ce qui concerne la nature du régime de responsabilité des notaires. Une partie de la jurisprudence retient la responsabilité du notaire sur le fondement de la responsabilité civile délictuelle. C'est sous-entendre que le notaire n'engage pas sa responsabilité parce qu'il est tenu par un contrat, mais bien parce qu'il est tenu à des obligations en raison de son statut. Pour la jurisprudence, c'est à cause de ce statut que le notaire est lié à son client et non à cause d'un contrat. Par contre, une autre partie de la jurisprudence notamment à travers certaines décisions est pour une nature contractuelle du régime de responsabilité. Cette tergiversation n'est malheureusement pas seulement d'ordre jurisprudentiel, mais on la constate aussi dans la doctrine.

En ce qui concerne les considérations doctrinales, nous pouvons dire qu'il existe aussi des divisions que nous avons mentionnées plus haut ; mais il faut avouer que de toutes ces théories, c'est la théorie dualiste qui nous a semblé plus pertinente. En effet, ces auteurs ont eu le mérite de pouvoir réconcilier les deux natures de la responsabilité des notaires et surtout réellement encadrer la nature de la responsabilité des notaires en se souciant des besoins de justice et d'équité qui doivent gouverner l'établissement et le fonctionnement des actes notariés. La théorie dualiste a aussi le mérite de préserver l'équité et le sentiment de justice qui doit gouverner les actes notariés. La doctrine à travers plusieurs auteurs a démontré à suffisance l'avantage de cette théorie dualiste dans la recherche de plus de justice, d'équité et de sécurité dans les actes notariés. C'est fort de cette méthode dualiste que nous essayons de proposer le régime de responsabilité approprié à la fonction de notaire. Cette théorie réconcilie non seulement les deux natures du régime de responsabilité des notaires, mais surtout participe à plus de justice et de sécurité juridique dans les actes notariés.

2- Présentation de la nature du régime de responsabilité adéquat à la profession de notaire

Pour une optimisation des rapports entre le notaire et son client en ce qui concerne la nature de sa responsabilité, nous proposons un encadrement juridique de cette nature. Il s'agira d'incorporer soit dans les statuts organisant la profession de notaire ou dans les textes en rapport avec le notariat une clause ou une mention indiquant que : « *La nature de la responsabilité des notaires est délictuelle quand il a agi dans le cadre strict de sa mission légale et elle est contractuelle quand il agit hors de sa mission légale comme dans l'hypothèse du mandataire* ». En principe, la responsabilité délictuelle du notaire se voit engagée lorsqu'il agit dans l'exercice strict de sa mission légale. Toutefois, il peut voir sa responsabilité contractuelle retenue lorsqu'il agit en tant que mandataire. Comme nous l'avons dit haut, la nature du régime de responsabilité des notaires devrait être en notre sens contractuelle dans certains cas et délictuelle dans d'autres. Nous penchons pour une nature alternée du régime de responsabilité des notaires. La nature de la responsabilité sera contractuelle quand le notaire a agi sur un mandat qui lui a été confié par son client et délictuelle quand il a agi dans le cadre strict de sa mission légale. Nous pensons même à une classification des opérations du notaire dans deux catégories. Les opérations qui sont contractuelles et celles qui sont délictuelles selon la nature de l'acte.

Nous venons d'opter pour une nature alternée de la responsabilité des notaires, qu'en est-il de l'encadrement juridique des obligations principales du notaire ?

PARAGRAPHE 2 : ESSAI D'ENCADREMENT JURIDIQUE DES OBLIGATIONS PRINCIPALES DU NOTAIRE

La doctrine entend par *"obligations principales des notaires"*, ses devoirs d'authentification et ses devoirs de conseils, qui sont supposés être des devoirs impératifs à la confection d'actes notariés[270]. Ces obligations contribuent à l'efficacité des actes notariés et surtout à la sécurité juridique des conventions constatées et ratifiées par un notaire. Toutefois, il faut reconnaître que ces devoirs attribués aux notaires manquent d'un encadrement suffisant pour permettre un meilleur exercice de leur

---

[270] Voir, AUBERT (J-L.), *La Responsabilité professionnelle des notaires*, Paris, Éd. Répertoire du notariat, 2e Edition, Defrénois, p.82.

profession, dans les logiques proposées par le législateur et la jurisprudence. Compte tenu de cette ambiguïté d'appréhension de la question des encadrements juridiques des obligations principales des notaires, il ne sera pas judicieux de subdiviser notre travail à ce niveau en deux branches. Il sera question de proposer un encadrement juridique du devoir d'authentification du notaire d'une part (A), et d'autre part, d'encadrer son devoir de conseil (B).

A- ESSAI D'ENCADREMENT JURIDIQUE DU DEVOIR D'AUTHENTIFICATION DU NOTAIRE

Les notaires sont institués pour établir des actes authentiques qui présentent des qualités particulières qui sont notamment la force probante et la force exécutoire. Les notaires sont tenus d'observer diverses règles, de forme et de fond pour permettre l'efficacité des actes qui leur sont soumis ; notamment, les règles qui conditionnent cette authenticité. En réalité, leur responsabilité se trouve généralement engagée pour avoir mal observé ces règles et avoir privé l'acte des vertus de l'authenticité. A fortiori, le notaire est souvent tenu pour responsable du seul fait que l'acte qu'il a authentifié a échoué ; alors qu'il ne lui est pas souvent possible d'éviter cet échec. Le notaire n'est pas toujours fautif en ce qui concerne les défaillances liées aux règles de l'authentification. La logique de notre analyse voudrait que nous cernions a priori les causes d'échec de l'authentification extérieures aux notaires (1) et a posteriori, d'envisager un encadrement juridique du devoir d'authentification spécifique à la fonction de notaire (2).

1- Rappel des causes d'échec de l'authentification extérieure aux notaires

Un regard rétrospectif sur les différents points d'analyse fait antérieurement nous permet de reconsidérer notre affirmation selon laquelle le notaire n'est forcément pas le seul fautif en ce qui concerne les défaillances des actes qu'il a authentifiés. Il existe d'autres facteurs extérieurs à l'acte notarié et au notaire qui sont les causes directes des litiges relatifs à l'authentification. Ces causes extérieures obligent le notaire à authentifier les actes qu'il n'aurait pas dû authentifier ou qui le mettent dans l'impossibilité de réfuter des documents qui sont viciés.

L'arrêt n° 24/Civ. du 30 mai 2013, de la Cour Suprême du Cameroun illustre bien l'impossibilité du notaire à connaître et à rejeter des documents qu'il estime être des faux. En effet, dans cette affaire, TINANO s'est fait passer pour ZIDJOU Pierre après avoir fabriqué une fausse carte d'identité et un faux acte de naissance et ainsi a vendu l'immeuble appartenant à monsieur ZIDJOU Pierre à monsieur VUTUMU Aloysius par devant maître ETOKE Joël. Le notaire étant dans l'impossibilité de rejeter le document et surtout ne disposant d'aucun moyen de savoir que les pièces fournies par

TINANO étaient des faux a passé l'acte de vente sur le terrain de monsieur ZIDJOU Pierre. Seulement, après la vente du terrain ZIDJOU Pierre demande au tribunal compétent l'annulation de la vente passée chez Maître ETOKE Joël. Le premier juge qui constate que monsieur ZIDJOU est le véritable propriétaire de l'immeuble annule la vente passée chez Maître ETOKE Joël. Le juge d'appel reproduit intégralement l'assignation en nullité de vente. VUTUMU assigna le véritable propriétaire en cassation et le juge de cassation cassa l'arrêt de la cour d'appel du littoral et remit en conséquence la cause et les parties au même et semblable état où elles étaient avant ladite décision. Et pour être fait droit, il les renvoie devant la cour d'appel du Sud.

S'agissant de ces causes extérieures, nous pouvons citer l'impossibilité pour le notaire de contester des documents fournis par des autorités compétentes. Ainsi, le notaire diligente généralement ces actes sur la base de documents fournis par l'administration ou des organes habilités à cet effet. Malheureusement, il arrive souvent que ces documents fournis par ces autorités présentent des problèmes que le notaire ne peut pas contester ou pour lesquels il se trouve dans l'impossibilité de découvrir les vices. Seulement, on constate que, malgré le fait que le notaire soit dans cette impossibilité, il est généralement le seul à être traîné au tribunal alors qu'il n'est pas à l'origine du vice et il n'est qu'un maillon de la chaîne. Ce qui nous amène à nous demander pourquoi il est généralement le seul à être indexé. Nous pouvons citer comme erreur de l'administration la production de plusieurs titres fonciers sur une même parcelle ou encore la production de plusieurs cartes d'identité pour une même personne par les commissariats[271].

Le notaire est parfois contraint de prendre en considération certaines déclarations des clients, parce que dépourvu de tout pouvoirs et moyens de contrôle. C'est le cas notamment des déclarations de prix et de valeur lors des transactions immobilières[272]. Ces actes sont très souvent rejetés par les services de l'enregistrement pour fausse déclaration. Dans le cas présent, le notaire peut-il refuser pour une raison quelconque de formaliser un acte

---

[271] Voir, HARISSOU (A.), « Le notaire face aux exigences de l'État », *La lettre des notaires*, Yaoundé, Éd. Chambre des notaires du Cameroun, janvier février mars 2009, n° 008, pp.4-5. Dans cet article, l'auteur s'indigne du fait que, le notaire n'a pas le pouvoir de contester ou de refuser un document signé par un agent assermenté ou habileté, qui aurait une apparence normale et véridique. Précisément, il affirme que le notaire « *ne saurait vérifier la véracité d'une pièce d'identité dûment signée par un commissaire de police ni rejeter un certificat de propriété délivré par le chef régional des services des domaines ; il en est de même des plans de masse fournis par les services du cadastre. Le notaire ne peut, de ce fait, que s'en tenir à la forme des documents. Ainsi donc, ses actes pourraient être contestés pour des fautes commises par les services administratifs avec lesquels il est obligé de travailler.* » pp.4-5.
[272] Ibid.

conçu par un spécialiste agréé ? Qui serait responsable lorsque l'acte manquerait de fiabilité, ou en présence de quiproquos [273]?

Le notaire lié par les délais impartis pour les formalités de certains actes est souvent confronté aux retards causés par la lenteur administrative. Celle-ci serait due au comportement laxiste des agents et à une mauvaise organisation du travail. À l'instar des circuits très longs, absence de suivi dans le traitement des dossiers, pertes de dossiers, etc. En conséquence, on signale la perte des pièces du dossier, la soustraction des timbres sur les documents déposés et, parfois, la disparition du dossier lui-même alors que le notaire serait en possession du certificat de dépôt délivré par le service concerné[274].

Ces incidents sont fréquents dans les services des domaines et ceux des greffes des tribunaux. Le notaire dans ces situations se trouve hors délai et face au mécontentement des clients qui le tiennent pour responsable du mauvais travail et du retard accusé dans la procédure engagée d'authentification.

À la lecture des textes et de la jurisprudence camerounaise, on constate un flou, une ambiguïté sur le rôle que doit jouer le notaire en ce qui concerne son devoir d'authentification. Le notaire est-il un simple scribe qui se contente d'authentifier les volontés de ses clients ; ou doit-il poursuivre comme son confrère en France la sécurité juridique en recherchant l'efficacité juridique de ses actes par le devoir de conseil ? Autrement dit, le notaire a-t-il pour rôle d'authentifier les actes, ou a-t-il pour rôle de rechercher en plus de l'authentification l'efficacité juridique de l'acte ? Au Cameroun, la loi et la jurisprudence n'ont pas tranché la question. Ce qui rend la situation du notaire indélicate.

Nous pensons que le champ d'application de l'authentification du notaire est insuffisant et devrait être élargi pour conforter la place du notaire comme juge de l'amiable et garant de la sécurité juridique. De même, certains actes de la vie courante devraient être passés par devant notaire pour permettre le désengorgement des tribunaux, la célérité. Nous pensons au divorce et aux modes alternatifs de règlement de litiges.

Concrètement, si monsieur X veut divorcer de madame Y, au lieu d'aller au tribunal pour la procédure de divorce longue et difficile, il devrait simplement passer par-devant notaire qui se chargera non seulement de l'homologation du divorce, mais aussi de la liquidation de la communauté entre les époux. Ainsi, les tribunaux seront désengorgés et il y'aura une véritable simplification de la procédure.

---

[273] Ibid.

[274] Voir, DOOH COLLINS–EKOLLO (R.), « La loi, toute la loi, rien que la loi », *Lettre des notaires,* Éd. Chambre des notaires du Cameroun mai–juin-juillet 1997. n° 003, p.7.

S'agissant des méthodes alternatives de conflit, nous proposons que les procédures telles que la transaction, la conciliation, la médiation se fassent par devant notaire. Concrètement qu'à chaque fois que les parties à un procès veulent mettre fin à leurs litiges en dehors du procès que cela se fasse par acte notarié.

On déplore aussi le fait que plusieurs actes graves de la vie courante ne soient pas soumis à l'authentification notariale pourtant le notaire est le garant de la sécurité juridique et un juge de paix.

On n'oublie pas que de nos jours, l'acte notarié au Cameroun ne peut pas se faire par voie électronique ce qui constitue un frein à la circulation des richesses. Ainsi présentées les causes extérieures d'échec du notaire, il convient irrémédiablement de présenter les tentatives d'encadrement de son devoir d'authentification.

2- Tentatives d'encadrement de son devoir d'authentification

Dans la tentative d'encadrement de la responsabilité des notaires, nous allons essayer d'apporter notre contribution pour un meilleur fonctionnement de ce devoir impératif du notaire.

La première solution que nous allons apporter à l'authentification par le notaire est que le législateur doit préciser avec exactitude tous les types d'actes que le notaire est tenu d'authentifier. Cela permettra d'éviter un flou sur l'authentification par le notaire. En effet, nous pensons que le législateur ne doit pas se contenter de dire que le notaire est tenu d'authentifier les actes et de préciser dans plusieurs autres textes dispersés les actes qui ont l'obligation de revêtir la forme notariée. Nous pensons qu'il faut mettre de l'ordre en précisant avec exactitude tous les actes qui doivent revêtir la forme notariée. Nous proposons aussi au législateur d'élargir le champ d'authentification du notaire pour permettre une sécurité juridique plus élargie à certains domaines. Dans cette perspective, nous pensons notamment à l'authentification par le notaire dans le domaine de l'assurance, de la banque et des finances comme cela se fait en Algérie. Pour désengorger les tribunaux, les procédures de divorce pourraient se faire par-devant un notaire sans passer par une homologation du tribunal, qui s'avère un processus très long et très coûteux.[275] À notre sens, il faudrait aussi élargir la compétence d'authentification des notaires à la résolution de certains modes alternatifs de conflit qu'on pourrait ramener à la responsabilité de ceux-ci. Par exemple, la transaction, la conciliation, la médiation et l'arbitrage qui se font devant certaines instances.

---

[275]Cf. Chambre des Notaires du Québec, « comment le notaire établit-il ses honoraires ? » et « Quel est le rôle du notaire ? » en ligne sur le site des publications de la Chambre des Notaires du Québec, disponible sur le site www.cnq.org (Visité en avril 2017).

En ce qui concerne l'authentification par le notaire, nous pensons que le législateur camerounais devrait consacrer dans les textes organisant la profession, l'obligation de conseil du notaire. Ce devoir doit être non seulement consacré, mais surtout encadré ; ceci pour permettre une efficacité des actes notariés. Le devoir de conseil doit cesser d'être une création jurisprudentielle pour être formellement consacré par le législateur.

Pour éviter au notaire d'authentifier les actes comportant des vices créés par les administrations qui sont intervenues avant lui dans l'acte, il faudrait lui donner la possibilité de les contester, ou rejeter les actes dont il voit que les défauts peuvent nuire à l'efficacité de l'acte ; même si ces documents viennent des services prévus à cet effet. Cette contestation loin d'être belliqueuse consistera juste pour cet officier public de concert avec l'administration concernée de discuter et d'échanger sur le différend et de s'entendre si possible. Mais au cas contraire, le notaire et l'administration concernée devront subir l'arbitrage d'un tribunal qui tranchera dans les brefs délais.

Il faudrait aussi ajouter à cela comme mesure de sécurité et de justice plus équitable dans les actes notariés, la poursuite systématique de toutes les personnes qui sont intervenues en amont et en aval dans l'acte du notaire. Nous faisons allusion à ceux qui sont coupables des vices qui ont induit le notaire en erreur ou qui ont en complicité avec le notaire authentifié des actes truffés de vices. En clair, il s'agit de la poursuite systématique de tous les maillons de la chaîne impliqués dans l'acte notarié ; ceci pour éviter le scénario malheureux et classique qui voudrait que le notaire soit le seul poursuivi parce qu'il est solvable et qu'il dispose de l'assurance individuelle. Cet état de choses, s'il est pris en considération par le législateur, contribuera à normaliser toutes les injustices faites à cet officier public ; par cette mesure nous voulons mettre fin au scénario classique qui voudrait que le notaire soit le seul à payer alors que parfois il n'est pas le seul responsable. Cette mesure permettra aussi à coup sûr à tous les maillons de la chaîne et pas seulement le notaire d'être soumis à cette obligation de diligence et de prudence.

Nous voulons à ce moment de notre travail, proposer des règles qui gouverneront l'authenticité des actes passés par devant notaire. Nous reconnaissons que ce travail ne résoudra pas tous les problèmes liés à l'authentification par le notaire, mais apportera des réponses appropriées à ceux qui font l'objet de litiges récurrents dans nos tribunaux. L'inspiration de ces corps de règles qui gouverneront l'authentification par le notaire que nous proposons nous viendra essentiellement de la jurisprudence et de la doctrine.

Commençons l'encadrement de l'obligation d'authentification du notaire par une proposition de définition de l'acte authentique passé par devant notaire comme nous l'explique une partie de la doctrine. « *Écrit établi par un officier public sur support papier ou électronique, et dont les affirmations font foi jusqu'à inscription de faux et dont les grosses, revêtues de la formule exécutoire, sont susceptibles d'exécution forcée* ». Cette définition de l'acte authentique a pour avantage de définir spécifiquement celui-ci passé par devant notaire et de permettre aussi la consécration par le droit camerounais de l'acte fait sur support électronique.

Nous présentons maintenant le corps de règles que nous proposons pour organiser l'authentification des actes passés par devant notaire :

- Les notaires ne peuvent décliner le principe de leur responsabilité en alléguant qu'ils se sont bornés à donner la forme authentique aux conventions des parties[276]. Autrement dit, le notaire ne peut donc valablement invoquer le moyen selon lequel il serait le simple scribe de ses clients.[277]
- En conférant à un acte sous seing privé, la valeur d'un acte authentique, le notaire ne fait qu'apposer son sceau moyennant le versement d'une rémunération. Au contraire, en conférant à un acte la valeur d'un acte authentique, le notaire atteste de ce que les clients ont parfaitement conscience de l'étendue de l'acte qui les engage mutuellement. À défaut, le notaire engage tout naturellement sa responsabilité.
- Ce n'est que si le préjudice s'est réalisé avant même l'authentification par le notaire de l'accord des parties qu'il pourra être exonéré de sa responsabilité[278].
- Si le notaire reçoit un acte en l'état de déclarations erronées d'une partie quant aux faits rapportés, il n'engage sa responsabilité que s'il est établi qu'il disposait d'éléments de nature à faire douter de leur véracité ou de leur exactitude.
- Il est cependant tenu en cas de représentation de cette partie par un mandataire de vérifier par toutes investigations utiles spécialement lorsqu'il existe une publicité légale aisément accessible, les déclarations faites en son nom et qui par leur nature ou leur portée juridique conditionnent la validité ou l'efficacité de l'acte qu'il dresse.
- Les juges doivent fixer le point de départ du délai de prescription de l'action en responsabilité contre le notaire non à la date de la commission de la faute, mais à la date de la réalisation du dommage[279].

---

[276] Cf. Cass. 1re civ. 21 juillet 1921 : D. 1925, 1, p. 29.
[277] Voir, Cass. 1èreciv. 22 janvier 2002, n° 99-16.875 : Juris-Data n° 2002-012739.
[278] Voir, Cass. 1re civ. 24 octobre 2006, n° 05-12.636.
[279] Voir, Cour de Cassation chambre Civile, 1re, 17 mars 2011 (pourvoi n° 10-14132).

- La prescription d'une action en responsabilité ne court qu'à compter de la réalisation du dommage ou de la date à laquelle il est révélé à la victime si celle-ci établit qu'elle n'en avait pas eu précédemment connaissance[280].
- Le délai pour agir en responsabilité contre un notaire est de cinq ans à compter de la connaissance du dommage par la victime.

En plus, du corps de règle pour mieux organiser l'authentification par le notaire, nous proposons aussi aux gouvernants, d'élargir l'assiette du notaire. Ainsi, la sécurité juridique qu'incarne le notaire interviendra dans certaines activités qui le nécessitent ; dans le but d'apporter la sécurité juridique et l'efficacité juridique que représente l'acte du notaire. En effet, le notaire par son expertise et son savoir-faire pourra délivrer les attestations et les certificats suivants :

- Attestation de condition de vente ;
- Attestation de monogamie ;
- Attestation de non-remariage ;
- Certificat de vente automobile ;
- Certificat de donation ;
- Certificat de vie d'adultère ;
- Certificat de domicile ;
- Certificat de travail ;
- Certificat de célibat ;
- Certificat d'individualité ;
- Certificat de reconnaissance de dette.

La délivrance de ces certificats et attestation permettra que les tribunaux soient désengorgés de ces attestations qui encombrent leur fonction première qui est celle de trancher les litiges. Ainsi, le notaire apportera en plus de la sécurité juridique, l'efficacité juridique nécessaire pour ces types d'actes.

Nous venons de recenser les problèmes de l'authentification et de tenter par la même occasion d'encadrer cette obligation d'authentification du notaire. Mais notre travail resterait incomplet en ce qui concerne les obligations principales du notaire si nous n'encadrons pas aussi l'autre obligation principale du notaire qui est l'obligation de conseil. Sachant que cette obligation est nécessaire à la confection d'acte authentique efficace.

---

[280] Voir, Cour de Cassation Chambre Civile, 1re, 11 mars 2010 (pourvoi n° 09-12710). Dans le même sens voir, Cass. civ. 1re, 25 mars 2010 (pourvoi n° 09-15517).

B- ESSAI D'ENCADREMENT DU DEVOIR DE CONSEIL DU NOTAIRE

Avant d'effectuer une quelconque analyse, il faut d'abord souligner que le devoir de conseil du notaire apparaît comme l'incarnation d'une injustice faite envers ces officiers publics. Ce devoir de conseil témoigne de la difficulté de travail qui est imposée à ces officiers publics par la jurisprudence. Car, non seulement, cette obligation n'est pas encadrée par le législateur, mais en plus, on constate une certaine sévérité du juge envers ces officiers publics pour manquement à ce devoir de création prétorienne. Dans le cadre du service qui est naturellement le devoir de conseil du notaire, on y met tout comme une sorte de *melting pot* qui rend le notaire responsable de tout. Ce devoir de conseil s'apparente de nos jours à une sentence faite à ces officiers publics du simple fait que l'acte ait échoué. En effet, il suffit que l'acte ne donne pas satisfaction à une des parties pour que le notaire soit accusé pour insuffisance de conseil, mauvais conseil ou encore, absence de conseil. Pire encore, le notaire ne peut pas se défendre en prouvant qu'il a donné des conseils à son client ; dans la mesure où, non seulement les conseils donnés à son client sont prodigués de façon verbale, mais en plus, la jurisprudence n'admet pas l'annexion aux actes notariés de preuves de conseils donnés notamment par l'admission de conseils écrits aux annexes de l'acte. Ce qui a comme conséquence de faire traîner ces professionnels dans les tribunaux pour des conseils qui ont été donnés dans bien de cas. Au regard de ce qui précède, il faut reconnaître d'emblée un besoin urgent de mettre de l'ordre en encadrant ce devoir qu'il faut reconnaître impératif à l'efficacité des actes notariés. Pour l'encadrement efficace de ce devoir de conseil, nous essayerons dans une première perspective de rappeler les difficultés relatives au devoir de conseil du notaire (1) avant de tenter d'encadrer dans une deuxième perspective ce devoir de conseil du notaire (2).

1- Les difficultés présentées par l'obligation de conseil du notaire

La compréhension des difficultés du conseil du notaire nous oblige à illustrer par un exemple précis ce que nous entendons par devoir de conseil. Un notaire A reçoit dans son étude un couple X et Y qui veut acheter une maison appartenant à monsieur Z. le notaire avant de passer l'acte se doit non seulement d'effectuer toutes les vérifications nécessaires, mais aussi de conseiller les parties à l'acte. La fonction de conseil du notaire dans cet acte consistera pour l'officier public, d'éclairer, de prévenir, ou d'informer les parties au contrat de cession d'immeuble sur les dangers et conséquences de la vente de l'immeuble.

Le caractère constant et absolu du devoir de conseil a été mis en évidence pour la première fois dans un arrêt de la Cour de cassation en date du 21 juillet 1921 : « *les notaires, institués pour donner aux conventions des parties les formes légales et l'authenticité qui en est la conséquence, ont également pour mission de renseigner les clients sur les conséquences des engagements qu'ils contractent. Responsables en vertu de l'article 1382 du Code civil, ils ne peuvent stipuler l'immunité de leurs fautes et par suite décliner le principe de leur responsabilité en alléguant qu'ils se sont bornés à donner la forme authentique aux conventions des parties* ». Cependant, il faut reconnaître que cette responsabilité est mise à rude épreuve notamment en raison des imprécisions et des confusions de concepts. Les officiers publics ne savent plus où se trouvent les limites de cette obligation et la Cour suprême n'est pas suffisamment précise sur la définition de ce devoir. On assiste donc à une inflation du droit de la responsabilité de ces officiers publics. Il s'agira pour nous dans cette partie de présenter les difficultés de cette obligation de conseil.

Au rang des difficultés que présente l'obligation de conseil du notaire, nous pouvons citer la non-consécration par notre droit de cette obligation capitale. En effet, ce devoir de conseil du notaire comme présenté antérieurement d'une manière sobre, mais consistante, demeure prétorien ; ce qui ne permet pas une certaine clarté ou du moins une fluidité dans les relations qui existent entre le notaire et ses clients.

Aussi, faut-il souligner l'épineuse difficulté que présente le devoir de conseil du notaire relativement à l'absence de définition légale de cette notion. Qu'est-ce que le devoir de conseil du notaire ? Quelle définition pouvons-nous donner à cette obligation du notaire ? Ces problématiques aussi triviales et banales qu'elles puissent paraitre, occupent une place de choix dans l'actualité. L'utilité de leurs réponses apparaît grandissime dans la mesure où elle permettra de jeter les bases de l'encadrement de cette impérative obligation du notaire.

Le cadre de cette étude nous a permis d'identifier un autre problème du devoir de conseil du notaire, qui est relatif à son contenu. Quel est le contenu de l'obligation de conseil du notaire ? Parce que, compte tenu de la jurisprudence et de la doctrine que nous avons étudiées, il nous semble qu'on incorpore des éléments sans valeur pragmatique dans l'obligation de conseil du notaire. Néanmoins, il est à noter que cet euphémisme employé ne permet pas de définir réellement le manque heuristique dans ce secteur. Ce qui nous amène à nous demander quel est le contenu de ce devoir de conseil du notaire ou encore, quelles en sont les limites ? Ce que cette étude nous a finalement révélé, c'est la nécessité de définir le devoir de conseil du notaire et de préciser le contenu de cette obligation avant de pouvoir dégager la responsabilité des uns et des autres aux actes notariés.

Un autre enjeu de l'encadrement de ce devoir de conseil est celui de la détermination ou de la reconnaissance du bon, du mauvais, de l'insuffisance et de l'absence de conseil donné. Le notaire donne des conseils aux parties, mais il arrive dans bien de cas que le juge apprécie différemment le conseil donné par le notaire en le requalifiant de mauvais conseil, d'insuffisance de conseil. Cette requalification pose problème dans la mesure où le notaire a prodigué ces conseils sur la base de son expertise et de son expérience en droit notarial. Malheureusement, le juge qui ne maîtrise pas aussi bien les rouages du notariat peut qualifier le conseil de mauvais ou de conseil insuffisant. Cette attitude plausible du juge nous amène à nous demander quels sont les critères du bon conseil. Au demeurant, le notaire, bien que généraliste du droit essaye tant bien que mal de donner des conseils économiques à ses clients. Mais l'on ne peut requalifier ces conseils puisqu'issus purement de son expertise. Dès lors, pourquoi le rendre responsable des conseils économiques ?

La preuve du conseil est un autre pan du devoir de conseil qui pose problème. En effet, la question ici est de savoir comment le notaire peut prouver qu'il a donné des conseils à son client. Surtout que la jurisprudence n'admet pas les conseils donnés par écrit annexé aux actes notariés. Le notaire est en fait dans l'impossibilité de prouver qu'il a donné des conseils. Au vu des nombreux litiges qui opposaient les clients et les notaires concernant cette preuve de conseil donné, certains auteurs ont même pensé à mettre des caméras dans les offices comme moyen de preuve au besoin. Malheureusement pour eux, le juge a estimé que cela est une violation flagrante de l'obligation du notaire au secret professionnel. Dans cette situation, comment le notaire peut-il prouver qu'il a donné des conseils ?

De plus, il est important de rappeler que la finalité du devoir de conseil selon certains auteurs est de conseiller les parties contractantes et non d'assurer la validité et l'efficacité des actes. Cependant, l'évolution de la jurisprudence a fait de ces deux obligations distinctes une même et unique obligation devenue indissociable. Ainsi, ces obligations s'entremêlent et peuvent chacune donner naissance à l'autre. La question qui nous vient à l'esprit est celle de savoir si la finalité du devoir de conseil est l'efficacité.

La jurisprudence et la doctrine ne s'entendent pas sur la relation qui doit exister entre le devoir de conseil et la perte de chance. Certains notaires pensent que le devoir de conseil du notaire devrait lui être préjudiciable à partir du moment où, par la faute de cette absence de conseil ou de mauvais conseil ou d'insuffisance de conseil, le client aurait perdu une occasion qui lui aurait été favorable. D'autres pensent que même si le conseil n'a pas fait perdre au client une opportunité, le notaire devrait être responsable à partir du moment où il existe un dommage même s'il n'est pas considérable.

Pour étayer nos propos, prenons la situation que nous avons rencontrée dans l'Étude d'un notaire de la place. Nous ne donnerons pas de nom pour éviter toute publicité.

Monsieur X homme d'affaires prospère décide de créer une société familiale dans l'office de Maître Y notaire instrumentaire ou il aura pour actionnaire les membres de sa famille. Sur le conseil du notaire, il opte pour une société en nom collectif. Seulement, Monsieur X exige du notaire l'introduction en secret, au rang des associés un enfant qu'il aurait conçu hors mariage. Le notaire essaya tant bien que mal d'expliquer à monsieur X qu'il ne pouvait pas cacher éternellement la présence de cet associé aux autres associés, et que cette supercherie sera vraiment préjudiciable pour la société. Monsieur X, n'entendit pas raison et insista auprès du notaire de passer l'acte ainsi. Le notaire exécuta l'exigence de son client au mépris des droits des autres associés. Malheureusement pour le notaire et monsieur X, lors d'un conseil d'administration, la femme de monsieur X découvrit la supercherie et dans une colère, assigna le notaire instrumentaire devant les tribunaux. L'affaire étant toujours pendante au tribunal, nous ne pouvons pas donner la suite à cette affaire. Mais ce cas soulève bel et bien le problème du client qui a outrepassé les conseils du notaire.

Un autre exemple généralement rencontré dans les études nous vient à l'esprit concernant la vente d'immeuble. Le vendeur et l'acheteur ont généralement coutume de s'entendre en privé sur le prix de l'immeuble avant de venir le porter sur l'acte du notaire. Seulement dans bien des cas, le prix est très souvent minoré et inférieur aux prix exigés par l'administration dans la zone concernée. Le notaire dans son devoir de conseil prévient souvent les parties du rejet par l'administration d'un tel acte. Les clients malheureusement obsédés par le gain et le notaire dans l'impossibilité de rejeter un tel acte se retrouvent malgré tout à authentifier un tel acte. Seulement, quand l'administration redresse l'acte, le client accuse souvent le notaire de ne l'avoir pas conseillé alors qu'il a outrepassé le conseil du notaire. Pis encore, le notaire ne peut pas prouver qu'il a outrepassé ses conseils. Dans de telles situations où le client a manifestement outrepassé les conseils du notaire, qui devrait être fautif ?

Il reste tout de même une autre polémique, celle relative à l'exclusion de la responsabilité professionnelle du notaire, du simple fait qu'il n'ait pas été en mesure d'exercer pleinement son devoir de conseil et d'information ; sa mission ayant été restreinte par les parties. Nous voulons parler ici, du cas où les parties ont empêché le notaire de mener à bien son devoir de conseil, soit en s'entêtant soit en exerçant sur lui certaines pressions pour l'empêcher de conduire a bien sa mission de conseil. Il est utile de savoir que dans la doctrine il existe deux courants de pensée qui interprètent différemment le sort qui devrait être réservé à cet officier public. Le premier courant pense que le notaire demeure responsable malgré le fait que le client l'ait empêché de faire son travail. Dans la mesure où, après tout le notaire reste le seul maître de son acte. Selon d'autres auteurs, le notaire n'est plus responsable des dommages causés par son acte à partir du moment où le client s'est entêté ou a empêché le notaire de prodiguer ses conseils. Pour eux en effet, si le notaire a subi des pressions ou a été empêché de conduire efficacement son acte, il devrait comme tout acteur de droit commun être irresponsable.

Auparavant, il existait des facteurs d'atténuation à la mise en œuvre de cette obligation de conseil du notaire. La compétence du client ou la présence d'un conseiller aux côtés du client pouvaient modérer ou annihiler l'obligation de conseil qui pèse sur le notaire. En effet, avant 1995, la Cour de Cassation admettait que les compétences personnelles du client pouvaient écarter le devoir de conseil du notaire. Ainsi un client compétent avec les connaissances juridiques suffisantes pour comprendre les difficultés qui pouvaient apparaître, n'était pas admis à se transformer en profane pour la cause. Les juges considéraient que le devoir de conseil était fait pour protéger ceux qui avaient besoin de protection. Il n'obligeait pas le notaire à fournir automatiquement toutes les informations envisageables, mais seulement celles qui étaient nécessaires dans le contexte particulier de chaque affaire. De nombreuses critiques ont été faites laissant apparaître une responsabilité à deux vitesses et une certaine forme de discrimination parmi les clients. Ce qui a amené le juge dans les années 1995 à opérer un revirement jurisprudentiel : l'obligation de conseil des professionnels du droit est devenue une obligation absolue. Régulièrement, la jurisprudence réaffirme que les compétences ou connaissances personnelles de leur client ne les déchargent pas de cette obligation.[281] Il a même été jugé que la présence d'un autre notaire auprès de son client ne déchargeait pas le notaire fautif de son devoir de conseil, et encore moins celle d'un conseiller personnel ou d'un avocat[282]. Par contre, quand on fait une comparaison avec l'obligation de conseil des banquiers, on note une différence. Une différence qui nous permet de constater que nous devrions nous inspirer de l'obligation de conseil du banquier.

Contrairement à l'obligation de conseil du notaire, celle du banquier est une obligation relative. La jurisprudence fait une distinction entre le client averti et le client profane.[283] L'emprunteur profane est celui qui n'est pas en mesure d'évaluer les risques qu'il prend en souscrivant un crédit, notamment parce qu'il n'a pas toutes les compétences pour le faire. Celles-ci sont appréciées au cas par cas par les juges suivant le niveau d'études, la profession, la pratique habituelle ou non d'activités dans les affaires. A contrario, l'emprunteur averti est celui capable d'évaluer les risques qu'il prend en souscrivant à un emprunt. C'est le cas des professionnels ou des

---

[281]Cf. Cour de Cassation, 1re Chambre Civile du 30 avril 2009, n° 07-19500.

[282] Cf. Cour de Cassation 1re Chambre Civile du 7 juillet 1998, n° 96-14192.

[283]Cf. Cour de Cassation Commerciale du 12 juillet 2005, n° 03-11489 ; dans le même sens, Cour de Cassation 1re Chambre Civile, du 12 juillet 2005, n° 02-13155.

spécialistes qui ont à leur disposition toutes les informations nécessaires pour anticiper sur les risques, ou le cas de l'investisseur chevronné.

Face à un client averti, la banque ne peut être tenue pour responsable, sauf si le client démontre que celle-ci possédait sur sa situation financière des renseignements que lui-même avait ignorés. Face à un client profane, la banque peut se voir accuser d'avoir méconnu ses obligations et ce sera à elle de prouver qu'elle a bien vérifié les capacités financières de son client avant de lui accorder le prêt.[284] Cette perspective parallèle que nous venons de faire avec les banques est dans l'optique d'essayer de comparer et par ricochet, peut-être nous inspirer lors de l'édification de l'obligation de conseil des notaires.

Nous venons de voir les problèmes relatifs à l'obligation de conseil des notaires, qu'en est-il des propositions pour tenter d'encadrer l'obligation de conseil du notaire ?

2- Essai d'encadrement de l'obligation de conseil des notaires

L'obligation de conseil du notaire doit être consacrée et encadrée par le législateur. Cette obligation accessoire à l'authentification est nécessaire et capitale à l'efficacité de l'acte notarié. C'est pourquoi dans notre tentative d'édification de cette obligation du notaire, nous passerons par une proposition de définition de cette notion avant de proposer un ensemble de règles qui encadreront et qui gouverneront le fonctionnement de ce devoir du notaire.

Nous retenons des cours d'introduction générale au droit du professeur Adolphe MINKOA SHE que « *la doctrine et la jurisprudence sont des sources complémentaires du droit* ». En d'autres termes, le professeur voudrait indiquer la situation dans laquelle la loi peut être insuffisante, imprécise ou obscure et qu'il reviendrait à la doctrine et la jurisprudence de la compléter. C'est fort du bel argument de cet éminent juriste que nous nous sommes inspirés pour proposer une définition de l'obligation de conseil du notaire. Inspirés par ces sources du droit, nous proposons la définition suivante : « *le devoir de conseil du notaire consiste à éclairer les parties à l'acte sur la portée et les effets de leurs engagements ainsi que sur leurs négociations. Le notaire doit fournir aux parties des renseignements très complets non seulement sur les conditions de validité de l'acte qu'elles se proposent de passer, mais également sur son efficacité* ». Le notaire doit attirer l'attention des parties sur tous les risques que présente l'opération pour l'un ou l'autre d'entre eux. Cette obligation de mise en garde porte essentiellement sur les risques d'ordre juridique. Il doit se livrer à toutes les recherches juridiques nécessaires pour renseigner ses clients sur la situation

---

[284]Cf. Cour de Cassation, Chambre Civile, 30 avril 2009, n° 07-18334.

exacte du bien sur lequel porte l'opération. En d'autres termes, le notaire est tenu à un devoir de conseil : le client attend de son notaire qu'il lui explique les différentes options qui s'ouvrent à lui ainsi que les conséquences des actes qu'il va signer.

En plus de cette tentative de définition de l'obligation de conseil du notaire, nous allons présenter quelques règles qui pourront organiser le fonctionnement de ce devoir. Nous allons nous inspirer pour édifier ce corps de règles des propositions de la jurisprudence et de la doctrine.

Tout d'abord, commençons par les règles impératives du devoir de conseil du notaire qui engagent sa responsabilité s'il ne les respecte pas :

- Le notaire est tenu d'éclairer les parties sur toutes les conséquences juridiques des actes auxquels il prête son ministère.[285]
- Le devoir de conseil du notaire consiste à éclairer les parties et de s'assurer de la validité et de l'efficacité des actes qu'il instrumente.[286]
- Le notaire doit aviser entièrement les parties sur la véritable portée de leurs opérations juridiques, sur l'étendue de leurs engagements et sur leurs conséquences. Cette obligation existe même s'il n'a eu pour mission que de donner la forme authentique[287].
- Le devoir de conseil impose au notaire d'informer ses clients sur la portée générale et le danger global de l'opération. C'est par exemple le cas des risques de non-remboursement d'un prêt pour le prêteur[288], ou de non-achèvement de l'immeuble pour l'acquéreur d'un immeuble à construire [289]ou le choix d'un acte plutôt qu'un autre ou encore, l'obligation de conseiller, de passer une cession de fonds de commerce plutôt qu'une simple cession de droit au bail[290].
- Ce devoir de conseil implique neutralité et impartialité : le notaire choisi par un client a une obligation de loyauté envers lui comme envers les éventuels autres cocontractants.

---

[285] À titre d'exemple, en cas d'acte constitutif de société, le notaire doit informer les parties des conséquences économiques et juridiques du défaut de libération du capital. Ou encore voir, Cour de Cassation Civile, Charleroi, 26 janvier 1996, Revue Not. belge 1997, p. 613. Cité par ESTIENNE (N.), « responsabilité des notaires » *op.cit.*, p. 3.

[286]Cf. La Cour de Cassation dans son Arrêt du 14 novembre 2012.

[287]Voir, Sommaire de : Mons, Arrêt n° JB07165_1, 2 mai 1991, JT, 1991, p. 794 et Revue Not. belge 1992, p. 149. À titre illustratif, prenons les exemples suivants : un emprunt hypothécaire dont les termes auraient été négociés en dehors de son intervention. Commets une faute, le notaire qui omet d'informer un prêteur du danger de conclure l'opération compte tenu du rang hypothécaire occupé par l'un des immeubles offerts en garantie.

[288]Voir, Cass. 1er civ. 7 novembre 2000, n° 96-21.732 : Bull. civ. I n° 282 ; ou encore, Cass. 1er civ. 7 janvier 1975 Bull. civ. I, n° 3.

[289]Cf. Cour de Cassation. 1er civ. 26 novembre 1996, n° 94-13.989 : Bull. civ. I, n° 418.

[290]Voir, Cass. 1er civ. 26 novembre 2002 : Bull. civ. I n° 286 ; CA Paris 7 septembre 1999 : Gaz. Pal. 2000 I somm. 316.

- Le devoir de conseil du notaire est considéré comme un devoir professionnel impératif dont rien ne saurait dispenser les notaires, car il fait partie intégrante de l'exercice de la fonction notariale.
- En vertu de son devoir de conseil, le notaire doit rendre les parties attentives aux risques qu'elles encourent et se ménager la preuve de l'avertissement donné[291], voir faire signer une décharge de sa responsabilité, lorsque les parties n'ont pas une compétence particulière[292] a défaut il engage encore là sa responsabilité.
  - Le notaire doit impérativement constituer la preuve de la délivrance des mises en garde en se ménageant d'un écrit, dont la rédaction doit être précise[293].
  - Les notaires doivent faire signer une « *reconnaissance de conseils donnés* » à leur client qui doit être contenue dans un acte extérieur à l'acte principal.[294]
  - Le notaire se doit de faire signer cette reconnaissance de conseils donnés dans le cas où le client a outrepassé les conseils du notaire[295]. Le notaire est fautif lorsque connaissant le motif de défiscalisation des acheteurs, il ne les a pas informés des aléas de défiscalisation attendue[296].

---

[291]Cf. NEGER (G.), « Responsabilité civile du notaire », en ligne, publication de NEGER Gildas, disponible sur le site, http://www.village-justice.com/articles/responsabilite-civile-notaires,14861.html (Consulté en avril 2017). En effet, il constate que, les notaires font ainsi parfois signer une « *reconnaissance de conseils donnés* » à leur client. « *Elle est valable, mais doit être contenue dans un acte extérieur à l'acte principal. La clause prévue dans l'acte déchargeant le notaire de sa responsabilité, n'est, elle, pas valable. Les conseillers en gestion de patrimoine tentent de limiter leur responsabilité en insérant des clauses de limitation ou d'exonération de responsabilité dans les contrats signés avec leurs clients. Pour l'heure, la licéité de ces clauses n'est pas remise en cause, mais il est possible que celles-ci soient un jour requalifiées en clauses abusives* ».

[292] Voir, sommaire de : Civ. Nivelles, 26 juin 1990, R.G. n° 86/245, jugement n° JB06750_1, JLMB, 1992, p. 319

[293] Voir, Cass. Civ. 3e, 23 mai 2007, préc. ; V. Rep. immo. v° Notaire, par (J.) de POULPIQUET, spéc. n° 348 s. « Le notaire de plus doit être en mesure de prouver qu'il a rempli son devoir de conseil et qu'il a mis en garde son client du risque qu'il encourt du fait de l'opération. À défaut il sera condamné pour n'avoir pas rempli son devoir de conseil ».

[294]Voir, Cour de Cassation Chambre Commerciale, 9 avril 2002 n° 99-11.066, « *La clarté des renseignements délivrés par le notaire constitue une condition déterminante, mais pas nécessairement suffisante* ». En outre, certaines circonstances de faits peuvent venir conforter le caractère insuffisant de la reconnaissance de conseil donné. Il peut ainsi être considéré que le document n'est pas suffisamment probant en raison du rôle actif joué par le notaire dans l'opération et de l'apparence de sécurité créée par l'acte notarié.

[295] Le notaire doit faire clairement constater dans un document écrit, le fait que le client ait outrepassé ses conseils, afin que les juges du fond puissent relever qu'il avait bien compris que son choix différait de celui préconisé par l'officier public.

[296] Voir, Cour de Cassation, Chambre Civile, 13 décembre 2005, n° 03-11433. En l'espèce, il a été jugé que le devoir de conseil du notaire comprend une obligation d'avertissement quant à l'incertitude affectant le régime fiscal applicable à une opération et au risque de perte des

Les situations de droit où les notaires sont partiellement ou totalement exclus de leur responsabilité de conseil :

- Le notaire échappe à sa responsabilité envers le client qui ne justifie pas d'une perte de chance raisonnable.[297]En d'autres termes, le défaut du devoir de conseil du notaire n'est pas suffisant pour engager sa responsabilité professionnelle. Il faudrait en plus de l'absence de conseil une perte de chance raisonnable.[298]
- En présence d'une perte de chance minime, le notaire n'est exposé à aucun droit à l'indemnisation[299]. Pour prétendre à une réparation des dommages subis sur le fondement de la perte de chance, le demandeur doit établir un lien de causalité entre la faute et le dommage, la faute doit entraîner « *la disparition actuelle et certaine d'une éventualité favorable* ». La perte de chance suppose donc une probabilité suffisante pour que la chance se réalise.
- Le devoir de conseil du notaire diminue lorsqu'il ne s'agit pour lui que d'imprimer l'authenticité à un acte qu'il n'a pas préparé lui-même, mais n'est pas aboli et il lui appartient de combler les lacunes ou omissions du projet et d'en redresser les erreurs[300].
- La responsabilité du notaire peut être rejetée s'il est établi que le client connaissait l'existence du risque qu'il reproche au notaire de ne pas lui avoir révélée[301].

avantages fiscaux recherchés par l'investisseur. Dans le même sens, voir, Cour de Cassation Chambre Civile, 1re, 26 janvier 2012, n° 10-25741.

[297] Voir, Cour d'Appel de Caen 5 février 2013. En l'espèce, le juge a estimé que, malgré le fait que le notaire, « ait donné de fausses informations aux futurs époux sur la liquidation de la communauté universelle, le notaire échappe à sa responsabilité envers l'ex-époux qui ne justifie pas d'une perte de chance raisonnable d'avoir pu choisir un régime matrimonial plus adapté ».

[298]Voir, Cour de Cassation, 1re Chambre civile, 7 juillet 2011, n° 10-19766. Dans le même sens voir aussi, Cour de Cassation 1re Chambre civile, 21 novembre 2006, n° 05-15674.

[299]Voir, Cour de cassation, Chambre Civile du 30 avril 2014, En l'espèce, le juge a refusé d'engager la responsabilité du notaire, malgré la faute et le défaut d'information et de conseil du notaire envers son client pour cause d'absence de présence d'une perte de chance minime.

[300]Voir, ROY (L.), « Responsabilité professionnelle : le devoir de conseil s'étend aux risques financiers », en ligne in site le particulier, publication de ROY Laurance, disponible sur le site www.leparticulier.fr (Consulté en mars 2016).

[301]Cf. Cour de Cassation, 3e Chambre Civile, 10 mai 2007, n° 05-21.290. En l'espèce, le juge a affirmé que, *« dès lors que l'infestation par des insectes xylophages est expressément mentionnée dans l'acte et a donné lieu à une répartition des frais y afférents entre les parties ainsi qu'à une minoration du prix de vente tenant compte de leur présence, l'acquéreur avait parfaitement connaissance du vice et la responsabilité du notaire ne peut être engagée »*. Cet arrêt peut sembler bien sévère dès lors qu'en principe, la faute de la victime est une cause d'exonération. Il est cependant loin d'être isolé en matière de responsabilité du locateur d'ouvrage. Voir aussi, Cour de Cassation 3e Chambre Civile, 21 novembre 2012, n° 11-25.200.

Nous venons d'identifier et d'encadrer les problèmes relatifs aux obligations principales du notaire dans une première section. En revanche, nous serions incomplets si nous ne faisions pas de même dans une deuxième section en ce qui concerne les obligations accessoires du notaire.

SECTION II : ENCADREMENT JURIDIQUE DES OBLIGATIONS ACCESSOIRES DU NOTAIRE

Les obligations accessoires des notaires en matière fiscale sont des devoirs qui viennent compléter l'obligation principale et impérative du notaire qui est son devoir d'authentification. Ces obligations accessoires permettent à ces officiers publics une plus grande efficacité dans la confection de leur acte ; à tel point que le notaire qui observe scrupuleusement toutes ces règles confectionnera à coup sûr un acte notarié parfait. Ces devoirs malgré le fait qu'ils ne soient pas impératifs, participent à n'en point douter à un perfectionnement des actes notariés. Parmi ces devoirs, nous allons citer ceux qui nous ont paru les plus usuels, tels que : l'obligation de vérification, l'obligation d'information, le secret professionnel, et surtout les autres aspects complémentaires de la fonction notariale que le législateur se devait d'encadrer. Nous pensons en parlant des autres aspects complémentaires de la fonction notariale, aux problèmes liés à l'insertion des clauses limitatives de responsabilité dans les actes notariés, ou encore, les problèmes liés à la charge de la preuve en cas de litiges entre le notaire et son client. Il est important de préciser que, malgré l'importance de ces devoirs accessoires du notaire dans la confection d'un acte parfait, et le fait qu'ils soient les causes majeures des litiges entre le notaire et ses clients ; ils ne font toujours pas l'objet d'un encadrement juridique par le législateur. C'est pourquoi nous pensions à une tentative d'encadrement de ces obligations accessoires du notaire comme solution pour limiter ou réduire au maximum la survenance de litiges entre le notaire et son client. Aussi, tenons-nous à rappeler que nous n'avons pas évoqué ici toutes les obligations accessoires de cet officier public, nous nous sommes limités à encadrer celles qui sont les plus fréquentes.

Dans un souci de logique et d'appréhension, il conviendra dans un premier temps d'encadrer les obligations accessoires premières des notaires (paragraphe1) et dans un deuxième temps, d'analyser les obligations accessoires secondaires (paragraphe2).

PARAGRAPHE 1 : ESSAI D'ENCADREMENT DES OBLIGATIONS ACCESSOIRES PREMIÈRES DU NOTAIRE

L'encadrement des obligations accessoires premières du notaire renvoie d'abord à l'encadrement de son obligation de vérification et ensuite à la recherche d'un équilibre entre son devoir d'informer et son devoir au secret professionnel. Le but demeurant, la prévention et la réduction au maximum des litiges liés aux actes notariés. Ce qui favorisera par la même occasion la fluidité du trafic juridique des actes passés par devant notaire ; sans oublier que ces obligations accessoires premières du notaire participent à rendre l'acte passé par devant notaire toujours plus efficace.

Notre démarche scientifique dans un souci d'une clarté évidente nous pousse à présenter la tentative d'encadrement des obligations accessoires premières du notaire sous la figure du dieu grec « Janus », c'est-à-dire sous un double angle. Ainsi, dans un premier ordre, nous analyserons l'obligation accessoire du notaire de vérification (A) et dans un deuxième ordre, nous essayerons d'encadrer en trouvant un équilibre entre son devoir d'informer et son obligation au secret professionnel (B).

A- TENTATIVE D'ENCADREMENT DU DEVOIR DE VÉRIFICATION DU NOTAIRE

Le notaire dans le cadre de l'authentification de ses actes se retrouve très souvent confronté à son obligation de vérification. Ce devoir qui paraît être une simple formalité est en réalité, un véritable « champ de mines » pour ces officiers publics. Malgré les difficultés que présente ce devoir du notaire, cette obligation demeure de nos jours mal encadrée. Pourtant, l'encadrement de ce devoir serait bénéfique pour le notaire, sa clientèle et surtout pour le commerce juridique. Pour mieux encadrer ce devoir de vérification du notaire, nous devons comme un médecin, diagnostiquer la maladie avant d'administrer les soins. Autrement dit, identifier en première perspective, les fautes en relation avec cette obligation de vérification du notaire (1) avant de proposer en seconde perspective, un encadrement spécifique à cette obligation de vérification du notaire (2).

1- Identification des fautes relatives à l'obligation de vérification du notaire

La lecture de la doctrine et la jurisprudence dans le cadre de cette recherche ont été l'occasion pour nous de constater la difficulté et la complexité de la question de l'obligation de vérification des notaires en matière fiscale ; au point où, pour véritablement essayer d'étudier, d'identifier les fautes et problèmes liés à la vérification, nous avons abordé le phénomène d'une part, à partir des personnes susceptibles d'occasionner les fautes de vérification à savoir : le notaire, son client ou même encore, une tierce personne ; et d'autre part, les circonstances ou situations de fait qui entraînent les problèmes de vérification. C'est le cas de la force majeure.

S'agissant des notaires, nous tenons à rappeler que l'obligation de vérification des notaires dans leurs actes leur vient du législateur et de la jurisprudence. Le souci étant de rechercher l'efficacité des actes notariés à travers cette obligation de vérification. Cette obligation faite aux notaires de contrôler leurs actes permet d'empêcher la nullité de certains actes notariés du simple fait de la négligence ou de l'imprudence du notaire ; et surtout de causer par la même occasion à son client des pertes financières énormes. Malgré les précautions prises par le législateur pour assurer la sécurité juridique des actes passés par devant notaire, nous assistons malheureusement à la survenance de certains épiphénomènes qui viennent saper la bonne volonté du législateur d'encadrer le devoir de vérification par le notaire. Si ce que nous disons n'est pas avéré, comment expliquer les hypothèses suivantes, où les fautes de vérification du notaire prêtent à équivoque ?

Nous pouvons prendre comme première hypothèse, le notaire qui ne peut pas observer son obligation de vérification pour cause de dysfonctionnement de l'administration. En effet, il arrive très souvent et surtout dans notre pays, des situations où le notaire passe des conventions sur la base de documents qui lui sont octroyés par les services compétents. Mais seulement, il s'avère que quelquefois, les documents octroyés par ces services compétents et personnes assermentées s'avèrent par la suite être truffés de vices. Nous en voulons pour preuve, les litiges qui opposent les notaires à leur clientèle pour cause de présence sur une même parcelle de terrain, de plusieurs titres fonciers. Ou encore, l'existence de plusieurs cartes d'identité pour une même personne. Comment le notaire, dans cette situation, peut-il bien observer son devoir de vérification ? Surtout que dans cette hypothèse, il ne dispose pas de moyens sérieux à la vérification. Pourquoi, bien qu'il n'ait pas commis de faute, se retrouve-t-il seul sur le banc des accusés, et ce dans la plupart des cas ? Que faut-il faire pour permettre au notaire de bien observer ce devoir de vérification ?

Toujours au registre du notaire comme fautif, il existe des situations où le notaire par oubli ou par négligence n'observe pas certaines formalités essentielles. A l'exemple de la vérification de l'identité et de la capacité des parties au contrat, ou encore, l'absence de vérification de vice pouvant préjudicier le contrat. Le notaire dans cette situation de négligence ou d'oubli peut-il plaider la bonne foi ? Doit-il s'exonérer en arguant l'absence d'intention coupable ou encore d'intention de nuire dans la convention ?

La jurisprudence française nous a fait savoir qu'il existe des litiges concernant les effets ultérieurs des conventions passées par devant notaire ; tels que l'inefficacité économique d'un acte du fait d'une vérification insuffisante. La question qui se pose est celle de savoir si le notaire est responsable dans son devoir de vérification des faits ultérieurs du contrat. Ou encore, le notaire est-il responsable des fautes de vérifications relatives à l'effet postérieur des conventions qu'il authentifie ? À l'instar de l'insuffisance de gages lors d'une convention de crédit ou pour insuffisance hypothécaire lors d'une convention de crédit avec affectation hypothécaire. Autrement dit, pour les effets futurs des contrats, jusqu'à quel niveau le notaire est-il responsable dans son obligation de vérification ? La question est d'un intérêt juridique particulier parce que doit-on tenir pour responsable le notaire au moment où il a fait l'acte ou est-il responsable jusqu'au jour où survient un litige ?

Aussi est-il judicieux de mettre en exergue l'hypothèse du notaire qui ne s'acquitte pas de son obligation de vérification parce qu'il a devant lui un client professionnel, compétent, à l'instar d'un notaire comme lui, d'un avocat ou même d'un huissier de justice. Est-ce que le fait que le client du notaire soit un professionnel ou assisté par un professionnel doit partager sa responsabilité entre lui et le professionnel ?

En plus des fautes qui peuvent survenir uniquement du notaire lors de la vérification, il existe malheureusement des situations où la faute de vérification du notaire provient de son client. Ce client qui est souvent malhonnête essaye souvent de tromper la vigilance de cet officier public, au moyen de manœuvres dolosives. Malheureusement dans bien des cas, le notaire ne dispose pas de moyens de vérification suffisants pour détecter le mensonge ou la faille. Malencontreusement encore, dans bien des cas, le faux est fait avec la complicité des autorités compétentes ce qui empêche le notaire de bien faire son travail de vérification. On peut aussi citer le cas où de l'ignorance du client découle un problème de vérification. Dans ces situations le notaire doit-il être le seul responsable comme nous le constatons dans bien des jurisprudences ou doit-il partager la responsabilité avec le client fautif ou encore être exonéré complètement vu qu'il n'a commis aucune faute ?

Le notaire et le client ne sont pas dans certains cas les responsables de la faute de vérification de notaire. Il existe des situations ou la faute de vérification imputée au notaire provient de la force majeure. Cette force majeure qui vient elle-même de circonstances imprévisibles rendant impossible le respect de son engagement. Tel est l'exemple du règlement d'une succession d'un de cujus sans tenir compte d'un enfant dont l'existence était inconnu du notaire. Le notaire dans de telles situations pourrait-il s'exonérer au motif de la force majeure ? Si oui pourquoi certains tribunaux malgré cette situation continuent-ils de le tenir pour responsable ?

À cela, il faut ajouter la tergiversation de la jurisprudence. Un arrêt rendu le 8 septembre 2010[302] par la Première Chambre civile de la Cour de cassation reprochait au notaire de n'avoir pas vérifié que l'attestation d'achèvement des travaux était conforme à la loi française, pourtant une

[302] Arrêt n° 09-15.46.

précédente décision avait estimé que le notaire n'avait pas à se rendre sur les lieux pour attester l'achèvement des travaux[303].

Au vu de tous les problèmes que soulève le devoir de vérification du notaire dont nous n'avons énuméré qu'une partie ; ne serait-il pas le moment de tenter d'encadrer cette obligation de vérification ?

2- Essai d'encadrement de l'obligation de vérification du notaire

Nous voulons rappeler que cette tentative d'encadrement de l'obligation de vérification du notaire, n'est pas une solution miracle ou imperfectible. Elle demeure à notre sens, une contribution que nous voulons apporter à la construction du régime de responsabilité de cet officier public. Pour cela, nous avons opté pour une méthode qui consiste à classer ces fautes de vérification du notaire d'une part en celles qui engagent sa responsabilité et d'autre part en celles qui exonèrent sa responsabilité. Mais avant toute classification, nous aimerions signaler la règle cardinale de la vérification qui dispose que *« Le notaire est le seul à procéder au devoir de vérification*[304] *en ce qui concerne les actes mis à son instrumentation »*[305].

S'agissant des fautes du notaire qui doivent engager la responsabilité nous pouvons citer les hypothèses suivantes :

- Le notaire est responsable dès lors qu'il a omis d'effectuer une formalité essentielle ; à l'instar du notaire qui ne vérifie pas l'identité, l'état et le domicile des parties.[306] Ou encore, celui qui omet d'appeler le bailleur[307] lors de la vente ou de la location d'un fonds de commerce. Le notaire est coupable de ce type de comportements qui engage irrémédiablement sa responsabilité.
- Le notaire doit également être responsable s'il n'a pas vérifié l'étendue des droits transmis[308]. Celui qui instrumente une vente d'immeuble, est tenu pour assurer l'efficacité de son acte, de

---

[303]Voir, Cour de Cassation, Chambre civile, Arrêt du 25 mars 2010, portant sur une superficie d'un bien déclaré par le vendeur qui s'était en fait révélée inférieure. Les juges avaient ici précisé que : *« la responsabilité du notaire ne pouvait être engagée que s'il disposait d'éléments pouvant le faire douter des informations reçues d'une partie »*.

[304] Voir, Cour de Cassation Chambre Civile, 3e, 30 janvier. 2013, FS-P+B, nos 11-26.074, 11-26.648 et 11-27.970. Cité par BOURSEAU (R.), *Chroniques du droit à usage du notariat,* Paris, Éd. larcier, octobre 2003, p.24.

[305]Cf. Cour de Cassation, Chambre Civile, 3e, 30 janvier 2013, FS-P+B, nos 11-26.074, 11-26.648 et 11-27.970. Cette décision rappelle le devoir de vérification et de conseil qui pèse sur le notaire. En énonçant les propos suivants : « *Même en présence d'acquéreurs de mauvaise foi seuls les notaires doivent procéder aux vérifications nécessaires à l'efficacité des actes de vente* », il est très difficile pour le notaire de s'exonérer de « *cette responsabilité quel que soit le comportement et le professionnalisme des acquéreurs* ».

[306]Cf. Cour de Cassation, 1re Chambre Civile, 6 février 1979, n° 77-15.232 : bull. civ. n° 45.

[307]Cf. Cour de Cassation, 1ere, Chambre civile, 3 mai 2006, n° 05-15.487.

[308] Cf. Cour de Cassation, 1ere, Chambre civile, 20 octobre 1993, n° 91-18.582.

vérifier les origines de propriété, la situation hypothécaire ainsi que les déclarations du vendeur, notamment celles relatives à l'absence de servitude grevant le bien vendu.[309] Il devra également s'assurer de la sincérité au moins apparente des signatures figurant sur une procuration sous seing privé[310] et effectuer les formalités nécessaires à une pleine efficacité de l'acte tel que l'inscription du privilège du vendeur. Enfin, le notaire doit également assurer les formalités postérieures nécessaires à la validité et à l'efficacité de l'acte qu'il rédige telle que la publication foncière des ventes immobilières.

Lorsque le notaire n'a pas les moyens effectifs de réaliser une vérification, toute obligation ne disparaît pas, mais son obligation de contrôle mute en devoir de conseil. Le notaire doit alors porter à la connaissance de son client l'impossibilité à laquelle il est confronté et l'informer des éventuelles conséquences qui peuvent en résulter.

Le notaire est responsable des fautes de vérification dans l'hypothèse où il n'a pas rempli son devoir de vérification, sous le fallacieux prétexte que l'acte avait été confectionné par des professionnels. Nous voulons par-là parler des actes qui sont établis en concours entre notaires ou des actes qui ont été faits par un autre auxiliaire de justice. Le notaire se doit de faire lui-même les vérifications nécessaires malgré la compétence de ces clients. Ceci pour la simple raison que le notaire intervient toujours dans son acte comme un expert et il est responsable de la sécurité juridique des actes soumis à son concours.

Le notaire est responsable des fautes de vérifications postérieures, mais nécessaires à la validité et l'efficacité de l'acte auquel il prête son concours. Nous pouvons prendre pour exemple, les formalités foncières des ventes d'immeubles.

Le notaire a commis une faute de vérification à partir du moment où, le client n'a pas obtenu l'efficacité économique de l'acte tel que l'insuffisance de gage, la non-disponibilité d'hypothèque ou l'enregistrement tardif de l'hypothèque.

S'agissant des fautes qui ne doivent pas engager la responsabilité du notaire pour faute de vérification, nous pouvons citer les hypothèses suivantes :

---

[309]Cf. Cour de Cassation, 1ere, Chambre civile, 23 novembre 1999 : Bull. civ. I, n° 320. Voir aussi, BOURSEAU (R.), *Chroniques du droit à usage du notariat*, Paris, Éd. Larcier, octobre 2003, p.290 et s.

[310] Cf. Cour de Cassation, 1re, Chambre civile, 20 janvier 1998, n° 96-12.431 : Bull. civ. I n° 21.

- Le notaire n'est pas responsable dans le cas de la force majeure juridiquement établie. En d'autres termes, en cas d'impossibilité matérielle ou technique de vérification du notaire pour cas de force majeure, il ne peut pas être tenu pour responsable. Le notaire dans cette situation n'aura qu'à rapporter la preuve de l'existence d'un cas de force majeure pour s'exonérer. Il s'agit pour le notaire de n'avoir pas eu la possibilité ou les moyens de reconnaître, l'information qu'on lui reproche de n'avoir pas révélée. A titre illustratif, le notaire qui ignorait que le bien vendu appartenait à un autre propriétaire. Ou encore qu'il existait plusieurs propriétaires sur la même parcelle de terrain vendu. Le notaire n'est plus totalement responsable lorsqu'il est établi que le vice que comportait l'acte était connu du client[311]. Dans cette situation, le notaire n'aura qu'à apporter la preuve de la connaissance par le client du vice.
- Le notaire ne peut être responsable des fausses déclarations faites par son client auprès de l'administration fiscale justifiant alors un redressement[312]. En l'absence de faute dolosive du notaire, lorsque son client et lui ont respectivement commis des fautes à l'occasion de l'exécution d'un contrat de prêt signé préalablement devant lui, la responsabilité du fait de ses fautes doit être partagée entre le notaire et son client[313]. Les notaires ont l'obligation d'examiner les actes antérieurs en présence d'un lien de dépendance entre les différents actes[314]. Les notaires sont tenus de vérifier la validité et l'efficacité des actes qu'ils instrumentent et de s'assurer que le projet poursuivi par les contractants est réalisable, eu égard à la réglementation applicable.

311Voir, Cour de Cassation, 3eme, Chambre civile, 10 mai 2007, n° 05-21.290.

312Voir, Cour de Cassation, 1ere, Chambre civile, 1er juillet 2010, n° 09-13.896.

313Voir, Cour de Cassation, 1ere, Chambre civile, 1er juillet 2010, n° 09-13.896. En l'espèce, le notaire a saisi la Cour de cassation, à l'effet de savoir, *« si l'existence d'une faute de la part de chacune des parties pouvait entraîner un partage de responsabilité »*. La Première chambre civile répondit par l'affirmative dans cet arrêt et cassa l'arrêt de la Cour d'Appel en retenant que : *« La faute de la banque qui avait concouru, comme celle du notaire, laquelle ne revêtait pas un caractère dolosif, à la réalisation du dommage, ce qui emportait un partage de responsabilité. Même de mauvaise foi, les acquéreurs sont déchargés de l'obligation de procéder aux vérifications nécessaires à l'efficacité des actes de vente, cette obligation ne pesant que sur le notaire. Le devoir de vérifier l'efficacité juridique des actes »*.

314Cf. Première Chambre civile de la Cour de cassation, 19 novembre 2009 n° 08-19.173. Cette décision rappelle les devoirs de vérification des actes et de conseil qui pèsent sur le notaire. La jurisprudence est d'autant plus sévère qu'elle interprète strictement les causes d'exonération de responsabilité. De ce fait, elle estime que « *les notaires avaient l'obligation d'examiner les actes initiaux de prêt et d'appeler l'attention des parties sur leurs stipulations* ». Par cette décision, la Cour de Cassation rappelle que : *« les notaires ont l'obligation de veiller à l'efficacité des actes qu'ils reçoivent et insistent sur l'étendue de cette obligation dès lors qu'il existe un lien de dépendance entre les différents actes »*.

- Le notaire n'est pas responsable d'une obligation de vérification hors de sa compétence, ou de celle qui est du ressort d'autres agents publics tels que les erreurs de bornages ou la présence de plusieurs titres fonciers sur la même parcelle.
- Le notaire n'est pas responsable de fautes de vérification des actes auxquels il a rempli toutes les conditions à l'efficacité juridique, mais qui n'ont pas eu l'efficacité économique voulue par le client.

En matière de vérification, le notaire n'est tenu que par les documents qu'il a en sa possession. « *Il ne peut ni doit se transformer en enquêteur* »[315]. Il doit se limiter aux documents qu'il a reçus. L'exclusion ici est relative à la responsabilité invoquée aux notaires en cas de fausses cartes d'identité ou de plusieurs titres fonciers sur un même terrain. Comme le stipule une décision de la première chambre civile de la *Cour de cassation en date du 16 septembre 2010*[316], il y'a « *absence d'obligation pour le notaire de vérifier l'exactitude des déclarations des parties en matière de travaux à accomplir* ». Plus loin, il renchérit qu'« *Un notaire établissant un acte de vente n'a pas à vérifier l'exactitude des déclarations des parties faites de façon conjointe, comme l'accomplissement de travaux de mise en conformité, notamment en se rendant lui-même sur les lieux.* »

Il est vrai qu'un notaire est seulement tenu de vérifier certaines données de fait comme l'état des parties, les origines de propriété ou le statut d'un bien. Cependant, d'autres éléments de fait déclarés n'ont pas à être vérifiés par le notaire à travers un déplacement personnel sur les lieux, comme l'a également précisé la première Chambre civile dans un arrêt du 25 mars 2010, portant sur une superficie d'un bien déclarée par le vendeur, qui s'était en fait révélée inférieure. Les juges avaient donc précisé que la responsabilité du notaire ne pouvait être engagée que s'il disposait d'éléments pouvant le faire douter des informations reçues d'une partie.

Ainsi se présentent le diagnostic et la retouche à appliquer au devoir de vérification du notaire. Quid alors des autres devoirs du notaire tels que son devoir du secret professionnel ?

B- ESSAI D'ENCADREMENT DU SECRET PROFESSIONNEL DU NOTAIRE

« *Dans chaque fibre du notaire se développe une molécule du secret* ».[317] En réalité, cette affirmation d'un célèbre auteur plante le décor de ce

[315]Voir, HARRISSOU (A.), « Le rôle du notaire face aux exigences de l'État ». *Lettres des notaires op.cit.*, p.4.
[316] Arrêt n° 09-69.157.
[317] Cf. SAGAUT (J-F.), « Notaires : la religion du secret », Droit et patrimoine, sept.2000 p.10, in DEBOISSY (F.), *« Le secret professionnel et l'administration fiscale »*, *LPA*, 3 février 2005, n° 24, p.24.

qu'implique le devoir de secret du notaire. « *Être notaire c'est d'abord posséder la culture du secret* ».[318] En clair, le notaire est cette personne secrète, qui ne doit jamais révéler les secrets de ses clients à quelques exceptions prévues par le législateur, sous peine de sanctions. En clair, il est ce tiers de confiance à qui le législateur a donné le pouvoir de recevoir les secrets de ses clients et de les couvrir du sceau de la confidentialité. Malheureusement, à l'épreuve des faits, nous constatons à la lecture de la doctrine et de la jurisprudence que ce devoir présente beaucoup de problèmes d'application. Sinon comment expliquer que cette question du secret du notaire provoque tant d'écrits et de controverse dans la doctrine et la jurisprudence ? Prenons l'exemple de Sophie FROMAGE et Margaux LIATTI,[319] qui faisaient le constat suivant : « *Il faut se rendre à l'évidence, l'argument du secret professionnel a moins de poids face à certaines personnes. En ce sens que l'opposabilité du secret dépend de son destinataire, car la force du secret ne sera pas identique selon qu'il est opposé à une autorité publique ou à un particulier, et au sein des autorités publiques, à une autorité judiciaire ou administrative* ».[320] À bien des égards, le secret professionnel du notaire n'est pas suffisamment encadré. C'est pourquoi nous nous attellerons à identifier les problèmes liés au secret professionnel du notaire (1) afin de proposer quelques pistes de solutions pour encadrer suffisamment cette obligation du notaire (2).

1- Les problèmes relatifs au secret professionnel du notaire

Le secret professionnel des notaires pose des problèmes de plusieurs ordres, au rang desquels nous pouvons citer ceux-ci :

Le premier problème relatif à l'obligation du secret professionnel du notaire en matière fiscale est relatif à l'ambiguïté qui existe entre le devoir d'informer et le devoir au secret du notaire. À quel moment le notaire peut-il parler ? Et à quel moment ne doit-il pas parler ? On pourrait d'emblée affirmer à la lecture du Code pénal camerounais que le législateur a pensé à organiser cette hypothèse ; mais à y regarder de près, il existe d'autres situations ou hypothèses qui rendent difficile son application. Prenons l'exemple du notaire qui à la demande de son client, ouvre une société familiale qui a pour actionnaires exclusifs la femme et les enfants de ce dernier. Pourtant, le client invoquant l'obligation de secret professionnel du notaire lui demande de ne pas révéler la présence ou même l'identité de l'un

---

[318]Voir, BASTARD DE CRISISNAY, *Petits et grands secrets d'un notaire*, l'archipel, 2012, p.7.

[319] Voir, FROMAGE (S.), LIATTI (M.), « Le secret professionnel du notaire à travers le prisme du droit patrimonial de la famille », mémoire de Master 2 en droit notarial soutenu le 4 septembre 2014 à l'Université de Grenoble.

[320] DEBOISSY (F.), « Le secret professionnel et l'administration fiscale », *LPA*, 3 février 2005, n° 24, p 24.

de ses enfants adultérins au rang des associés. Que devrait faire le notaire dans ce cas ? Étant donné qu'il est confronté à deux obligations distinctes au même moment : celle d'informer et celle de garder le secret. Comment expliquer que le notaire soit tenu dans certaines situations juridiques d'informer ou de garder le secret professionnel ? Ce qui nous amène à constater à la lecture de la doctrine et de la jurisprudence que les problèmes relatifs à ces deux devoirs n'ont pas été suffisamment encadrés.

Parmi tous les autres problèmes du secret professionnel des notaires, nous pouvons citer les atteintes portées par les autorités administratives à l'instar de l'administration fiscale. À l'occasion de ses inspections, celle-ci peut tomber sur des informations couvertes par le secret professionnel du notaire. Alors, la question est de savoir si le notaire qui est en ce moment dans la difficulté de protéger le secret devrait toujours être tenu pour seul responsable du secret. N'est-ce pas là, un sérieux empiétement de la bonne marche du secret professionnel du notaire par l'administration fiscale ? Ou encore, les agents de l'administration qui ont eu connaissance des secrets devraient-ils être aussi responsables du secret dans la mesure où ils sont aussi tenus par l'obligation au secret professionnel ? Le notaire demeure-t-il le maître du secret donné par son client quand il existe une possibilité pour l'administration fiscale d'en avoir connaissance à travers les inspections ?

Les problèmes relatifs à l'obligation du notaire au secret seraient vains si nous ne parlions pas de ce grand débat qui divise la doctrine. Ce débat oppose les juristes sur la question du secret professionnel. Il existe une réelle difficulté sur la liberté possible du notaire de révéler les secrets dans le cadre d'un procès[321]. Assurément, d'aucuns pensent que oui et d'autres non. Pour ceux qui disent non, ils invoquent le fait que le notaire n'a pas à se transformer en martyr du secret professionnel lorsque le procès est intenté contre lui. Ce dernier, par la force des choses, est obligé de révéler certaines informations couvertes par le secret professionnel, et ce uniquement pour assurer sa défense. Par contre, certains voient en cette obligation du notaire un devoir impératif qui s'impose à lui dans le cadre de ces opérations et aussi en procès. C'est dire que le notaire ne doit pas se transformer en « balance » parce qu'il est en procès. Il doit, selon eux, demeurer ce tiers en qui la loi et ses clients ont placé leur confiance et qui ne doit point trahir sous réserve des cas prévus par le législateur.

L'autre grand débat relatif au secret professionnel du notaire est la question suivante : le client du notaire doit-il lui permettre de faire des révélations ou encore l'autoriser à divulguer certaines informations

[321]Voir, SCHÜTZ (R-N.), *« Le droit de défendre l'emporte sur le secret professionnel »*, *LPA* p.15.

confidentielles[322] ? Cet état des choses n'est pas à négliger, nous en voulons pour preuve, une anecdote datant de 1826 en France. Dans le cadre d'une procédure, un notaire a été appelé à témoigner et son client l'a alors délié du secret. Malgré tout, il a refusé de parler au motif qu'il est tenu par le secret professionnel et il a été malheureusement condamné. La grande question a été de savoir si le client du notaire peut permettre à ce dernier de révéler un secret qu'il lui a confié. Dans une autre alternative, le notaire, malgré l'autorisation du client, se doit-il de ne pas révéler le secret ?

Une autre controverse concernant l'acte du notaire est le témoignage en justice. En clair, la question est : le notaire peut-il témoigner en justice lorsque le juge requiert son avis dans un procès, à propos de faits connus à l'occasion de l'exercice de sa fonction, surtout que le client peut être dans une procédure pénale ou civile et que certaines informations peuvent permettre d'innocenter ou de condamner son client ? Que doit faire le notaire ?

Au Cameroun, il est imposé au notaire de faire une obligation de soupçon quand il suspecte les fonds de son client de provenir d'activités illicites telles que le trafic de drogue, le terrorisme ou même, le blanchiment d'argent. Cependant, il faut reconnaître que le notaire peut faire une déclaration de soupçon erronée, ce qui peut causer des conséquences dommageables au client. En cas de procès pour des déclarations erronées, le notaire doit-il être condamné à partir du moment où son client a subi un préjudice ou peut-il plaider la bonne foi pour être exempté ? En plus, dans un souci de protection, la déclaration de soupçon ne doit-elle pas être secrète, c'est-à-dire couverte par le secret professionnel ?

Nous venons d'identifier certains problèmes relatifs au secret professionnel et il devient évident que notre responsabilité en tant que juriste et dans le cadre de cette recherche, est de tenter d'en trouver des solutions.

2- Essai d'encadrement du secret professionnel du notaire

L'encadrement que nous proposons de l'obligation du secret du notaire est une tentative de solution aux problèmes que présente ce devoir dans la pratique. Il vient compléter l'encadrement qui gouverne cette obligation du notaire, mais de manière plus spécifique.

Au rang des solutions, nous proposons un corpus de textes pour encadrer cette obligation spécifique du notaire. Dans un but de cohérence et d'explication, nous définirons et donnerons le domaine du secret professionnel ; avant d'opérer une distinction entre les hypothèses où le secret professionnel l'emporte sur l'obligation de conseil et les hypothèses

---

[322]Voir, CLÉMENT (L.), *Notariat et secret professionnel*, Th. Lyon, 1938, imprimerie C. Annequin, p.58.

dans lesquelles le devoir d'informer prend le pas sur l'obligation au conseil. Et nous conclurons enfin pour déterminer les situations où le secret professionnel entraîne sa responsabilité et celle où il n'est pas responsable.

a- Définition du secret professionnel notarial et le domaine du secret professionnel

- Le secret professionnel recouvre toutes les informations dont le notaire a pu avoir connaissance dans l'exercice de sa fonction. Le secret professionnel recouvre en conséquence, l'ensemble de l'activité notariale[323]. Il est un devoir inhérent à sa profession. Il est dû chaque fois que le notaire est requis, tant comme négociateur (même si sa mission n'a pas abouti)[324], que comme mandataire[325].
- Le secret professionnel du notaire doit appartenir au client lui-même et non au notaire.

b- Hypothèse où le secret professionnel l'emporte sur le devoir d'informer

- Le secret professionnel du notaire est levé dans le cadre de la procédure pénale, l'intérêt supérieur de la société primant.

c- Hypothèse où le devoir d'informer l'emporte sur le secret professionnel

- Le notaire est tenu de fournir à l'administration fiscale la liste des titres, sommes et valeurs dépendant des actes qu'il confectionne avant leur remise ou leur transfert.
- Le notaire dans le cas d'une simultanéité entre le devoir d'informer et son devoir au secret professionnel, se doit de conseiller son client en dépersonnalisant le secret professionnel.

d- Hypothèses où la responsabilité des notaires est engagée

- L'autorisation, quelle que soit le cas ne saurait dégager des obligations qui sont de l'essence du ministère des notaires et par conséquent d'ordre public.

e- Hypothèse où la responsabilité des notaires ne peut pas être invoquée ou peut être partiellement invoquée

- Si le notaire s'est trompé de bonne foi et s'il apparaît par la suite que les fonds ne provenaient ni du trafic de la drogue ni d'une

---

[323]Voir, Cour de Cassation 1re Chambre Civile, 13 novembre 1996, bull. I, N° 398.
[324]Voir, Cour de Cassation 1re Chambre Civile, 18 juin n° 12-21244 (n° 360 FS -FBI).
[325] Voir, Cour de Cassation 1re Chambre Civile, 18 juin 1985, Defrénois 1985, p. 144, obs. Aubert (J-L.).

organisation criminelle, aucune poursuite fondée sur la violation du secret professionnel ne peut être intentée contre lui.[326]

- Le secret professionnel devrait être opposé par le notaire dans le cadre d'une procédure civile ou seuls les intérêts privés sont en jeu.
- Aucune action en responsabilité civile ou disciplinaire ne peut aboutir à une condamnation prononcée contre l'officier public qui, de bonne foi, a fait une dénonciation erronée. En cas d'un préjudice qui résulterait directement de la dénonciation, l'État prendra alors en charge la réparation du dommage.
- Le droit de se défendre du notaire doit l'emporter sur le secret professionnel. Le notaire ne doit pas être le martyr du secret professionnel[327].
- Il ne pourra pas être imputé de faute au notaire s'il s'est abstenu d'informer un client au motif que cette information l'aurait conduit à violer son obligation au respect du secret professionnel.
- Le notaire ne saurait être tenu pour responsable d'un secret qui a été révélé par un agent de l'administration
- Les notaires se doivent de communiquer avec l'administration fiscale à chaque fois qu'elle en fait la demande. Toutefois, les informations couvertes par le secret professionnel qu'elle découvre lors des inspections la rendent automatiquement coresponsable de ces secrets.
- Aucune action en responsabilité civile ou pénale ne peut être intentée ni aucune sanction professionnelle prononcée contre un notaire qui a déclaré de bonne foi ses soupçons[328]

PARAGRAPHE 2 : ESSAI D'ENCADREMENT DES OBLIGATIONS COURANTES DE LA PROFESSION NOTARIALE

Les obligations que nous allons analyser et encadrer tout à l'heure portent sur celles du notaire qui posent, à notre avis, moins de problèmes dans la pratique et font souvent moins l'objet de litige. Cette affirmation ne retire en rien le fait que même si elles ne sont pas très souvent la cause des litiges,

---

[326]Voir, AUBERT (J-L.), *Responsabilité civile des notaires*, Paris, Éd. Defrenois- l'extenso, 5e Édition, décembre 2008, p.16.

[327]Voir, BENEJAT, « Que reste-t-il du secret professionnel du notaire ? » in *la responsabilité de l'avocat et du notaire*, travaux de l'institut des sciences criminelles et de la justice de Bordeaux, n° 3, Cujas, P.66. Dans le même sens voir, ROUZET, mémento sur le secret professionnel notarial, PU Bordeaux, 1997. p.14.

[328] Voir, GADEGBEKU (P.), « L'amélioration des climats des affaires en Afrique : quel rôle pour le notariat ? », *Rapport du notariat du Togo,* XXII congrès de la CAAF, 1e au 4 janvier 2010, p. 18 et s.

elles peuvent être graves de conséquence en cas d'inobservation. Nous voulons ainsi parler des obligations relatives à la déontologie notariale[329]. Comme son obligation d'instrumenter, son obligation de respecter les tarifs, le devoir d'impartialité et l'obligation d'entretenir de bons rapports avec ses confrères ainsi que les autres professions judiciaires.

Notre travail à ce niveau consistera à définir dans toutes leurs dimensions les points précités qui s'organisent en deux tendances. Une tendance qui nous permettra d'encadrer les obligations renvoyant à la déontologie du notaire (A) et l'autre permettant l'appréhension des autres obligations capitales à la fonction de notaire (B).

A- ESSAI D'ENCADREMENT DES OBLIGATIONS D'ORDRE DÉONTOLOGIQUE DE LA PROFESSION DE NOTAIRE

Pour Gérard CORNU,[330] la déontologie est « *l'ensemble des devoirs inhérents à l'exercice d'une activité professionnelle libérale et le plus souvent défini par un ordre professionnel* ». La déontologie est alors un élément essentiel et indispensable à l'exercice de la fonction notariale. Sans elle, il devient impossible d'exercer correctement cette fonction, la profession notariale étant guidée par un fort contenu éthique. C'est pourquoi les normes déontologiques qui accompagnent la pratique professionnelle notariale renforcent sa valeur sociale et solidifient la confiance entre le notaire et ses partenaires. Malheureusement, ces principes d'éthique ont des difficultés de mise en œuvre dans la pratique. Ce qui appelle dans cette partie de notre travail à nous intéresser non pas à toute la déontologie notariale, mais aux aspects de la déontologie notariale qui posent problème dans la pratique. À l'instar de son obligation d'instrumenter et son obligation de respecter les tarifs qui sont directement liés à la fonction principale du notaire qui est l'authentification. C'est pourquoi nous qualifierons cette obligation déontologique à la suite de notre travail de ''*devoirs déontologiques directs*''(1). Aussi, les obligations envers lui-même, envers sa profession, envers ses clients, envers l'État et envers les tiers et autres organisations collaborant avec le notariat, sont indirectes à l'authentification et seront qualifiées de ''*devoirs déontologiques indirects*'' (2).

1- Essai d'encadrement des devoirs déontologiques directs du notaire

L'appellation, « *devoirs déontologiques directs du notaire* » ne nous vient pas à l'esprit par hasard. Ces devoirs déontologiques sont les plus directs à l'effectivité et à l'efficacité de l'authentification de l'acte par le notaire. Ainsi, avons-nous estimé qu'un notaire a plus besoin, pour être efficace, de connaître les règles d'instrumentation des actes ainsi que les

---

329 Voir, CORNU (G.), *Vocabulaire juridique*, *op cit.*, p.292.

330 Ibid., p.

règles gouvernant les tarifs, plutôt que de maîtriser des devoirs déontologiques envers lui-même et envers ses confrères ou encore la société.

Selon Gérard CORNU, instrumenter, c'est *pour certains officiers ministériels et auxiliaires de justice le fait de dresser un acte, d'établir un écrit*[331]. Dans le cadre de la fonction de notaire, instrumenter revient à « *l'obligation qui lui est faite de prêter son ministère lorsqu'il est légalement requis* »[332]. C'est-à-dire que le notaire engage sa responsabilité s'il refuse d'instrumenter alors qu'il est légalement requis. Mais encore faudrait-il pour cela que ce refus ait causé un préjudice. Cette instrumentation des actes par le notaire n'est pas aisée et surtout rencontre beaucoup de difficultés dans la pratique ; sinon elle ne ferait pas l'objet de notre attention. À y regarder de près, la responsabilité du notaire est souvent engagée pour défaillance à son devoir d'instrumentation alors que la situation ne lui permettait pas d'instrumenter ou d'instrumenter convenablement. Voici quelques hypothèses sur tant d'autres que nous avons choisies pour démontrer que la mise en œuvre de ce devoir est difficile à mettre en pratique.

L'hypothèse du notaire qui refuse d'instrumenter, parce que son client n'accepte pas de rembourser les frais que le notaire a déboursés par avance pour l'acte. En d'autres termes, le notaire a engagé ses frais personnels pour diligenter la procédure de son client, mais seulement, le client refuse de rembourser les frais que le notaire a engagés pour sa procédure. Dans une telle hypothèse, que devrait faire le notaire ? Mieux encore, le notaire qui est tenu par l'obligation d'instrumenter doit-il diligenter l'acte dans une telle hypothèse ? Sous peine de voir engager sa responsabilité ? Que disent la doctrine et la jurisprudence par rapport à cette question ?

Nous pouvons aussi ajouter à ces problèmes d'instrumentation, les situations temporelles d'empêchements du notaire tels que les cas de maladie ou encore ceux des situations où il doit intervenir immédiatement mais il se trouve empêché. Tels sont les cas de la réception du testament d'un moribond, ou encore la réception des dernières volontés de son client en état critique de maladie.

La pratique notariale nous a permis de révéler que certains notaires traitent les actes qui sont soumis à leur diligence différemment selon leur importance, leur gravité et selon le lien que le notaire a avec un client. C'est pourquoi l'on voit souvent la tendance pour certains notaires de privilégier le client permanent au client occasionnel, ou encore celle de privilégier les actes de convention de crédit aux actes de procuration.

L'*article 3* de la loi camerounaise organisant cette profession stipule que les notaires « *sont tenus de prêter leur ministère lorsqu'ils en sont*

[331] CORNU (G.), Vocabulaire juridique, op.cit., p. 50.

[332] Voir, Article 3, décret n° 95/034 du 24 février 1995, portant statut et organisation de la fonction de notaire au Cameroun.

requis »[333]. Ils peuvent donc être condamnés à des dommages-intérêts en cas de refus d'instrumenter lorsque ce refus est à l'origine d'un préjudice. Seulement, le devoir d'instrumentation du notaire est-il global ? Autrement dit, le client du notaire doit-il formuler à chaque fois sa demande d'instrumentation si plusieurs opérations juridiques découlent les unes des autres ? Le cas le plus explicite de cet état de choses est celui du contentieux du 30 juin 1987 en France où la responsabilité du notaire avait été engagée parce que ce dernier, après avoir été chargé de recevoir une convention de changement de régime matrimonial, n'avait ni homologué la convention au tribunal ni convoqué les parties au partage. Alors, le juge s'est retrouvé à trancher cet épineux problème. Il y a ce litige où le notaire pensait que le client devait renouveler sa demande pour chacun des actes, même s'ils se suivent. Et le client qui pensait que le notaire se doit d'instrumenter en présence de plusieurs actes juridiques découlant les uns des autres.

Les notaires sont bien concernés par la lutte contre le blanchiment d'argent, car ils peuvent être amenés à intervenir dans des transactions immobilières ou dans des opérations de placement destinés à blanchir de l'argent provenant de crimes ou de délits. Les notaires soupçonnant l'illégalité d'une telle opération doivent en faire part aux services spécialisés dans la lutte contre le blanchiment d'argent tel que l'ANIFF au Cameroun. Ils peuvent faire cette déclaration avant ou après la réalisation de l'opération suspecte. Seulement les notaires peuvent- ils refuser d'instrumenter de tels actes sur la base de soupçons ? Le législateur lui demande de faire la déclaration, mais ne lui dit pas s'il doit continuer ou pas de diligenter l'acte. Que devrait-il faire ? Une partie de la doctrine voudrait qu'il continue d'instrumenter et une autre qu'il refuse cette instrumentation d'actes litigieux. Certains auteurs comme REDOUTEY sont contre la révélation de l'existence d'une déclaration de soupçons qui serait en effet susceptible de permettre aux criminels et aux trafiquants d'échapper aux poursuites. Elle pourrait également leur donner la possibilité de mettre à l'abri les capitaux frauduleux. La déclaration de soupçons est par conséquent secrète et doit le rester.

Les propositions que nous allons faire doivent être consacrées dans les textes. Au rang des solutions que nous proposons, nous disons que le législateur ne doit pas seulement se limiter à dire que « *le notaire doit instrumenter lorsqu'il est légalement requis* ». Il se doit d'encadrer les hypothèses où le notaire doit instrumenter et celles où il ne doit pas instrumenter. C'est dans ce souci et cette optique que nous proposons les

---

[333] Cette obligation d'instrumenter pour le notaire provient du caractère de service public de la fonction notariale. Les notaires bénéficient d'un *numerus clausus* de fait sinon de droit ; ils sont, en outre, investis d'un monopole pour la passation de certains actes. Leur fonction étant d'intérêt général, ils ne peuvent refuser de l'accomplir.

solutions suivantes au vu de ce que la pratique du droit notarial nous a appris.

Proposition de solution à ces problèmes du devoir d'instrumenter

La demande d'instrumentation doit être spécifique et non globale. Elle doit être formulée par le client pour chacun des actes dont il demande la réalisation. Elle ne peut être globale même en présence de plusieurs opérations juridiques annexées découlant les unes des autres[334]. Cependant :

- Le notaire est susceptible d'invoquer de justes motifs de refus d'instrumenter (maladie, défaut de provision sur frais, instrumentation de nuit ou un jour férié, etc.).
- Le refus par le notaire d'instrumenter n'est pas discrétionnaire.
- Dans le cas où le notaire requis ne doit pas instrumenter, il fait part au client des raisons de son refus de manière écrite.
- La responsabilité du notaire pourrait être engagée pour n'avoir pas refusé d'instrumenter alors qu'il ne connaissait pas l'identité des parties, ou alors qu'il soupçonnait que son client n'était pas sain d'esprit.
- Le notaire doit refuser de prêter son ministère dans tous les cas où l'acte pour lequel il est requis apparaît contraire à l'ordre public et aux bonnes mœurs.
- Les notaires sont responsables, même vis-à-vis des tiers, de toutes fautes préjudiciables commises dans l'exercice de leurs fonctions.
- Le notaire se doit d'instrumenter tous les actes qui lui sont soumis avec les plus grands soins et diligences sans favoriser un client ou un acte par rapport à un autre.
- Le notaire doit veiller à ce que la garantie et la sécurité juridique soient effectivement conférées aux actes qu'il instrumente[335].
- Il doit éviter de prêter son concours aux opérations frauduleuses et au blanchissement d'argent, informer l'ANIF en cas de soupçon de ce genre d'opération.

---

[334]Cf. Cour de Cassation 1re Chambre civile, 30 juin 1987, n° 11-26.074 ou encore, Cour de Cassation Civile 3e, 30 janv. n° 201311-27.970 FS-P+B. En clair, ces décisions insistent sur le fait que : « *Le notaire, chargé de recevoir une convention de changement de régime matrimonial, n'est pas pour autant tenu, après l'homologation de la convention par le tribunal, de convoquer les parties afin de procéder au partage de la communauté ayant existé entre eux* ».

[335] Cf. Document pédagogique du programme d'appui à la justice (PAJ) lors du séminaire de formation sur « Les contours de la fonction notariale. Mission » Limbé, 16 au 19 juillet 2012, p.10 et s.

S'agissant de son obligation de respecter les tarifs, il faut avouer que c'est une des règles du notariat les plus enfreintes. Notamment par la mauvaise foi de certains notaires, mais aussi par l'application désordonnée, incontrôlée et abusive de l'article 4 du décret organisant la profession des notaires et précisément le tarif des actes notariés. Cet article stipule que « *Pour les actes relevant de la profession de notaire qui ne sont pas compris dans le tarif, ainsi que pour les services rendus dans l'exercice accessoire que les notaires sont dûment autorisés à remplir, sauf opposition à taxe, taxés par le président du tribunal dans le ressort duquel réside le notaire.* ». Cet article permet d'enfreindre les dispositions du précédent article 3 qui interdit aux notaires « *À l'occasion des actes de leur ministère de réclamer ou de percevoir une quelconque somme en dehors des émoluments ou déboursés prévus au présent tarif…* ». Voici ainsi présenté, un problème d'ordre juridique que pose la tarification par le notaire. Que devrait faire le notaire en pareilles circonstances ? Ou encore quelles sont les solutions à proposer face à cette difficulté ?

On note également une réelle difficulté pour les clients du notaire à avoir accès aux tarifs des actes qu'ils passent dans l'étude du notaire. Malheureusement, cette dissimulation est parfois volontaire et entraîne des conséquences fiscales fâcheuses pour les clients du notaire. Comme la surfacturation des émoluments par certains notaires. Quelle solution serait la plus appropriée à ce type de difficulté ? Notons que certains notaires affirment que les prix sont disponibles sur le net à travers le statut portant organisation de la profession des notaires. Ce texte existe, mais est-ce qu'un non professionnel peut interpréter ces textes ? Si le souci est d'informer largement le public, pourquoi ne pas afficher les tarifs dans les offices ?

Un dernier problème relatif à la tarification est celui de la chambre des notaires qui, de nos jours, ne contrôle plus l'effectivité du respect des tarifs par les notaires. Ce qui a pour conséquence fâcheuse la violation de ces règles de tarification par certains notaires.

Voici ainsi présentés les problèmes liés aux tarifs, il s'agira donc pour nous de proposer les solutions appropriées à cette préoccupation.

- Le client devrait être informé du montant qu'il a à payer avant même l'établissement de l'acte. Toutefois, le calcul exact des frais ne peut se faire qu'à la fin de la confection de celui-ci. Le tout renvoyant à la nature et au volume des actes toujours variables.
- Le tableau des tarifs doit être affiché à l'étude de manière visible pour être consulté facilement.
- La chambre des notaires doit contrôler régulièrement les études de notaires.

Nous venons de parler du devoir du notaire d'instrumenter et son obligation de respecter les tarifs, avec pour souci majeur la présentation de quelques pistes qui pourront aider à réglementer le secteur. Ainsi, il devient assez évident pour nous d'évoquer les autres devoirs du notaire relativement à son encadrement. Il s'agira pour nous, de présenter les difficultés et les solutions que nous envisageons au devoir d'impartialité, à l'obligation de confraternité entre notaires et les autres auxiliaires de justice.

2- Essai d'encadrement des devoirs déontologiques indirects

Le *''devoir déontologique indirect''* renvoie à ces obligations déontologiques du notaire qui servent indirectement le devoir d'authentification de cet officier public. Ces derniers ne sont pas négligeables du point de vue de la cohésion et de l'harmonie dans la profession de notaire. Nous entendons par là, les devoirs tels que les devoirs du notaire envers lui-même, envers ses confrères, envers l'État et envers sa clientèle. Dans un souci de logique, nous allons nous évertuer à encadrer cet aspect du notariat, en présentant les difficultés de chacun de ces devoirs, ainsi que les solutions que nous proposons en guise d'encadrement de ces obligations déontologiques indirectes du notaire.

a) Les problèmes et la tentative d'encadrement du devoir de notaire envers lui-même

Au rang des difficultés déontologiques du notaire envers lui-même, nous pouvons signaler le niveau intellectuel requis pour le recrutement des notaires au Cameroun. Ce niveau de licence, que nous trouvons assez faible, ne permet pas au notaire à moins qu'il se forme régulièrement de répondre aux attentes toujours plus complexes de ses clients. Cela se voit par l'approximation de certains notaires dans le traitement de certains types d'actes tels que les actes relatifs aux successions. En plus, la variété du notariat a permis de comprendre que l'accès à la profession de notaire ne devrait pas seulement être ouvert aux juristes. Nous avons constaté que dans plusieurs pays où le notariat est poussé tel que la France, la profession est ouverte à d'autres professionnels. Le notariat gagnerait plus en ouvrant l'accès à la profession à d'autres professionnels tels que les économistes et bien d'autres. C'est fort de tout cela que nous nous sommes posé la question de savoir pourquoi on ne recruterait pas les notaires avec des diplômes de toutes disciplines. Il nous semble qu'une approche interdisciplinaire permettrait d'aborder les questions sociales avec plus d'efficacité. Cette proposition aura non seulement l'avantage d'élever le niveau des notaires aux fins de leur permettre d'être mieux outillés pour assumer leurs tâches, mais aussi d'ouvrir la profession à d'autres formations pour enrichir la profession d'autres expériences.

En plus de ces difficultés de niveau, beaucoup de notaires ne se forment pas assez. L'une des rares occasions qu'ils peuvent saisir pour se former, est le congrès des notaires au Cameroun et à l'étranger. Parfois les moyens et la volonté manquent aux notaires pour favoriser leur formation. Pourtant, il est de l'intérêt de l'État et de la société toute entière que le notaire soit bien formé, vu la place qu'il occupe dans la société. Nous voulons déplorer ici, le manque de formation régionale, départementale et même nationale. A contrario, dans d'autres pays où nous avons étudié, nous constatons que le notaire se forme continuellement et à tous les échelons, autrement dit, au niveau régional, départemental, national et international. La question est : Que faut-il faire pour remédier à cette situation ?

En ce qui concerne les mandats généraux, ils doivent être réglementés, car ils sont souvent source de discordes. Dans bien des cas, le client demande au notaire d'emprunter de l'argent pour le compte d'une affaire où le client a donné un mandat au notaire. La doctrine et la jurisprudence s'opposent à ce genre de pratiques arguant que malgré le mandat, le notaire ne doit pas emprunter pour le compte d'une affaire ou pour le compte de son client. Ceci nous amène à nous demander si la possibilité d'emprunter pour le compte d'une affaire peut faire partie du mandat du notaire.

Pour pallier ces situations et difficultés, nous allons suggérer un corpus de règles proposées par la doctrine et la jurisprudence. Ces règles contribueront à constituer des tentatives d'encadrement des difficultés liées aux devoirs du notaire envers lui-même. Chaque notaire par son comportement doit s'attacher à donner la meilleure image de sa profession :

- ➢ Le notaire ou ses collaborateurs ne peuvent recevoir de leurs clients aucun mandat conçu en termes généraux pour prêter ou emprunter.
- ➢ Il a le devoir de se tenir informé de l'évolution du droit, de l'économie et de la société.
- ➢ Il a l'obligation d'entretenir et renouveler ses connaissances en participant aux actions de formations organisées notamment par ses instances professionnelles.
- ➢ Il doit également renforcer ses compétences en matière de gestion de l'office.
- ➢ Il doit faire les efforts nécessaires pour améliorer la qualité de ses services et s'assurer de la satisfaction du client. À cet effet, il doit s'atteler à faire que les réclamations qui pourraient parvenir à son office soient traitées avec efficacité, célérité et transparence.
- ➢ Le notaire doit consacrer à ses fonctions et missions, tout le temps nécessaire au bénéfice de la profession tout entière.

b) Les devoirs du notaire envers ses confrères et les autres professions judiciaires

En ce qui concerne cette obligation du notaire envers ses confrères et les autres professions judiciaires, nous ne dérogerons pas à la méthode que nous avons utilisée plus haut, laquelle est relative à la présentation de quelques difficultés avant de proposer des solutions.

Au rang des difficultés, nous pouvons citer les hypothèses suivantes :

Il est vrai que dans beaucoup de professions il arrive très souvent qu'il y ait des litiges entre professionnels d'un même corps de métier. En réalité, ceci est aussi vrai avec le métier de notaire. Ces litiges entre les notaires sont souvent source d'un climat délétère dans la profession et surtout contribuent à la mauvaise image de la profession. C'est à juste titre que nous soulignons l'absence de solidarité dans ce corps professionnel. Cet état de choses au Cameroun a contribué à la perception par le public d'une mauvaise image du notaire. Ce qui nous amène à affirmer que les notaires sont souvent personnellement responsables de la perception que la cité pourrait avoir d'eux.

Aussi, en cas d'indisponibilité d'un notaire, il confie souvent la signature de ses minutes à son confrère. Sauf que, dans certaines circonstances, le notaire qui remplace son confrère ne traite pas les minutes de son confraternel avec les mêmes soins que les siennes. On note souvent des négligences, des manques de vérification qui sont désastreux pour lui et sa clientèle. À cela, il faut ajouter que dans bien des cas, comme dans celui des actes faits en concours, le notaire à qui il est demandé le concours perçoit des émoluments sans prévenir le notaire instrumentaire.

De même, les règles de substitution doivent également être clarifiées dans la mesure où, le règlement intérieur doit être référé et appliqué in extenso, en cas de discorde entre les notaires.

La doctrine en droit notarial affirme qu'il existe des actes qui sont d'une certaine gravité et qui ne doivent pas être faits par un autre notaire que le notaire titulaire de l'office, à l'instar des testaments. Le testament ne peut pas se faire avec négligence et approximation parce que les conséquences sont généralement très graves et fâcheuses.

Les professions juridiques se livrent souvent lors des litiges les opposant à des spectacles déshonorants et honteux. Ce qui nous amène à nous demander s'il n'est pas possible d'organiser par quelques articles, une réglementation qui devrait statuer des différends qui pourraient avoir lieu entre les notaires. Ou entre les notaires et les autres professions juridiques. Il nous convient de mener une analyse plus réaliste qui conduirait à un meilleur encadrement de la profession.

Certains notaires refusent de substituer leurs confrères sans véritable motif et malheureusement sur la base de querelles intestines. Ce qui cause des préjudices aux clients, compte tenu de ce que dans une grande majorité des villes au Cameroun il n'y a pas beaucoup de notaires. Et le fait pour un notaire de refuser de se substituer à son confrère a des conséquences fâcheuses pour les clients. Ainsi, doit-on obliger les notaires à se substituer à leurs confrères ? Sinon, doit-on leur donner la possibilité de refuser sur la base d'un motif pertinent ?

Dans l'optique d'une tentative d'encadrement des problèmes liés au devoir du notaire envers son confrère, nous allons citer en premier les actes qui sont interdits aux notaires, avant de parler des règles qui doivent organiser leurs rapports entre eux.

Il est interdit au notaire :

- De recevoir, sans y prêter une particulière attention, les actes préparés par ses confrères.
- De faire des démarches auprès des clients d'un autre office à l'occasion d'une affaire quelconque sans s'adresser préalablement à son confrère.

Dans leurs rapports

- Lorsqu'un notaire est absent, malade ou momentanément empêché, il peut être remplacé par l'un de ses confrères qui le substitue. Ce dernier ne peut rien prétendre au titre des émoluments ou honoraires.
- La minute demeure dans l'office du notaire substitué et est portée sur les deux répertoires.
- Le notaire substitué conserve la responsabilité de l'acte reçu par le confrère substituant sauf négligence ou faute purement personnelle de ce dernier.
- Un notaire ne peut refuser sans motif de substituer un confrère de la même ville ou du même arrondissement.
- La substitution est impossible pour l'établissement d'un testament authentique.
- Le titulaire de l'office peut également proposer pour l'intérimaire, un premier clerc de son choix.
- Le notaire, lors de la première assemblée de sa compagnie suivant sa nomination, doit, à la demande du Président de la chambre, affirmer qu'il a connaissance de la déontologie de la profession et s'engager solennellement à la respecter, conformément au serment qu'il a prêté devant le Tribunal.
- Tout notaire qui estime avoir à se plaindre d'un confrère ou d'un officier ministériel, d'une autorité judiciaire ou administrative ne peut le faire sans saisir au préalable le Président de sa chambre, qui au besoin, en informe son bureau.
- Dans le même esprit, tout notaire désigné par un tiers ou choisi par une collectivité publique, un établissement public ou un organisme financier doit faire connaître à l'avance aux parties à l'acte qu'elles sont en droit d'être assistées par un notaire de leur choix, sans qu'il en résulte une augmentation des frais et des émoluments, et ce, pour s'abstenir de tirer avantage de sa situation au détriment de ses confrères.
- Si un notaire a connaissance d'une erreur ou d'une faute commise par un confrère dans l'exercice de sa profession, il doit s'abstenir de faire-part de ses critiques au client sans en avoir au préalable référé à son confrère.

Envers la clientèle

La démarche de la présentation des difficultés avant de proposer les solutions est la même.

La doctrine nous apprend que la définition du *''client du notaire''* cause des problèmes dans la mesure où son statut n'est pas déterminé. Est-il celui qui va volontairement vers le notaire pour son expertise ? Ou celui qui même sans volonté est client du notaire ? Le cas le plus probant est celui du client qui est obligé de faire des conventions avec un notaire parce que le notaire est la seule personne compétente dans la zone. Doit-il être aussi considéré comme le client du notaire ? Que peut-on dire de la définition du notaire ?

Il est aussi vrai que dans la pratique les personnes ont la liberté d'aller vers les notaires de leur choix, mais aucun texte ne le mentionne. Et certains profitent de l'absence de ce texte pour faire croire à leurs clients qu'ils sont les seuls habilités à instrumenter et cela est souvent source de conflits entre les notaires. C'est pourquoi nous pensons qu'un texte précis doit l'énoncer.

Un autre débat divise la doctrine et la jurisprudence, celui relatif à la question de savoir si le notaire devrait continuer à être tenu par l'obligation de résultat parce que la pratique démontre qu'il serait juste qu'il soit plutôt tenu par une obligation de moyen. Quelle est l'obligation qui sied le mieux à cette profession ?

La dernière préoccupation qui concerne la clientèle est celle de savoir si l'intérêt du notaire peut primer sur celui de son client. Le notaire doit-il toujours penser au client avant lui-même ?

Propositions de solutions

- Libre choix du notaire : toute personne physique ou morale de droit privé ou de droit public a le libre choix de son notaire ;
- la clientèle d'un notaire est constituée par les personnes qui, volontairement, requièrent ses conseils, ses avis, ses services ou lui confient la matérialisation de leurs conventions ;
- Le notaire doit à sa clientèle, sa conscience professionnelle, ses égards, l'impartialité, la probité et l'information la plus complète ;
- L'intérêt du client prime toujours sur le sien ;
- Il doit choisir les moyens les plus appropriés pour parvenir au résultat désiré par le client, en conformité avec la loi.

Envers l'état

La relativité entre le notaire et l'État est réglementée à bien des égards. Toutefois, dans le souci d'une présentation réelle de la relation, il ne serait pas d'emblée judicieux d'affirmer que cette relativité ne va pas sans ambiguïté. Dès lors, il nous incombera dans notre démarche de présenter ces difficultés afin d'y apporter des solutions.

La pratique du droit notarial nous apprend que le notaire et l'État entretiennent souvent des relations conflictuelles parce que l'État taxe souvent le notaire à tort. Parfois à raison, le notaire est accusé d'aider son client à ne pas payer les taxes et impôts, ou encore dans la plupart des cas, d'être un interprète fiscal de mauvaise foi qui aide le client, par son expertise, à dissimuler les droits que l'État doit percevoir sur les actes que le notaire reçoit. Tous ces procès sont généralement le fait de l'ignorance par certains acteurs des réalités de la profession et de la difficulté de trouver un véritable équilibre entre le notaire, ses clients et l'État. Il y a des notaires qui passent souvent leurs actes avec négligence et ceux-ci causent souvent des préjudices graves à l'État. Sans parler des notaires qui ne sont pas loyaux envers l'État ou ceux qui interprètent la loi pour leur client sans en vérifier l'application soit parce qu'ils ne sont pas dans la capacité de pouvoir le faire, soit par négligence.

Propositions de solutions

- Le notaire doit accomplir sa mission avec loyauté et probité. Tout acte contraire à la loi lui est interdit.
- Le notaire doit expliquer la loi et en assurer l'application.
- Le notaire consacre tout le temps nécessaire à l'exercice de ses fonctions et doit ses services et conseils à toute personne le requérant, avec une égale conscience et un constant souci d'impartialité.

Nous venons de parler des obligations déontologiques du notaire, que peut-on dès lors, penser des autres obligations ?

B- LES AUTRES OBLIGATIONS DU NOTAIRE MÉRITANT D'ÊTRE ENCADRÉES

Le notaire au Cameroun et dans le monde a une double casquette, celle de sujet de l'impôt et celle de collecteur volontaire et bénévole de l'impôt. Ces deux devoirs du notaire lui sont impératifs pour la bonne conduite de son ministère. Mais seulement ? Ces deux devoirs du notaire ne sont pas simples d'utilisation. Le notaire et ses clients sont souvent confrontés à l'absence de textes clairs établissant la responsabilité de chacun en ce qui concerne celui qui est redevable de l'impôt. Ce qui amène souvent à se demander qui est le véritable responsable de l'impôt ? Pour la bonne conduite de notre analyse, il conviendrait dans un premier temps de recenser les problèmes liés à la collecte et au responsable de l'impôt entre le notaire et son client (1) et dans un second temps de proposer les solutions qui nous paraissent adéquates à la responsabilité du notaire dans la collecte de l'impôt (2).

1- Les problèmes liés au responsable du payement des impôts dans les actes notariés.

Au regard de ce qui précède, le droit fiscal rend le notaire personnellement débiteur de certains impôts pesant, in fine sur les parties. Il en va ainsi de la taxe de publicité foncière, l'impôt de plus-value immobilière, les droits d'enregistrement et la taxe forfaitaire sur les terrains devenus constructibles. Pour les autres impôts, le notaire peut aussi être amené à jouer indirectement un rôle de percepteur. La responsabilité du notaire trouve un terrain de prédilection en matière fiscale où l'erreur entraîne dans la plupart de cas sa responsabilité.[336] Le notaire est un collecteur d'impôts qui, à l'occasion de l'établissement des actes, recueille et reverse souvent l'impôt pour le compte de sa clientèle. En réalité, il le fait dans certains cas, mais la loi permet également au client de payer sans demander au notaire. Autrement dit, la loi est indifférente quant à celui qui paie l'impôt. En définitive, il existe en matière d'acte notarié deux personnes susceptibles de payer l'impôt : soit le notaire soit son client. Ce principe paraît efficace et approprié, mais à y regarder de près, cette liberté cause des problèmes dans la pratique. Bien souvent ou dans la plupart des cas, des problèmes surgissent quand l'impôt n'a pas été payé. Soit parce que le notaire a omis de signaler partiellement ou totalement à son client les droits qu'il devait payer, soit parce que le client n'a pas remis entre les mains du notaire les droits exigibles pour l'acte qu'il veut passer ; soit enfin, le notaire n'a pas reversé au fisc la somme payée pour son client. Dans les situations ainsi présentées, qui est redevable de l'impôt ? Cette liberté relative à l'identité de celui qui paie n'est-elle pas souvent préjudiciable à l'État ? Ne serait-il pas judicieux pour l'État d'avoir un redevable au lieu de deux ? Le notaire dans le cas où l'impôt n'est pas payé, entre dans un cafouillage qui crée des préjudices sérieux.

Aussi, faut-il souligner l'inadéquation des lois fiscales à la réalité notariale. L'on constate dans la pratique que les normes édictées dans le but de régir ce secteur du droit public sont faites de manière unilatérale. C'est-à-dire votées et promulguées sans le consentement des professionnels du dit secteur. L'administration fiscale soucieuse d'institutionnaliser le notariat ne tient pas en compte les contours ou du moins les répercussions que provoquent ces normes. Dès lors, l'on assiste à des lois peu bénéfiques et torsadées quant à leurs effets de droit. À titre illustratif, il convient d'indexer cette loi libérale, mais par ricochet implicitement truffée de rouages qui prête à équivoque à tout niveau. Cette dernière ne définit pas de manière pragmatique à qui entre le notaire et le client incombe la responsabilité de s'acquitter des impôts lorsqu'un accord est passé par-devant le notaire. Il ne sera pas raisonnable pour nous d'affirmer sans réserve que toutes les lois

336 CORNU (G.), Vocabulaire juridique, op.cit., p. 50.

fiscales élaborées unilatéralement sont sans valeur réelle. Certes, il existe des lois qui essayent tant bien que mal de cerner de manière systématique les réalités notariales. Mais cette affirmation doit être accompagnée d'un doux euphémisme quant au nombre de ces lois « sine qua non ».

2- Essai de solution quant au responsable de l'impôt

Un regard rétrospectif nous permet de soutenir que le notaire et le client sont les redevables de l'impôt. L'administration fiscale a pour principe fondamental la liberté de choix, la solidarité de payement de l'impôt entre le notaire ou son client. Nous avons constaté que ce choix fait par le législateur pose des problèmes dans la pratique et nous nous attellerons à y trouver des solutions. Au rang des solutions, nous sommes tout d'abord pour le principe de l'unicité de la responsabilité quant au payement de l'impôt. En d'autres termes, le notaire doit être le seul à recevoir et à payer l'impôt. Ceci pour la simple raison que l'efficacité et la responsabilité du paiement de l'impôt doivent incomber au notaire. En attribuant toutes ces obligations au notaire, on gagnerait en efficacité et en célérité dans la confection des actes notariés. En clair, nous préconisons que le notaire, de par son expertise, ses services et de surcroît sa fonction d'officier public, soit l'unique récepteur et responsable exclusif de l'impôt. Le notaire, en d'autres termes, doit être le seul à percevoir les impôts relatifs à la transaction et les verser au fisc. Ceci pour éviter les situations gênantes où on ne sait pas si c'est le notaire ou le client qui est redevable de l'impôt. Ce revirement que nous proposons a non seulement pour but de garantir la sécurité et la stabilité juridiques, mais aussi à garantir une efficacité dans les rouages du droit fiscal. Mais au-delà de cette considération, il faut souligner l'intérêt pratique qui résultera de la mise en application de ce système. Nous avons présenté de manière sommaire les litiges qui ont tendance à se répéter entre le notaire et sa clientèle pour ce qui est de la libéralité du payement des impôts. Notre proposition se veut au-delà des intérêts administratifs d'être une panacée pour ces problèmes. Il est à constater que lorsque la responsabilité incombe exclusivement à un officier public assermenté, il y aura une réduction considérable de ces litiges.

Pour ce qui est de la solution du mode d'édiction des lois, il serait judicieux pour l'administration fiscale ainsi que pour le notaire et sa clientèle que ce mode soit bilatéral. C'est-à-dire qu'avant qu'une loi ne soit promulguée ou avant son entrée en vigueur, l'administration fiscale doit récolter l'avis de ces professionnels notamment les notaires comme cela se fait dans d'autres pays pour peaufiner les lois. Les autres pays ont compris le rôle de ces professionnels qui sont au cœur des évènements notariaux et par conséquent plus avisés quant aux rouages et réalités du déroulement du secteur notarial. Cette proposition veut présenter une alternative plus efficace, moins paradigmatique et plus consistante au système actuellement en place. Le système actuel, soumis au tribunal de la critique, présente des insuffisances à bien des égards parmi lesquels le mode d'édiction des normes que nous avons retenu. Contrairement à notre alternatif, celui en place semble coupé de toute sensibilité. Il n'en demeure qu'une valeur paradigmatique. D'où notre panacée qui à coup sûr apportera un soupçon de réalité et d'adaptation des lois produites par l'administration fiscale aux réalités notariales.

À la fin de ce chapitre, il devient évident à nos yeux qu'il avait pour objet, une tentative d'encadrement de la responsabilité des notaires. Non dans la prétention de pouvoir tout résoudre ou d'avoir un régime de responsabilité parfait. Mais juste pour plaider pour un régime de responsabilité spécifique et tenter d'encadrer les obligations du notaire.

Au terme de cette partie, nous pouvons dire que notre travail a consisté à présenter dans une première approche les acteurs susceptibles de remplacer le régime de droit commun et dans une deuxième approche de présenter le régime de responsabilité proprement dit de la responsabilité des notaires. Ce régime est notre contribution ou encore notre tentative de solution au problème de la responsabilité des notaires au Cameroun.

« Osez inventer l'avenir »

Thomas Sankara

CONCLUSION GÉNÉRALE

Au terme de notre travail portant sur : *La responsabilité des notaires : tentative d'édification d'un régime de responsabilité spécifique,* la question centrale à laquelle nous avons tenté de répondre est celle de savoir si le régime de responsabilité de droit commun utilisé par le juge est un régime de responsabilité approprié aux notaires ? Notre réponse à cette question ne fait plus l'ombre d'un doute. « Le régime actuel de droit commun sur lequel s'appuie le juge pour invoquer la responsabilité des notaires est inapproprié, inadéquat et non spécifique à la profession ». C'est pourquoi une rétrospection nous permet de reconstituer les différents rouages de notre analyse. Il en résulte que dans une appréhension bidimensionnelle, nous avons au préalable parlé de la responsabilité des notaires. Dans un souci de logique et de démarche scientifique, nous avons dans une première tendance présentée le régime de la responsabilité du droit commun, suivi de ses limites ; et nous avons présenté les acteurs susceptibles de modifier ce régime de responsabilité du droit commun pour un régime plus spécifique. Afin d'apporter notre contribution à cette analyse, nous avons proposé un régime de responsabilité spécifique aux notaires. Ce régime, loin d'être une panacée exclusive, demeure notre modeste contribution pour améliorer le système actuel. N'aspirant pas à la perfection, ce régime ne peut prétendre solutionner tous les problèmes du notariat dans un cadre espace-temps. Le régime de responsabilité que nous proposons est une tentative de solution à la résolution des problèmes relatifs aux actes notariés. Elle permettra de ce fait, de rétablir l'équilibre entre les parties aux actes notariés et contribuera à plus de justice entre les acteurs du notariat. Ce régime évitera que les notaires soient frustrés dans l'exercice de leurs missions, par des décisions injustes et vexatoires. Ou encore que, dans l'accomplissement de leurs devoirs, ils soient troublés, interrompus, par des plaintes incessantes et souvent infondées de leurs clients ou des tierces personnes. Ce qui a pour conséquence fâcheuse la perturbation de ces officiers publics lors de l'accomplissement de leur ministère. Cette affirmation s'est vérifiée dans le cadre de notre travail. Nous avons constaté que chaque fois que le notaire se trouve dans un litige, les parties au litige et le juge ont tendance à lui reverser complètement ou presque systématiquement la faute de tous les défauts liés à l'acte. Pis encore, on voudrait qu'il soit le seul responsable d'un acte dont les personnes assermentées sont intervenues avant lui. On omet le fait que c'est sur la base de ces documents que le notaire a diligenté l'acte. Tout cela malgré le fait que dans bien des cas, le faux ne vienne pas du notaire, mais des personnes qui sont intervenues avant lui. Aussi, il est souvent demandé au notaire de vérifier, mais dans bien des cas il n'a pas les moyens nécessaires de faire des vérifications. Mais il est souvent condamné à tort alors qu'il ne disposait pas de moyens efficaces pour ladite tâche. Dans de telles circonstances, la responsabilité des notaires dans la diligence de son ministère est comme *in fini, in défini* puisqu'on ne sait pas où commence la responsabilité des notaires, et où, elle s'achève. Le notaire est comme responsable de tout. C'est fort de tout cela que le régime de responsabilité spécifique que nous proposons pourra, à notre sens, améliorer ce métier du droit en contribuant à plus de justice et plus de sécurité juridique dans la confection des actes notariés. Ce régime spécifique à la profession voudrait rassurer les parties et les tiers aux actes, de la sécurité juridique et de la paix sociale qui caractérisent les actes notariés.

En plus de cet encadrement juridique de la responsabilité des notaires, nous avons aussi proposé dans cet ouvrage, l'institution du notaire comme un juge. Un juge préventif, un juge pacifique, un juge de l'amiable ; qui interviendrait dans les litiges non contentieux. À proprement parler, dans le type de litige ou les parties recherchent le compromis ou ont trouvé le compromis. Il rendrait ainsi des décisions comme un véritable juge, mais pour homologuer les compromis non contentieux. Ainsi, il résoudra toujours de façon non contentieuse les conflits, sans sanctionner une des parties, mais en essayant de toujours trouver un compromis. Il interviendrait ainsi dans les modes alternatifs des conflits tels que la transaction, l'arbitrage, la conciliation et la médiation. Aussi, il interviendrait dans les procédures telles que la concession immobilière, où il sera l'authentificateur et le garant de la sécurité juridique de la procédure. Il interviendrait aussi dans le divorce, un divorce sans juge et surtout un divorce par devant notaire. Nous pensons notamment au divorce à l'amiable où le notaire serait le juge non contentieux. Concrètement, le notaire interviendrait quand les parties rechercheront le compromis et le juge classique quand les parties souhaiteront que l'on tranche, que l'on sanctionne. En plus, dans ce livre nous avons proposé au législateur d'agrandir l'assiette du notaire pour faire bénéficier au plus grand nombre de la sécurité et de l'efficacité juridiques qu'incarne le notaire. Ainsi, le notaire pourra délivrer certaines attestations et certains certificats à l'instar de : l'attestation de monogamie, l'attestation de non-remariage, le certificat d'individualité ou encore le certificat de reconnaissance de dette. Ces propositions ont pour effet de désengorger les tribunaux et surtout de faciliter les procédures auprès des contribuables. Cet ouvrage a aussi été l'occasion pour nous, de proposer d'autres domaines de compétence au notaire tels que l'authentification électronique encore appelée la signature électronique. En clair, le législateur doit pouvoir admettre dans les textes la signature électronique. Cette recherche a par ailleurs été pour nous l'occasion de proposer aux pouvoirs publics de créer une cour spéciale de justice pour les litiges concernant le personnel judiciaire, ainsi, on y jugerai uniquement tous ceux qui contribuent à rendre la justice ; comme les avocats, les greffiers, les notaires, les huissiers, les magistrats, etc. Dans cette lancée, nous avons proposé que les magistrats de cette Cour soient spécialement formés pour ce type de litiges, que la Cour soit dans le meilleur des cas constituée d'ex personnels judiciaires comme d'anciens notaires, avocats, huissiers. Que la collégialité soit faite dans l'exemple d'un avocat de deux juges et d'un ancien avocat de même pour les litiges des autres personnels judiciaires. En plus de cela, nous proposons à l'administration d'élargir les domaines de compétence du notaire dans le droit foncier, particulièrement la concession immobilière, qui doit se faire par devant notaire ; sans oublier les assurances, les réassurances, les finances et le courtage pour permettre à cet officier public d'apporter la sécurité juridique qu'il incarne à ces secteurs d'activités capitaux pour l'économie. Nous avons aussi saisi cette occasion pour faire appel aux pouvoirs publics afin qu'ils associent le notaire dans la négociation des contrats internationaux étant donné qu'il est l'homme du contrat par excellence et non de faire appel aux avocats comme si on préparait déjà les litiges. Nous ne sommes pas pour l'exclusion des avocats, mais pour l'association de ces deux professionnels du droit pour une quête de performance. Enfin, notre dernière préoccupation concerne la formation des notaires en Afrique en général et au Cameroun en particulier. En effet, la formation des futurs notaires appartient à leurs parrains, qui en réalité se soucient parfois très peu de la formation de leurs clercs et de leurs premiers clercs. Il n'est pas toujours sûr qu'ils disposent de savoir-faire en transmission de connaissance. De plus, on constate une rareté d'organisation d'examen de notaire dans certains pays francophones d'Afrique, ce qui précarise la profession et lui cause des dommages, sans oublier ceux causés aux citoyens qui ont besoin de notaires performants et efficaces. À proprement parler, nous pensons que la création d'une école spécialisée dans la formation des notaires serait une tentative de solution relative à toutes les difficultés auxquels le notariat africain fait face.

« *L'émergence du notariat performant est une affaire de tous* », mais aussi, *« le notariat doit être performant par tous et pour tous »*.

BIBLIOGRAPHIE

I- OUVRAGES

AOUATEF BENSAID, *Le notaire commis par le juge*, XXII congrès des notaires d'Afrique, volume1, janvier 2000, 21 p.

ATECK A DJAM (Felix), *Droit du contentieux fiscal*, Paris, 2é édition, Réédition, l'Harmattan, 2009, 420 p.

AUBERT (Jean Luc), *Responsabilité civile des notaires*, Paris, Defrénois-Lextenso, 5e Édition, 2008. 177 p.

AUBERT (Jean Luc.), *La responsabilité civile des notaires*, Paris, Répertoire du notariat Defrénois, 3e Édition, 1998. 176 p.

BASTARD DE CRISNAY (Christian), *Petits et grands secrets d'un notaire,* Paris, archipel, 2012, 220 p.

BEIGNER (Bernard), *L'honneur et le droit*, Paris, Édition, LGDJ, 2014, 674 p.

BERGEL (Jean Louis), *Méthodologie juridique,* Paris, presses universitaires de France, 2016, 400 p.

BIGUENET-MAUREL (Cécile), *Le devoir de conseil des notaires*, Paris, Defrénois, 2006, 352 p.

BOULARD (Denis) et CHARRETTE (Laurence), *Les notaires : enquête sur la profession la plus puissante de France,* Paris, points, 2012, 306 p.

BOURSEAU, *Chroniques du droit à usage du notariat,* Paris, Larcier, 2003, 326 p.

CHARLES (Aimé) et ROCHEDY (Marc), *Droit fiscal,* Paris, Syrey, collection aide-mémoire, 2017, 322 p.

FIORI (Debora), *les métiers du droit,* Paris, l'Étudiant, 2011, 160 p.

GOMEZ-BASSAC, PIDOUX (Estelle), *Droit notarial*, Paris, Vanves, 2011, 223 p.

GRAWITZ (Madeleine), *Les méthodes des Sciences sociales,* Paris, Précis Dalloz, 11e édition, 2000, 1019 p.

HARMEL (Pierre) et BOURSEAU, *Les sources et la nature de la responsabilité des notaires en droit belge,* de 1830 à 1962, liège, Faculté de droit, 1964. Numéro 18 de Collection scientifique de la Faculté de droit de l'Université de Liège.786 p.

HARRISOU (Abdoulaye), *Le Droit de la terre, un droit humain*, Paris, Dunod, 2011, 192 p.

HOUCINE SEFRAOUI, *L'acte privilégié la paix sociale et prêt hypothécaire*, Casablanca, collection des études juridiques, 2007, 60 p.

KERE KERE (Gilbert), *Droit civil processuel : la pratique judiciaire au Cameroun et devant la cour commune de justice et d'arbitrage*, Yaoundé, SOPECAM, 2006, 326 p.

KUHN (Jean Pierre), *Le manuel de la responsabilité notariale : la jurisprudence en matière de responsabilité civile notariale à la lumière de nombreuses décisions récentes,* Paris, Dalloz, collection manuels de droit usuel, Dalloz, 1962, 216 p.

LEFÈVRE (Denis), VACHET (Thierry) et VIDALENC (Silvie), *Droit fiscal*, Paris, Hachette supérieur, 2009, 271 p.

LOTZ, *La responsabilité civile des notaires*, Paris, librairies Techniques, 1971, 128 p.

MAGNAN (Jean Louis), *Le notariat et le monde moderne*, Paris, Fenixx réédition numérique LGDJ, 2016, 765 p.

MARAIN (Gaëtan), *Méthodologie et aspects formels de la recherche*, Paris, L'harmattan, 2015, 172 p.

MARQUIS (Paul-Yvan), *La responsabilité civile du notaire, officier public, causes principales,* Ottawa, Yvon Blais, 1977, 768 p.

MEVOUNGOU NSANA (Roger), Annales de droit civil des obligations, Yaoundé, Éd. Presses de L'UCAC, 2009, 215 p.

MOREL JOURNEL (Christel), *Droit général et droit notarial*, Paris, Ellipses, 2014, 410 p.

POULPIQUET (Jeanne), et BIGUENET-MAUREL (Cécile), *Le devoir de conseil des notaires,* Paris, Répertoire Defrénois, 2006, 333 p.

POULPIQUET (Jeanne), *Responsabilité des notaires : civile, disciplinaire, pénale*, Paris, Dalloz-Sirey Collection, Dalloz 2009, 360 p.

ROUZET (Gilles), *Précis de déontologie notariale*, Bordeaux, Presses Universitaires de Bordeaux, 1999, 359 p.

SAGAUT (Jean François), LATINA (Mathias), *Déontologie notariale,* paris, Defrenois, 2014, 272 p.

SAVATIER (René), *Traité de la responsabilité civile en droit français civil, administratif, professionnel, procédural,* Paris, L.G.D.J, collection anthologie du droit, 1939, 580 p.

TCHAKOUA (Jean Marie), *Introduction générale au droit camerounais*, Yaoundé, Presses de l'UCAC, collection apprendre, 2008, 448 p.

TERRE (François), SIMLER (Philippe), *Droit civil les régimes matrimoniaux,* Paris, Dalloz, 1994, 651 p.

VANHALEWYN (Chrysole), *La responsabilité civile professionnelle du notaire, dix années de jurisprudence belge (1980-1989),* édition, Altiora, 1991, 690 p.

VOIRIN (Pierre), GOUBEAUX (Gilles), *Droit notarial : régimes matrimoniaux, successions, libéralités,* Paris, LGDJ. 2017, 210 p.

YAIGRE (Jean) et PILLEBOUT (Jean François), *Droit professionnel notarial*, Paris, Lexis Nexis, 9è édition, 2009, 186 p.

YAIGRE (jean), *Droit professionnel notarial*, Paris, librairies techniques, 1975. 105 p.

II- THÈSES ET MÉMOIRES

A- THÈSES

BOUVARD (Alain), *La couverture des risques nés de la profession notariale*, thèse de doctorat, université de Lyon, 1990, 414 p.

CLÉMENT, *Notariat et secret professionnel*, Thèse de doctorat, université de Lyon, Lyon, 1938. 921 p.

DEWA, *La garantie collective de la responsabilité professionnelle des notaires*, Thèse de doctorat, université de Paris-II, Paris, 1973, 804 p.

ESPAGNO, *La responsabilité civile du notaire*, Thèse de doctorat, université Toulouse, Toulouse, 1953, 963 p.

FRADIN (Jean pierre), *Le secret professionnel et le fisc*, Thèse de doctorat, université Poitiers, Poitiers, 1980, 798 p.

HOUELLEU (Jacques), *La responsabilité pénale des notaires*, Thèse de doctorat, université de Paris, Paris, 1950. 963 p.

JOSEPH TRECA, *Responsabilité civile des notaires,* Thèse de doctorat, université de Paris, Paris, librairie nouvelle de droit et de jurisprudence, 1899, 1021 p.

B– MÉMOIRE

CALLATAY (Marie-Hélène), *La responsabilité professionnelle du notaire en particulier dans le cadre des contrats de mariage et dans les conventions préalables au divorce consentement mutuel,* université catholique de Louvain, Louvain, 2015, 90 p.

KALIKA (Michel), *Mémoire de master*, Paris, Dunod, 3e édition, 2016, 192 p.

III- LEXIQUES

CORNU (Gérard), Association Henri Capitant, *Vocabulaire juridique*, P.U.F, 9e édition, 2011

Lexique des termes juridiques, Dalloz, 21e éd., paris 2014, 769 p.

IV- ARTICLES ET REVUES

BOCCARA (Bruno), « Pistes sur la responsabilité des rédacteurs d'actes et de conseils », *JCP G*, 1993. p.12.

BOURSEAU (Robert), HARMEL (Pierre), « Les sources et la nature de la responsabilité civile des notaires en droit belge de 1830 à 1962 » *Revue internationale de droit comparé année 1966*, volume 18, numéro 3, pp 763-764.

CASMAN (Hélène), « Quelques réflexions en matière de responsabilité professionnelle du notaire », *Revue pratique du notariat belge*, vol.2004, n° 2979, 2004, pp.450-465.

COLIN (Frédéric), « Le notaire salarié : un hybride à têtes multiples », *JCP N*, 1993, p.11.

CORNELIS et BEERENS, « Réflexions sur l'obligation d'information, d'avertissement de conseil et d'assistance du notaire » *revue not belge*, 2003, pp.20-96.

CRONE (Richard), « La responsabilité pénale du notaire », *Solution notaires,* n° 6 Éditions Lefebvre (Francis), 6 juin 2016, pp. 20-26.

DALCQ (Roger), BOURSEAU (Robert), WATELET (Pierre), « Le notaire : un conseil non un détective », *Revue Lamy droit civil*, novembre 2005, n° 21, pp.11-23.

DEBOISSY, « Le secret professionnel et l'administration fiscale », *LPA*, 3 février. 2005 n° 24, pp.12-32.

DOOH (Collins), « Transactions immobilières privées la loi, toute la loi, rien que la loi », *lettre des notaires,* Éd. Chambre nationale des notaires du Cameroun, n° 003 mai- juin –juillet 1997, pp.4-5.

DUBUISSON, CALLEWART, CONNICK, GATHEM, « La responsabilité civile », *Chronique de jurisprudence,* 1996-2007, pp. 23-96.

ENGANALIM (Marceline), « Qu'est-ce qu'un titre foncier ? » *lettre des notaires*, Éd. Chambre nationale des notaires du Cameroun, n° 002 mars- avril 1997, pp.1-3.

FONT (Giralt), « Le notaire face aux exigences de l'État », *la lettre des notaires* n° 008 de janvier- février- mars 1999, pp.2-6.

GENEVIÈVE (Patrice), « Traite de droit civil », *université paris1*, centre de recherche en droit privé 12 Place Panthéon, pp.2-8

GHESTIN (Jacques), « La responsabilité individuelle et collective des notaires en raison de l'insuffisance des gages » *répertoire du notariat Defrenois*, 28 février 2004, n° 4, D 1971, CHRO, p.117.

GOEMAERE (Jean), « La responsabilité du notaire est-elle contractuelle ou acquilienne », *revue, not belge*, 2009, pp.41-65.

GUEGUANG, « Le notaire, sa fonction, la force de ses actes et sa responsabilité », *Lettre des notaires,* chambre nationale des notaires du Cameroun, n° 10, juillet- août- septembre 2000, pp.8-14.

HARRISOU (Abdoulaye), « Pour une modernisation du droit immobilier » *Lettre des notaires,* Éd. Chambre des notaires du Cameroun, n° 003-mai, juin, juillet 1997, pp.2-8.

HARRISOU (Abdoulaye), « L'enjeu immobilier », *Lettre des notaires,* chambre des notaires du Cameroun, n° 002, mars- avril 1997, pp. 2-5.

HARRISOU (Abdoulaye), « Le notaire face aux exigences de l'État », *Lettre des notaires,* chambre des notaires du Cameroun, n° 008, janvier-février- mars 1999, pp.2-4.

KHUN (Jean Pierre), « Le devoir de conseil face à un client expérimenté », *La semaine juridique notariale et immobilière*, 3 mai 2002, n° 18, Cass. 3eme civ. 21 nov.2001, p.16

KUHN (Jean Pierre), « Préface du Comité notarial d'information Manuel », Paris, Éd. *Dalloz de droit usuel Dalloz*, 1962. Mise à jour au 1er juin 1970, p.21.

LOTIN (Emmanuel), « Le rôle du notaire dans les transactions immobilières » *Lettre des notaires,* Éd. Chambre nationale des notaires du Cameroun, n° 002-mars-avril 1997, pp.3-6.

MANA (Jean), « Un mode de sécurité renforcé par l'OHADA » *Lettre des notaires*, Éd. Chambre des notaires du Cameroun n° 008, 1999, p.5

MAZEAUD et TUNC, « Traité théorique et pratique de la responsabilité civile : délictuelle et contractuelle », tomes 1 et 2 Éd. *Revue internationale de droit comparé*, 1959, volume11, n° 4, p.824.

MELOTTE, « responsabilité du notaire et lien de causalité » *Bruxelles, for ass anthémis*, 2008, p.152.

MELOTTE, « Responsabilité traite-traite théorique et pratique » *Bruxelles, Kluwer*, 2005, titre2 livre 28, p.56.

MELOTTE, « La responsabilité professionnelle des notaires » dans X., *Responsabilités*. Traité théorique et pratique, titre II, Dossier 28, 2005, p.15.

MENYE ONDO (Xavier), « procédure d'attribution des lots communaux et domaniaux : une garantie précaire pour les citoyens » *lettre des notaires,* Éd. Chambre nationale des notaires du Cameroun, n° 003 mai, juin, juillet 1997, p.4

OMARJEE (Irmane), « Personnes et familles », *Revue juridique*, RJPF Édition du JNA janvier 2009 n° 1, pp. 60-95.

PARANCE (Beatrice), « la confirmation très nette du caractère absolu du devoir de conseil des notaires », *Lamy droit du contrat*, septembre 2007, pp.2-16.

POULPIQUET (Jeanne), « la responsabilité civile et disciplinaire des notaires » (de l'influence de la profession sur les mécanismes de responsabilité). *Revue internationale de droit comparé,* année 1975, volume 27, numéro 1, pp 291-292.

SAGAUT (Jean François), « Notaires : la religion du secret », *Droit et patrimoine*, sept 2000, pp.32-65.

SAVATIER (Robert), « Traité de la responsabilité civile en droit français civil, administratif, professionnel, procédural » *Revue internationale de droit compare*, année 1950, volume 2, numéro 4, pp 799-802.

SOME ALAM EBOUTOU (Marquise), « Quelle garantie pour votre patrimoine immobilier ? *Lettre des notaires,* Éd. Chambre nationale des notaires du Cameroun n° 002, mars avril 1997, pp.5-9.

TAYSMANS (Jean François), « Quand le notaire peut-il légitimement refuser de prêter son ministère ? » *Revue du notariat,* éditions Larcier in liber amicorum de Paul Denoy, pp.12-90.

V- WEBOGRAPHIE

ANF, « Le notaire », disponible sur le site, www.notariat francophone.org. (Consulté en avril 2016)

ASSOUS LEGRAND (Marie Lise), « Notaire : absence de responsabilité en cas de promesse de vente non publiée » disponible sur le site www.juritravail.com, 22 -01-2013 (Consulté septembre 2017).

ASSOUS LEGRAND (Marie Lise), « Seuls les notaires doivent procéder aux vérifications nécessaires à l'efficacité des actes » disponible sur le site http : blogavocat.fr mardi le 26/02/2013 (Consulté septembre 2017).

BRAUDO (Serge), « Dictionnaire du droit prive », disponible sur le site www.dictionnaire-juridique.com (Consulté en octobre 2016).

CAAF, « Le rôle du notaire », disponible sur le site, www.notariatafrique.org (Consulté en avril 2016).

CAAF, « Université des notaires d'Afrique à Cotonou », 23 au 27 mai 2016, disponible sur le site, www.notairedubenin.org (Consulté en juin 2016).

CAAF, « Université des notaires d'Afrique à Yaoundé », 22 avril 2009, disponible sur le site, www.africapress.over-blog.com (consulté en avril 2016).

CNPL, « Définition des professions libérales », disponible sur le site www.cnpl.org.

CSN, « Le notaire », disponible sur le site, www.notaire.fr (consulté en février 2016).

DÉCARRE (Olivier), « Transactions immobilières : combien touche réellement le notaire ? » en ligne, Paris, publications de Olivier décarre, disponible sur le site www.argent boursier.com, publié le 28.07.2014 (consulté avril 2015).

DUSSAUD, GALLINE, GARCIA, GRUMBERG et JIRSA, « Responsabilité notariale », disponible sur le site www.village-notaires.com (Consulté septembre 2017).

HARISSOU (Abdoulaye), « La création du notariat », disponible sur le site, www.radiookapi.net (consulté en avril 2016).

NEGER (Gildas), « La responsabilité civile des notaires », disponible sur le site http://www.village-justice.com/articles/responsabilité-civile-notaires,14861.html mis à jour le jeudi 11 juillet 2013 (Consulté en avril 2017).

NEU-JANICKI (Gabriel), « Responsabilité du notaire et vices cachés », disponible sur le site www.neujanicki.com publié le mercredi 27 mai 2009 (Consulté en juin 2016).

NEU-JANICKI (Gabriel), « Responsabilité du notaire : levée d'un état hypothécaire », disponible sur le www.neujanicki.com publie le vendredi 9 avril 2010 (Consulté juin 2016).

NEU-JANICKI (Gabriel), « Agent immobilier, notaires, des professionnels responsables. », disponible sur le site www. Leparticulier.fr (Consulté en mars 2017).

NEU-JANICKI (Gabriel), « Vente et responsabilité du notaire en cas de moindre surface », disponible sur le site www.delegimo.com publie en 2016 (Consulté en août 2016).

NEU-JANICKI (Gabriel), « Responsabilité du notaire », disponible sur le site www.actualites.belles.demeures.com (Consulté en juin 2016).

REDOUTEY (Pierre), « Responsabilité du notaire dans le cadre de la distribution de fonds remis en vertu d'un prêt », disponible sur le site www.legalnewsnotaires.fr (Consulté en octobre 2017).

REDOUTEY (Pierre), « Responsabilité civile du notaire peut-être engagée en raison d'un écrit fait en dehors de ses fonctions », disponible sur le site www.legalnews notaires.com (Consulté septembre 2015).

ROY (Laurence), « Responsabilité professionnelle : le devoir de conseil s'étend aux risques financiers », disponible sur le site www.leparticulier.fr (Consulté en juillet 2016).

ROY (Laurence), « Notaires, banquiers, etc., quelle responsabilité ? », disponible sur le site www.leparticulier.fr (Consulté en avril 2017).

SIGNALET (Gabriel), « La responsabilité civile du notaire », disponible sur le site www.sites.google.com (Consulté en avril 2017).

SIGNALET (Gabriel), « La responsabilité civile du notaire», disponible sur le site www.conseil-droitcivil.com (Consulté en avril 2017).

U.I.N.L, « Le notaire et le rôle de la chambre », disponible sur le site www.uinl.org (Consulté septembre 2016).

YADAN PESAH (Caroline), « Le notaire n'est pas responsable de ce que les parties font d'un projet acte », disponible sur le site www.documentissime.fr modifié 11/12/2012 (Consulté mai 2015).

YADAN PESAH (Caroline), « Irresponsabilité du notaire informant mal ses clients », disponible sur le site www.legavox.fr modifié 16/05/2014 (Consulté en avril 2017).

YADAN PESAH (Caroline), « Le notaire échappe à sa responsabilité bien qu'il ait mal informé ses clients », disponible sur le site www.juritravail.com, modifié le 16-05-2014 (Consulté en juillet 2016).

YADAN PESAH (Caroline), « Absence de responsabilité du notaire dans la rédaction du projet d'acte », disponible sur le site www.juritravail.com modifie le 27/04/2015 (consulté en avril 2016).

VI- AUTRES DOCUMENTS

« La lettre des notaires », n° 002 mars avril 1998, 24 p.

« La lettre des notaires » n° 003 mai- juin -juillet 1998, 25 p.

« La Lettre des Notaires » n° 004 10 juillet-août septembre 2000, 22 p.

« La Lettre de Notaires » n° 003, mai- juin- juillet 1997, 23 p.

« La Lettre de Notaires » n° 002 mars- avril- 1997, 24 p.

« Chambre interrégionale des Notaires de l'Ouest et Nord-Ouest » (Journées portes ouvertes. Bafoussam, les 1er et 3 avril 2012), 12 p.

Programme d'appui au secteur de la justice (PAJ) projet 10e FED EUROPEAID/127791/D SER/CM sur le thème « Les contours de la fonction notariale : missions », Limbé 16 au 19 juillet 2012, 30 p.

Rapport du 26 Congrès des notaires 2014, Rabat, 107 p.

Rapport du Togo, congrès de Brazzaville février – mars 1999, Lomé, 45 p.

Rapport et les 15 propositions du 110e Congrès des notaires de France du 11 mai 2015, 1022 p.

Rapport général du 27e congrès des notaires d'Afrique, *pratique notariale et développement économique*, Oran, CAAF, 11- 14decembre 2015, 102 p.

Rapport, *sécurité juridique un défi authentique*, 111e congres de France, Strasbourg, 10 au 13 mai 2016, 1022 p.

TABLE DES MATIÈRES

DROIT
AUX ÉDITIONS L'HARMATTAN

Dernières parutions

DROIT DU CONTENTIEUX INTERNATIONAL AFRICAIN
Jurisprudences et théorie générale des différends africains
Saidou Nourou Tall
Préface de Ahadzi Nonou Koffi - Avant-propos de Mamadou Badji
Cet ouvrage de référence, très documenté, mêle à la fois la théorie générale du droit des contentieux et l'originalité et/ou spécificités des juridictions et justiciables africains. Il est une remarquable contribution à la compréhension et à la complexité des contentieux internationaux et de leur règlement sous le prisme du Droit.
(562 p., 50 euros)
ISBN : 978-2-343-15555-5, EAN EBOOK : 9782140097843

LA CONVERSION DES ACTES JURIDIQUES
Hafedh Bouaziz
Préface d'Olivier Gout. Avant-propos de Sami Jerbi
Cet ouvrage voudrait contribuer à faire de la conversion une notion connue et reconnue en droit. Pour y parvenir, l'auteur propose une analyse renouvelée de cette institution dans son acception et sa mise en oeuvre. Il s'agit alors de redéfinir la notion même de conversion. L'essor de la conversion invite aussi à s'engager sur le chemin de la rénovation de son régime, dans le sens de l'accroissement des pouvoirs du juge en la matière.
(Coll. Logiques Juridiques, 510 p., 45 euros)
ISBN : 978-2-343-15031-4, EAN EBOOK : 9782140098086

LE DROIT MARITIME DANS LA ZONE CEMAC
Eric Dibas-Franck
Volontairement limité au Droit maritime dans la communauté économique et monétaire de l'Afrique centrale (CEMAC), cet ouvrage a pour ambition de faire le point sur la construction du droit maritime dans cette zone en scrutant le Code communautaire de la marine marchande. Les grands problèmes contemporains du Droit maritime comparé ou international y trouvent des réponses précises. Le livre est également enrichi d'une jurisprudence inédite.
(Coll. Affaires maritimes et Transports, 258 p., 26 euros)
ISBN : 978-2-343-14948-6, EAN EBOOK : 9782140096082

L'AMÉNAGEMENT CONVENTIONNEL DE LA SOCIÉTÉ COMMERCIALE EN DROIT FRANÇAIS ET EN DROIT OHADA
Wendkouni Judicaël Djiguemdé
Préface de Bernard Saintourens
Toute législation en matière économique se doit d'être souple et adaptée à l'évolution du monde des affaires. Le droit des sociétés OHADA n'échappe pas à ce principe.Cette étude participe de l'élaboration d'un régime juridique adapté, permettant de sécuriser les aménagements conventionnels, signe d'une contractualisation du droit des sociétés.
(Coll. Le Droit aujourd'hui, 458 p., 42 euros)
ISBN : 978-2-343-14563-1, EAN EBOOK : 9782140096013

LA COUR CONSTITUTIONNELLE ET LE PEUPLE AU BÉNIN

D'un juge constitutionnel institué à un procureur suzerain

Oladé Okunlola Moïse Laleye

Préface de Pierre E. Ehoumi - Postface de l'abbé Arnaud Eric Aguénounon

L'institution d'un nouveau juge constitutionnel après la longue nuit du régime révolutionnaire totalitaire au Bénin de 1972 à 1989 s'illustre comme l'achèvement de la lutte du peuple pour la démocratie, les libertés de l'Etat de droit depuis les origines précoloniales du pays. Après un quart de siècle d'exercice de son office, la cour constitutionnelle pèche irrésistiblement par la qualité de sa productivité jurisprudentielle. Cet ouvrage propose d'ouvrir un débat sur la cour constitutionnelle au regard d'une évaluation objective de sa production juridictionnelle, voire institutionnelle. Ainsi la justice constitutionnelle retrouvera son sens et sa mission républicaine.

(Coll. Études africaines, 686 p., 49 euros)

ISBN : 978-2-343-14822-9, EAN EBOOK : 9782140095801

LE SAC DU SALON D'ÉTÉ

L'affaire Dubuffet - Régie Renault

Jean Robert Bouyeure

Le Salon d'été conçu par Jean Dubuffet devait être une sculpture monumentale qui serait édifiée, aux frais de la Régie Renault, à Boulogne-Billancourt. En 1975, cependant, et alors que la moitié de l'oeuvre était déjà construite, la Régie décida d'arrêter les travaux et de rompre le contrat. Dubuffet intenta alors un procès pour contraindre la Régie à achever l'oeuvre. L'un des avocats de l'artiste raconte ce marathon. Procès au dénouement surprenant, mais qui a permis aux tribunaux de donner une définition de l'oeuvre d'art et de préciser le contenu du droit moral de l'artiste en cas de construction monumentale.

(Coll. La justice au quotidien, 156 p., 19 euros)

ISBN : 978-2-343-14890-8, EAN EBOOK : 9782140095726

LA MÉDIATION POUR TOUS DANS L'ESPACE OHADA ET EN AFRIQUE DE L'OUEST

Théorie, pratique et cadre juridique de la médiation

Béatrice Blohorn-Brenneur

Avec la collaboration de Michel Tchicaya, Avant-propos de Jacques Salzer, Préface de François Komoin

Cet ouvrage met à la portée de tous les règles et techniques utilisées en médiation. Conçu comme un manuel d'autoformation, illustré de nombreux exemples et cas réels, il précise le cadre juridique actuel de la médiation dans l'espace Ohada. Il offre aussi des repères indispensables au lecteur non juriste. Partie de la tradition ancestrale de l'arbre à palabres, la médiation se structure et se développe en Afrique de l'Ouest. Au carrefour du droit et de la communication, la médiation est une discipline à part entière.

(228 p., 23,5 euros)

ISBN : 978-2-343-14910-3, EAN EBOOK : 9782140095054

L'ÉVOLUTION DES DROITS DE LA FEMME CONGOLAISE

Odilon Obami

Aux termes de l'article 798 alinéa 2 du Code congolais de la famille, "(la femme) ne peut pas être considérée comme un bien faisant partie du patrimoine du de cujus". Cet énoncé conforte le droit au respect de la dignité de la femme au Congo. Cet essai s'appuie sur un bilan de l'évolution des droits acquis de la femme congolaise, et propose des pistes sur de nouveaux droits à conquérir accompagnés d'un changement des mentalités.

(Coll. Études africaines, 132 p., 14,5 euros)

ISBN : 978-2-343-15039-0, EAN EBOOK : 9782140097362

QUEL RÉGIME JURIDIQUE DU COMMERCE ÉLECTRONIQUE DANS LES PAYS FRANCOPHONES D'AFRIQUE SUBSAHARIENNE ?

Essai

Joseph emmanuel Yayi Lipem

Le commerce électronique désigne l'activité économique par laquelle une personne propose ou assure, à distance et par voie électronique, la fourniture de biens ou de services, même si ceux à qui ils sont destinés les reçoivent sans contrepartie pécuniaire. Le commerce électronique n'échappe pas au droit. Cela ne signifie pas pour autant que les échanges en ligne sont dénués de toute particularité. Le commerce électronique ne crée pas un nouveau droit. Il conduit vers l'émergence de nouveaux concepts, de nouvelles pratiques, de nouvelles relations qui apparaissent dans un environnement cyberspatial dénué de toute corporalité.

(Coll. Études africaines, 526 p., 45 euros)

ISBN : 978-2-343-12159-8, EAN EBOOK : 9782140096228

LE DROIT DE LA PROTECTION DE LA NATURE À MADAGASCAR

Entre centralisme et consensualisme

Ianjatiana Randrianandrasana

Préface de Jacqueline Morand-Deviller

La diversité biologique de Madagascar est caractérisée par une richesse et une endémicité exceptionnelles. Ces caractéristiques motivent le classement de l'île parmi les zones vulnérables et nécessitent par ailleurs la mise en place de mesures de protection particulières. Cependant, la protection de la biodiversité est tributaire de la stabilité du pouvoir et de la volonté réelle des dirigeants à oeuvrer en faveur de cette protection. Afin de pallier ces problèmes, il a été décidé d'impliquer les communautés locales riveraines.

(Coll. Le Droit aujourd'hui, 434 p., 41 euros)

ISBN : 978-2-343-14050-6, EAN EBOOK : 9782140096822

LA LÉGISLATION SOCIALE CAMEROUNAISE ET LES GARANTIES DE MISE À LA RETRAITE

Zakari Anazetpouo

Préface de Robert Nemedeu

L'émergence du Cameroun en 2035 passera nécessairement par la reconsidération de la dignité humaine. Cet ouvrage aborde l'épineuse question de l'âge de la retraite en démontrant que le législateur social camerounais a prévu des garanties juridiques de sécurisation de l'assuré non seulement en amont mais aussi en aval des relations du travail. En amont, il s'agit des obligations qui pèsent non seulement sur l'organisme en charge de la sécurité sociale mais aussi sur toute personne utilisant une main-d'oeuvre subordonnée. En aval, il est question d'évaluer les droits de l'assuré de façon à ne pas faire de la retraite une clause-guillotine ou une fatalité juridique.

(Coll. Études africaines, 354 p., 36 euros)

ISBN : 978-2-343-14698-0, EAN EBOOK : 9782140096389

L'ÉVOLUTION CONSTITUTIONNELLE ET JURIDICTIONNELLE DE LA RÉPUBLIQUE CENTRAFRICAINE À TRAVERS LES TEXTES

Danièle Darlan

Préface de Jean-Dominique Penel

Ce livre offre une synthèse claire et indispensable à toute personne qui veut comprendre comment se sont élaborées et modifiées les sept institutions successives de la République centrafricaine depuis l'indépendance en 1960 jusqu'en 2017 et comment, dans le même temps, les institutions judiciaires se sont façonnées et enrichies, du moins au niveau des textes, car l'application, pourtant logiquement nécessaire, de la Justice pose encore bien des problèmes.

(Coll. Études africaines, 174 p., 18,5 euros)

ISBN : 978-2-343-15418-3, EAN EBOOK : 9782140096358

UNE MASCARADE DE JUSTICE EN RÉPUBLIQUE DÉMOCRATIQUE DU CONGO

Richard Isungu Kakoko

En République démocratique du Congo, la justice n'en a que le nom : les responsables judiciaires, politiques et exécutifs s'y immiscent et interfèrent intempestivement pour influencer, orienter ou dicter les jugements et les arrêts. Dans cet ouvrage, après avoir relevé les maux qui rongent ou gangrènent la justice en République démocratique du Congo, l'auteur esquisse quelques voies ou pistes de solution pour redorer son blason, afin qu'elle revête sa plus belle robe, celle de l'équité et de l'égalité de tous devant la loi.

(Coll. Études africaines, 172 p., 18 euros)

ISBN : 978-2-343-15122-9, EAN EBOOK : 9782140095757

DE JURÉ À CONDAMNÉ

Deux jours en cour d'assise

Narration réflexive

Christian Verrier

Ce livre est le récit réflexif d'un juré d'assises qui, pour refuser de juger et de condamner après avoir été tiré au sort, se voit pour cela lui-même condamné au nom du code de procédure pénale. Sans rien avoir commis au préalable d'illégal, il est possible aujourd'hui, en France, pays libre respectant les opinions individuelles, d'être condamné légalement à de lourdes sanctions pénales pour refuser de siéger en cours d'assises pour motifs moraux et philosophiques. De cet acte de désobéissance civile, l'auteur tire des pistes de réflexion pour améliorer les jurys populaires.

(Coll. La justice au quotidien, 136 p., 15,5 euros)

ISBN : 978-2-343-15273-8, EAN EBOOK : 9782140094699

VADE MECUM DU VIAGER

Version chinoise

Hervé Lapous

Traduction : Qin Wu

Voici la version chinoise de l'ouvrage de Hervé Lapous. Il a décidé de rompre les préjugés du viager avec un ouvrage portant principalement sur sa physiologie. Il est important pour lui d'anticiper sur les bouleversements économiques qui sont en train de croître dans notre société. Actuellement, la documentation disponible traite seulement de l'exécution du contrat de viager en méconnaissant singulièrement les raisons qui poussent au choix de ce mode de vente ou d'acquisition immobilière. Cette philosophie du viager touche aujourd'hui de plus en plus d'acteurs économiques.

(98 p., 11 euros)

ISBN : 978-2-917232-83-5, EAN EBOOK : 9782140093616

RETOUR DU BRÉSIL

Impressions d'un juriste anthropologue français

Norbert Rouland

Cet ouvrage a été rédigé à partir d'une série de conférences prononcées dans diverses villes brésiliennes en août 2016. Il s'attache à montrer la permanence des liens entre le Brésil et la France puis compare les approches de juristes brésiliens et français de sujets d'actualité tels que les droits de l'homme et l'égalité entre les femmes et les hommes. Il se conclut par une approche comparative du même type sur les rapports entre le droit et la musique.

(Coll. Portes océanes, 172 p., 18,5 euros)

ISBN : 978-2-343-15068-0, EAN EBOOK : 9782140094910

Structures éditoriales du groupe L'Harmattan

L'Harmattan Italie
Via degli Artisti, 15
10124 Torino
harmattan.italia@gmail.com

L'Harmattan Hongrie
Kossuth l. u. 14-16.
1053 Budapest
harmattan@harmattan.hu

L'Harmattan Sénégal
10 VDN en face Mermoz
BP 45034 Dakar-Fann
senharmattan@gmail.com

L'Harmattan Cameroun
TSINGA/FECAFOOT
BP 11486 Yaoundé
inkoukam@gmail.com

L'Harmattan Burkina Faso
Achille Somé – tengnule@hotmail.fr

L'Harmattan Guinée
Almamya, rue KA 028 OKB Agency
BP 3470 Conakry
harmattanguinee@yahoo.fr

L'Harmattan RDC
185, avenue Nyangwe
Commune de Lingwala – Kinshasa
matangilamusadila@yahoo.fr

L'Harmattan Congo
67, boulevard Denis-Sassou-N'Guesso
BP 2874 Brazzaville
harmattan.congo@yahoo.fr

L'Harmattan Mali
Sirakoro-Meguetana V31
Bamako
syllaka@yahoo.fr

L'Harmattan Togo
Djidjole – Lomé
Maison Amela
face EPP BATOME
ddamela@aol.com

L'Harmattan Côte d'Ivoire
Résidence Karl – Cité des Arts
Abidjan-Cocody
03 BP 1588 Abidjan
espace_harmattan.ci@hotmail.fr

L'Harmattan Algérie
22, rue Moulay-Mohamed
31000 Oran
info2@harmattan-algerie.com

L'Harmattan Maroc
5, rue Ferrane-Kouicha, Talaâ-Elkbira
Chrableyine, Fès-Médine
30000 Fès
harmattan.maroc@gmail.com

Nos librairies en France

Librairie internationale
16, rue des Écoles – 75005 Paris
librairie.internationale@harmattan.fr
01 40 46 79 11
www.librairieharmattan.com

Librairie l'Espace Harmattan
21 bis, rue des Écoles – 75005 Paris
librairie.espace@harmattan.fr
01 43 29 49 42

Lib. sciences humaines & histoire
21, rue des Écoles – 75005 Paris
librairie.sh@harmattan.fr
01 46 34 13 71
www.librairieharmattansh.com

Lib. Méditerranée & Moyen-Orient
7, rue des Carmes – 75005 Paris
librairie.mediterranee@harmattan.fr
01 43 29 71 15

Librairie Le Lucernaire
53, rue Notre-Dame-des-Champs – 75006 Paris
librairie@lucernaire.fr
01 42 22 67 13

www.ingramcontent.com/pod-product-compliance
Lightning Source LLC
LaVergne TN
LVHW010924061026
849535LV00007B/2221
* 9 7 8 2 3 4 3 1 4 1 1 2 1 *